国务院侨务办公室立项
彭磷基外招生人才培养改革基金资助

主　编：贾益民
编　著：（按姓氏音序排列）
　　　　蔡　丽　郭楚江　胡建刚
　　　　贾益民　刘潇潇　张凤芝

海外华文教育系列教材

总主编　贾益民

华文教材教法

HUAWEN JIAOCAI JIAOFA

贾益民　主编

暨南大学出版社
JINAN UNIVERSITY PRESS

中国·广州

图书在版编目（CIP）数据

华文教材教法/贾益民主编. —广州：暨南大学出版社，2012.8（2020.1 重印）
（海外华文教育系列教材/贾益民总主编）
ISBN 978 - 7 - 5668 - 0263 - 7

Ⅰ.①华…　Ⅱ.①贾…　Ⅲ.①汉语—对外汉语教学—教材　Ⅳ.①H195.4

中国版本图书馆 CIP 数据核字（2012）第 160128 号

华文教材教法
HUAWEN JIAOCAI JIAOFA
主　编：贾益民

出 版 人：徐义雄
策　　划：人　文
责任编辑：崔军亚　佟晓彤
责任校对：黄　颖
责任印制：汤慧君　周一丹

出版发行：暨南大学出版社（510630）
电　　话：总编室（8620）85221601
　　　　　营销部（8620）85225284　85228291　85228292（邮购）
传　　真：（8620）85221583（办公室）　85223774（营销部）
网　　址：http://www.jnupress.com
排　　版：广州市天河星辰文化发展部照排中心
印　　刷：佛山市浩文彩色印刷有限公司
开　　本：787mm×960mm　1/16
印　　张：14.75
字　　数：303 千
版　　次：2012 年 8 月第 1 版
印　　次：2020 年 1 月第 2 次
定　　价：35.00 元

（暨大版图书如有印装质量问题，请与出版社总编室联系调换）

总　序

改革开放以来的30多年，是中华民族走向复兴的历史时期，也是汉语大步走向国际、海外华文教育复兴的历史机遇期。曾几何时，在东南亚某些国家，华文书籍与毒品、枪支一起被列入海关查禁的范围，华人传承本民族的语言和文化，要冒巨大的生命危险。直到20世纪80年代末90年代初，随着中国经济的发展，经贸往来带动了语言的需求，汉语的国际交往价值显著提升。中国和平崛起的事实以及和谐外交、睦邻外交政策，使得汉语更为快速和稳健地在东南亚乃至全球得以传播。东南亚国家与中国的经济往来密切，地缘政治和文化上的关系紧密相连，东南亚又是华侨华人最为集中的区域。落地生根的华人一方面积极地融入居住国的主流文化、投身所在国的经济文化建设，一方面也对保留和传承自身的民族性十分重视，他们对华文教育的复兴和发展充满了期待，也投入了巨大的热情。从某种程度上来说，30多年来东南亚华文教育的复兴，在汉语的国际传播中是最为引人注目的。

海外华文教育的需求，极大地鼓舞了中国对外汉语教学院校、机构和专业人士的工作热情。仅在印度尼西亚，从20世纪90年代末暨南大学华文教育专家首度应邀进行大范围的师资培训，到如今已有全国众多高校，为印度尼西亚的汉语教学提供了多方面的支持，印度尼西亚的华文教育呈现出良好的发展势头。国际形势的不断发展，也对中国高校协助、支持有需要的国家开展华文教育和汉语教学提出了新要求，其中师资和教材的本土化是最为突出的问题。就师资而论，我们认为，要解决有关国家普遍存在的汉语师资紧缺问题，实现华文教育和汉语教学的可持续发展，本土化师资的培养是关键。海外华文教育和汉语国际教育对师资的需求是多方面的，在印度尼西亚和其他一些东南亚国家，华文教育被禁锢几十年之后的复苏时期，短期师资培训是解决师资燃眉之急最有效的方法。从长远看，开展各种学位层次的学历教育，则是师资培养专业化、规范化的必由之路。海外一部分有志于华文教育工作的华裔子弟，有条件到中国留学并接受全日制学历教育，而更多无法离开工作岗位的在职教师也迫切希望接受正规的华文教学、汉语国际教育的学历教育，希望中国高校能送教上门。正是在这样的背景下，我们提出了多层次、多类型培养海外华文教师的思路，并采取了一系列举措。

所谓多层次，就是学历教育与非学历教育并举。其中学历教育包括专科、本科、研究生等不同学历，学士、硕士、博士等不同学位层次的华文教育师资培养；非学历主要是时间长短不一的各种师资培训班教学。多类型是指既有科学学位又有专业学位教育，既有全日制又有业余兼读制办学，既有面授教学又有远程网络教学，多种形式结合的组织教学方式，师资培养既"请进来"也"走出去"。为此，暨南大学在2005年向中国教育部申请开设了大学招生目录外新专业——"华文教育"本科专业，并建立了全国首个华文教育系，每年招收一批海外华裔子弟，接受正规的四年本科师范性教育；在研究生教育层次，除了在语言学及应用语言学专业招收科学学位"对外汉语教学与华文教育"硕士研究生之外，又在全国首批招收了"汉语国际推广"方向科学学位硕士，并成为全国首批招收"汉语国际教育"专业学位硕士研究生的高校。在学士和硕士培养的基础上，目前正在筹划目录外自主设立"海外华语研究与华文教学"的二级学科博士生培养学位点。在走出去办学方面，除了开设孔子学院之外，暨南大学先后在新加坡、美国、印度尼西亚设立了研究生培养海外教学点，在印度尼西亚、泰国、菲律宾、德国、英国等国的20多个城市设立了华文教育本科教学点，在澳大利亚、德国、菲律宾等国建立了一批以推广教材教法为目的的海外实验学校。以这些海外教学点、实验学校为依托，暨南大学的海外华文教育工作在本世纪头十年得以在世界许多国家蓬勃开展。同时，我们也欣喜地看到，国内许多高校也纷纷与国外教育机构签署协议，在当地教育机构的协助下就地办学，为海外华文师资的培养提供了实实在在的支持，从而在一定程度上有效地缓解了世界上许多国家，特别是东南亚国家汉语教师不足的燃眉之急，并为海外华文教育的可持续发展打下了一定的基础。

海外办学的开展，对教材建设提出了新要求。由于教学对象、教学环境、学习方式具有特殊性，国内全日制办学使用的教材未必完全适合于海外教学点。我们除了组织编写像《中文》这样的学汉语教材、《海外华文师资培训教程》等短期师资培训教材之外，也迫切需要编写一套海外教学点适用的本科、研究生教材。暨南大学的海外教学点本科华文教育、对外汉语专业从2001年在印度尼西亚开始招生，到目前办学已有10年之久。10年前，为了满足教学需要，我们编写了相关专业的教学计划，并组织一批年轻教师编写了其中10多门核心课程和主干课程的讲义。这些讲义经过多年的试用，不断修订和完善，目前已基本达到出版要求，在暨南大学出版社的大力支持下，拟于近期以"海外华文教育系列教材"的形式陆续推出。首批出版的教材涵盖汉语言文字本体知识、华语运用、华语修辞、华语教学、华文教育学、语言心理学、计算机辅助华文教学等几个方面。考虑到海外华人，特别是东南亚华人的习惯，各册讲义原以"汉语"命名的均改称"华语"。

这套"海外华文教育系列教材"的适用对象是海外兼读制华文教育、对外汉语、汉语言文学、汉语言等专业的成人教育系列本科生。教材在内容上力求做到符合海外学习者的需要。海外学习者一方面需要学习汉语言及其教学的基础知识，需要掌握教育学、心理学、第二语言教学的基础理论和基本原理，更重要的是要能够学以致用。

为此，我们要求教材尽可能富有针对性和实用性。具体而言，在以下几个方面特别注意与国内全日制教材有所区别：第一，在教学内容上体现文化的包容性，尽可能避免政治文化、宗教文化、民俗文化等方面的冲突，淡化意识形态色彩。第二，在内容的深浅、难度把握上，在保证知识的完整性、常规性基础上，从海外教学对象的实际需要出发，做到难易适度。第三，强调教学内容的更新和创新。更新表现在及时吸收相关学科常规知识化了的新的研究成果，淘汰国内教材中陈旧过时了的内容，对尚属探索性、学界还未取得共识的内容，尽量不编入教材或者不作为教材传播的主体知识；创新主要表现在针对海外学习者的特殊性，编写一些适合他们需要的内容，以收到释疑解惑的效果。第四，在知识的表述方面，尽可能做到具体易懂。我们特别强调教材多用实例说明抽象的理论问题，多采用案例教学方式，使教学内容具体形象。第五，在教材语言上，尽可能避免晦涩难懂，同时在遵循现代汉语规范的基础上，适当吸收海外华语有生命力的语言成分，使学习者在学习学科专业知识的同时，也能受到标准汉语的熏陶，培养汉语语感。各册教材的编写者，经过多次讲授，在讲义的基础上修订完成这套教材，我们希望无论是教还是学，这套教材都能真正做到实用、合用，能尽可能符合海外华文教育师资培养的实际需要。

本套教材的出版，得到了暨南大学出版社的大力支持，责任编辑更是付出了许多辛勤的劳动，在此特致以由衷谢忱！我们也恳切希望教材的海内外使用者能及时反馈有关信息，多多给予批评指正，以便我们日后修订完善，不断提高。

是为序。

贾益民

2011 年 7 月 28 日

目　录

第一章 绪 论

第一节 "华文教材教法"课程的主要内容及教学目的

一、"华文教材教法"课程的性质与主要内容

"华文教材教法"是华文教育专业必修课程之一。该课程侧重培养在研修华文教材、全面把握华文教材特点的基础上,结合教学对象的特点,制订有针对性的教学计划,确定教学方法,全面把握华文教学课堂的能力;从理论和实践上提高华文教学水平和综合素养;同时,培养初步的华文教材研究及编写能力。本书在阐述教学原则和方法时,特别重视对分析问题和解决问题能力的培养与训练,各章根据需要选入了一些真实、有代表性的教学文案及课堂实例等,教法强调紧扣华文教材的特点。

本课程的主要内容包括:①了解华文教材的历史与现状。②掌握华文教学的目的、性质、任务及原则,理解华文教学的学科结构和特点,以及华文教学内容的选取和课程结构。③对华文教材有全面的了解,包括华文教材的性质、分类、特点及目标,华文教材的结构与体例,华文教材评价与选择的方法与原则,华文教材编写的基本方法。④掌握华文教学备课的方法,包括学习制订各种教学工作计划,如教学大纲和教学计划等,其中,教学计划包括学年、学期及学时教学计划。此外,还要能结合华文教材语音、汉字、生词、句子、课文、课后练习等不同教学板块的特点有针对性地备课。⑤掌握华文教学的说课方法,掌握说课的基本内容、说课方式及基本说课技巧,能结合华文教材的特点撰写说课稿并进行说课。⑥掌握华文教学的评课方法,掌握评课的基本内容、评课方式及基本评课技巧,能制定并填写评课表,能撰写综合评课语。⑦掌握华文教学手段的运用方法,包括教学语言、板书设计及教学媒体的使用方法和技巧。⑧掌握华文学习评价方法,包括华文学习评价的基本内涵、常见类型及主要方法。⑨全面介绍华文教学第二课堂活动,包括华文教学第二课堂活动的特点和作用,华文教学第二课堂活动的组织形式、活动内容及其指导。

二、"华文教材教法"课程的教学目的

"华文教材教法"课程的教学目的是通过课堂讲授与实践训练,了解华文教材的历史状况、基本性质、基本类型和华文教材内容的构成,学会解读并合理使用华文教材,学会针对华文教材的特点设计教学内容与结构,掌握进行华文教材分析、编写及评估的基本规律和方法,为从事华文教学及华文教材编写工作奠定良好的基础。

通过本课程的教学,应达到下列基本要求:

第一,明确华文教学理论的若干基本观点,对华文教学的目的和任务、华文教学学科内容和结构、学习心理和教学过程的规律和原则等教与学的基本理论问题有一定的掌握。

第二,明确语言教学,复习教学,教学手段,教师备课、说课、听课、评课等具体教学问题的规律、特点和方法。另外,对华文教学研究和课外活动等问题也应有一定的掌握。

第三,了解华文教材编写和使用的现状;初步获得分析、研究教材的能力;能根据教材和学生的特点选用恰当的教学方法进行教学。

第四,具有一定的理论与实践相结合的能力,能把所学知识应用于教育实习和各种教学活动中。

第二节　华文教材的作用及其研究

一、华文教材的作用和意义

华文教材的作用和意义主要表现在以下三个方面:

第一,华文教材状况直接关系到华文教育事业的发展。

教材是教师教学和学生学习的主要材料,华文教材是华文教育思想的主要体现,是华文教学的主要依据。华文教材的好坏直接影响华文教学的效果与质量,是决定华文教学成败的关键。

第二,华文教材是华文教学法的体现。

华文教材既体现一定的教学内容,又规范教学,直接影响华文教学水平。就目前海外华文教学的状况来说,多数国家和地区缺少良好的语言使用环境,学习者学习华文的语言素材和语言基础训练大都是通过华文教材与华文课堂获得的,因而华文教材是学生获得语言输入的主要渠道,在学习者学习华文过程中起着举足轻重的作用。华文教材是华文教学大纲及教学内容的具体化。好的华文教材都有一定的语言学、心理

学和教育学理论作为指导思想，体现了一定的教学观念和教学法思想，教材编写者在编写教材时充分考虑了教学对象的认知规律和语言学习的特点，依据一定的教材编写原则，科学、合理地安排教学内容，突出重点，分散难点，循序渐进，自成体系，对教学能起到良好的引导和规范作用。

第三，华文教材使用是华文教师水平高低的重要标志。

华文教材的作用能否充分发挥出来，关键在于使用教材的教师。华文教师需要具备良好的教材解读能力，能通过研读教材把握教材编写的理念、教学原则、教材结构特点、教材总体目标、教材所体现的教学法等，并能在此基础上，针对教学对象的特点，制订合理的教学计划，以便在教学过程中，能够娴熟地驾驭教材、灵活地使用教材。因此，教材使用能力是衡量教师教学水平的重要依据之一。

二、目前华文教材研究状况

目前，对外汉语教材的研究成果斐然，而华文教材的研究仍然薄弱。这主要表现在以下方面：

第一，华文教材研究与华文教材编写及使用相脱节。这使得教材理论研究难以发挥对华文教材编写及使用的指导作用。在华文教材研究方面已取得的成果主要是对华文教材编写各个板块的系统研究，包括教材词汇研究、课文研究、练习研究、汉字研究、语法点研究、文化内容研究等，主要集中表现为对一套或几套有代表性的华文教材的静态分析，一般是依据教材编写理论对华文教材的具体编写情况进行研究，但缺乏对海外华文教材的使用状况全面详细的研究。到底华文教材的使用情况怎么样？这些教材的特点是什么？是不是适合当地华文教育的实际情况？能不能满足他们的需要？当地究竟需要什么样的华文教材？应该如何更好地针对教材使用状况编写教材？这些问题都亟须解决。由于缺乏对各国华文教材具体使用情况的系统研究成果，所以，对华文教材在华文教学中应用情况的相关研究是华文教材研究尚待开发的重要领域。

第二，从华文教材研究的范围来看，目前研究者的研究对象主要是中国大陆、中国台湾以及新加坡、马来西亚编写的华文教材，而对其他国家如美国、加拿大、泰国、印度尼西亚、越南等国自主编写的华文教材进行调查与研究的成果很少。

第三，从研究方法与成果来看，目前的研究主要是零散的、个案式的研究，研究成果多为散篇论文，缺乏大规模集成研究成果，系统研究不够，整体水平不高。目前还没有见到关于华文教材研究的专门论著。

第四，关于华文教材教法的系统研究，目前也很少见。在华文教材理论研究的基础上，开展华文教材应用研究，沟通华文教材理论研究与华文教材编写及使用的联系，可有效发挥华文教材理论研究对华文教材编写及使用的指导作用，具有重要的实践和理论价值。

三、加强华文教材建设，重视华文教材研究

华文教材研究是华文教材建设的重要基础。重视华文教材研究是当前加强华文教材建设，发展华文教育事业的迫切需要，具有重要的学术理论价值和重大的社会现实意义。

第一，华文教材研究是华文教育研究的重要组成部分，其研究成果必将促进华文教育研究的深化，促进华文教育学科的建设和发展。

第二，华文教材研究是华文教学研究的重要内容，是华文教学活动的重要环节。华文教材研究是华文教师的重要职责，其研究成果必将大大促进华文教学质量的提高。

第三，华文教材研究必将促进教材编写，为编写出高质量的华文教材提供理论依据和经验基础。

第三节　华文教材的历史与现状

一、古代的华文教材

（一）古代华文教育的性质、目的与形式

古代华文教育基本上都属于华侨教育。古代华文教育的性质属于母语教育，是第一语言教育，主要教学语言为华语，包括古代官话和方言。

古代华文教育的目的主要体现在两个方面：一为传道，即传中华文化之道，传授中国文化和儒家道德观念，并弘扬中国的礼仪；二为实用，为谋生存、发展之用，通过教育让华侨子女掌握一技之长，获得在所在国谋生存的本领。

古代华文教育的形式包括家塾、蒙馆、义学、书院等。家塾是私塾的一种，是设于私人家庭的教育形式。蒙馆是对儿童进行启蒙教育的私塾，多设于华人会馆或寺院。义学，又称"义塾"，是华人富商专为贫穷子弟创设的私塾，如 1672 年印度尼西亚巴达维亚养济院内所设义学、1849 年新加坡陈金声创办的"崇文阁"、1899 年加拿大中华会馆开设的"乐群义塾"等。书院是在私塾、义学基础上发展起来的早期华文学校，如 1775 年印度尼西亚雅加达创办的"明德书院"、1854 年新加坡陈金声创办的"萃英书院"、1888 年马来西亚槟城创办的"南华书院"等。

（二）古代华文教育使用的主要教材

古代华文教育使用的教材基本上是中国国内私塾常用的教材。宋代以来，中国通

行的蒙学教本是"三、百、千、千",即《三字经》、《百家姓》、《千字文》、《千家诗》。"三、百、千、千"并非按成书时间排列,而是按照数字顺序排列。还有一种"三百千"的俗称,指的是《三字经》、《百家姓》、《千字文》。这几本书通常用作儿童启蒙的识字读本,同时将传统历史文化及人格修养、伦理道德教育巧妙地融入其中。"三百千"是以识字为主的综合知识型教本,而《千家诗》是陶冶孩童性情的专门的诗歌读本。

《三字经》据传为南宋学者王应麟所编,共一千多字,皆为三字句韵文,故名"三字经",三字一句,易于诵读。如"人之初,性本善。性相近,习相远。苟不教,性乃迁。教之道,贵以专。昔孟母,择邻处,子不学,断机杼。窦燕山,有义方,教五子,名俱扬"。全书根据内容大致可分为五个部分:一是讲理学的人性论;二是论教育之重要;三是讲学习内容;四是论学习方法;五是勉励儿童。《三字经》是中华民族珍贵的文化遗产,1990 年《三字经》被联合国教科文组织选编入"儿童道德丛书",向世界各地儿童推介学习,成为世界性的启蒙读物。

《百家姓》是北宋初年编写的一本关于中国人姓氏的书,载有四百多个姓氏,其成书时间早于《三字经》。《百家姓》将所收姓氏串成四字韵语,句句押韵,读来朗朗上口,易于孩童记忆。《百家姓》首句为"赵钱孙李,周吴郑王"。姓氏并非依照当时姓氏人口数量排序,据南宋学者王明清考证,以"赵"姓开头,因为它成书于北宋初年,宋帝姓赵,故将"赵"姓排百家姓之首,次位"钱"姓是五代十国中吴越君主的姓氏,"孙"为当时君主钱俶的正妃之姓,"李"为南唐君主的姓氏。《百家姓》集中反映了中国源远流长、独具特色的姓氏文化,故而广泛流传,影响深远。

《千字文》为南朝梁武帝大同年间周兴嗣编撰的启蒙读物,其成书时间早于《百家姓》。《千字文》从书法家王羲之的作品中挑选出 1 000 个不同的字,排列成内容有序、对仗工整、朗朗上口的四字韵语,内容包括自然天地、人文地理、历史典故等,从修身、处世、治国、治家,到务农、习文、饮食、居家、应酬、器用、祭祀等,无所不包,极其丰富,非常适合儿童诵读,以广见闻、识礼仪、习文采、晓书法。例如,"寒来暑往,秋收冬藏"描述了季节的转换;"云腾致雨,露结为霜"是对气象的描述。《千字文》在中国古代的蒙学读物中,是一部承上启下的作品,为《三字经》等蒙学读物提供了宝贵经验。

《千家诗》为南宋后期所编,号称"千家",实际收录了122 家唐宋名家的格律诗作,题材广泛,易学好懂,成为明清两代影响深远的具有启蒙性质的格律诗选本。

在"三、百、千、千"出现之前,有一本比较常用的蒙学识字教材——《急就篇》。《急就篇》是西汉史游于公元前 40 年编撰的,是汉代唯一流传下来的教学童识字的书。《急就篇》首句为:"急就奇觚与众异,罗列诸物名姓字,分别部居不杂厕,用日约少诚快意,勉力务之必有喜。"该书以首句中的"急就"二字命名,"急就"是"很快可以学成"的意思,意指此书为速成识字读本。全书 2 144 字,用三言、四言、七言韵语写成,分为姓氏名字、服器百物、文字法理三个部分。如"宋延年,郑子方；卫益寿，史步昌"（三言），"治理掌故砥砺身，智能通达多见闻"（七言）。《急就篇》为后代编写儿童识字教材提供了宝贵的经验。

通常儿童在学完"三、百、千、千"等启蒙读物，达到一定的识字量后，就会学习儒家经典"四书五经"。"四书"指《大学》、《中庸》、《论语》、《孟子》四部书。其中，《论语》、《孟子》分别是孔子、孟子及其学生的言论集，《大学》、《中庸》本是《礼记》中的两篇，相传《大学》是由孔子的学生曾参整理成文的，《中庸》是孔子的孙子子思"笔之于书，以授孟子"的。南宋著名学者朱熹认为《大学》是孔子讲授"初学入德之门"的要籍，《中庸》是"孔门传授心法"之书。这两部书与《论语》、《孟子》一起反映了儒学的基本思想体系，是修读儒学最重要的文献，由于它们分别出自早期儒家的四位代表人物曾参、子思、孔子、孟子，故而把它们编在一起，称为"四子书"，简称为"四书"。朱熹认为："先读《大学》，以定其规模；次读《论语》，以定其根本；次读《孟子》，以观其发越；次读《中庸》，以求古人之微妙处。"①

"五经"指《诗经》、《尚书》、《礼记》、《易经》、《春秋》五部著作。《诗经》在先秦称"诗"或"诗三百"，是中国最早的诗歌总集，共收录从西周初年到春秋中期500多年的诗歌305篇，汉代儒生始称之为"诗经"。《尚书》春秋战国时称"书"或"书经"，至汉代改称"尚书"。"尚"指"上"、"上古"，"尚书"意为"上古之书"，是中国最早的上古历史文件和部分追述古代历史事件作品的汇编，后来，儒家尊之为经典，故又称"书经"。《礼记》是战国到秦汉年间儒家学者解释说明经书《仪礼》的文章选集，是一部儒家思想的资料汇编。《易经》在中国传统文化的经典著作中，被誉为"诸经之首"，"三玄之一"。《易经》也叫做《周易》，就是"周代之易"的意思。它是一部占卜之书，把中华民族自太古时代摸索总结出来的生活及生产经验，用抽象的符号记录下来，以阴阳变化之道加以分析，说明宇宙间的一切现象，通过卜卦来启示天、地、人道的变化规律。《春秋》原是先秦时代各国史书的通称，后来仅有鲁国的《春秋》传世，便成为专称。《春秋》是中国编年体史书之祖，这部原来由鲁国史官所编的《春秋》，相传经过孔子整理、修订，赋予特殊的意义，因而也成为儒家重要的经典。

（三）古代华文教材的内容与特点

古代华文教材的内容主要包括三个方面：①语文。古代华文教材中的语文部分主要培养学生诵读、写字、作文的能力。②文化。古代华文教材主要讲授的文化内容是儒家经义、诗书礼仪。③算术。古代华文教材中的算术部分主要让学生掌握珠算、记账的本领。

古代华文教材的特点主要体现在以下四个方面：①选用中国的教材。古代华文教

---

① （宋）朱熹：《四书章句集注》，北京：中华书局1983年版。

育属于华侨教育，因而在教育体制和教育形式上均与中国保持一致，在教材的使用上也沿用中国国内私塾常用的教材。②重中华文化和道德教育。华侨教育的核心是让学生传承中国文化，因而十分重视中华文化及道德教育。中国传统的蒙学教材及儒家经典均特别强调文化、道德、伦理、礼仪、修养等内容。③重诵读、书写与写作。古代教学方法单一，基本采用注入式方式，教师带读、断句后，学生通过反复诵读，达到对内容的理解与掌握，即所谓的"读书百遍，其义自见"。除诵读外，写字和写作是另外两项主要内容，写字要求能用毛笔书写大小楷，讲求书法艺术。写作主要是培养学生作对、作诗、作文的能力。④教材形式单一。教材基本上以文本形式呈现，版面设计单一，鲜有图画。

二、近代的华文教材

（一）近代华文教育的发展

近代华文教育实现了由旧式教育向新式教育的变革。尤其是清政府在国内变法改制、大兴新学的同时，也在国外各地设立新式学校，如1897年日本横滨的"中西学校"（孙中山命名）、1899年梁启超在日本创办的"神户华侨同文学校"、1900年印尼度尼西亚雅加达的"中华学校"、1903年菲律宾的"中西学堂"、1904年马来西亚槟城的"中华学校"、1908年美国旧金山的"大清侨民小学"、1909年泰国的"中华学堂"等。辛亥革命之后，民国政府也大力助推海外华文教育，先后制定了一系列的办学章程，如1913年制定《领事管理华侨学务规程》，委托中国驻外各使馆兼管华侨教育事务，1929年制定《华侨教育设计委员会组织大纲》，1931年制定了专门的《侨民中小学规程》。自清政府开始还专设机构与人员来帮助促进海外华文教育的发展。清末，政府在学部专设人员，负责管理海外华侨教育事务；后设专使常驻海外督学，称"视学员"。民国政府外派领事，专司华侨教育事务，并进行华侨教育调查；1929年民国政府教育部召开东南亚华侨教育会议，设立"华侨教育设计委员会"，专门管理华侨教育事宜，先后制定了《华侨学校立案条例》、《华侨小学暂行条例》、《华侨补习学校暂行条例》、《驻外华侨劝学员章程》、《华侨视学员章程》等法令，规范、加强了华侨教育的管理。同时，由于当时许多国家政府歧视、排斥华侨，限制华侨子弟接受当地国民教育，因而促使海外各国华社特别重视华侨教育，先后成立了学务会、学务总会、华侨教育会、华侨学务总会等，以规范华侨教育的管理，促进华侨教育的发展。

（二）近代华文教育使用的主要教材

近代华文教育仍然属于华侨教育，主要使用中国国内编写的新型教科书，包括《蒙学课本》（1897）、《蒙学课本》（1901）、《识字贯通法》（1902）、《文话便读》（1902）、《字课图说》（1902）、《最新国文教科书》（1904—1906）、《新制中华国文教科书》（1912）、《共和国教科书——新国文》（1912）等。

"教科书"、"课本"，是中国近代教育史上出现的名词。清末，随着西方教育思想的传入以及大兴西学浪潮中新式学堂的设立，分科教学的思想冲击着中国传统教育体系，催生了近代新式教科书。《蒙学课本》（1897）是中国近代第一部自编新型教科书。《蒙学课本》于光绪二十三年（1897）由南洋公学印行，其教学内容与传统的"四书五经"相比有很大区别，除通过儒家思想及其行为规范对学生进行修身教育外，还突出传授自然科学知识。全书分上、下卷：上卷为语文教材，共130课，其中故事60课、物名实事30课、浅说琐记30课、通用便函10课；下卷为常识教材，共32课，包括天文、地理、物理、化学、制造、生理、养生等主题。课本的语言仍是"文言体"，但在形式上，有了现代教材的影子，每篇课文均是先列生字，再列课文，改变了传统蒙学先识字后读书的"集中识字"方法，采用"边识字边读书"的方法。1901年，这套《蒙学课本》由朱树人再次修订，有了较大的发展，文字更为通俗，在选材上也比较接近日常生活。

《识字贯通法》、《文话便读》、《字课图说》是1902年出版发行的几种新型的识字课本，采用随文识字的方式编排。《识字贯通法》把"字"分为名字、活字、虚字三类，依次分课编排教学，每课均先列单字，再讲大意，最后拼句。例如，第一课主要内容包括：

单字：天、地、子、西、工、夫、南、瓜、片、冬

大意：积气为天，上下四旁包于地球之外。地形圆，东西通，南北皆有冰洋阻之。所生者为子。东之对面为西。造各种器物之人为工。女所嫁之人为夫。北之对面为南。或圆或扁圆或长圆，中有子，而外肉可吃者为瓜。凡物薄者谓之一片。十月、十一月、十二月为冬。

拼句：冬天、南瓜、功夫、片子、南瓜子、西瓜子、天地等。

《文话便读》采用了同类的编排方式，也分课，每课先列单字，后列句子。如第一课：

单字：鸟、狗、儿、飞、叫、追、逃、小

句子：小鸟飞。小狗叫。小儿追。小狗逃。

上海澄衷蒙学堂编的《字课图说》按语法分类排列所收汉字，包括名字、动字、静字、状字、虚字。每类之中又把意义相关的编排在一起，如天文、地理、人事、物性等。这本书的最大特色是有许多附图，名字、动字很多都附图，便于学生理解字义。

1904—1906年商务印书馆出版了初等小学用的《最新国文教科书》。这是中国最早的一套国文教科书，它与新学制互相促进。全套共10册，以识字为主，先识字，再读句，再读篇章文字。教材按照由易到难的原则编排生字，从字的笔画数量限定难易度，规定第一册五课之前六画，十课之前九画，以后逐渐加至十五画为止。如第一

册第一课"天地、日月、山水、土木",第十课"竹高、林茂、天冷、月明"。全书各课都图文配合。这套教材第一次配备了教师参考书。

《新制中华国文教科书》(1912)由中华书局出版,包括初等小学(国民学校)国文教科书、教授书各 12 册,高等小学国文教科书、教授书各 9 册(1 学年 3 期 3 册),之后又陆续出版了中学用的《新制国文教本》4 册和《新制国文教本评注》4 册,以及国民学校用的《新制国文教案》12 册。

《共和国教科书——新国文》(1912)由商务印书馆出版,是中国近代百年教科书史上唯一一套以政体命名的教科书,是中国最早的几套教科书之一,也是当时影响最大的一套教科书。全套教材包括初小部分"新国文"4 册、"新修身"2 册,高小部分"新国文"3 册、"新修身"2 册,共计 11 册。除教学生识字之外,还教学生生活及百科知识,培养较为完善的人格道德、伦理观念和处世原则。

这一时期,海外华校也有自编教材,但为数极少,且使用范围小,用量有限,影响不大,基本还是以使用中国国内教材为主。

(三)近代华文教材的主要特点

近代华文教材有如下特点:①重传统文化与道德教育。封建社会私学、义学、书院等均以"忠君、尊孔"为教育宗旨。光绪二十八年(1902),清政府提出"无论何等学堂,均以忠孝为本"。光绪三十二年(1906)又提出以"忠君、尊孔、尚公、尚武、尚实"为教育宗旨。1912 年民国教育部公布的教育宗旨是"注重道德教育,以实利教育、军国民教育辅之,更以美感教育完成其道德",倡导以军国民教育、实利主义教育为急务,以道德教育为中心,以世界观教育为终极目的,以美育为桥梁的资产阶级民主主义的教育方针。这些教育宗旨直接影响了近代华文教材教学内容的选择。因此,近代的华文教材在注重传统文化的同时,都很强调道德教育。②倡导国语教育。古代华文教育以方言为主要教学语言,近代华文教育开始重视国语教育。③重阅读,改"识字入手"为"阅读入手"。古代华文教材强调识字,识字以机械记忆为主,采用集中识字的方法,近代华文教材开始注重阅读,识字采用分散识字的方式,随文识字,同时加大了阅读的分量。④教材体系初步确立。古代华文教材缺乏系统性,教材之间缺乏衔接,近代华文教材开始注重体系性,分科教学思想逐步形成,分科教材开始出现,并形成了由幼儿园到小学到中学到职校、师范的教学及教材体系。

三、华文教材的现状

(一)华文教材的选择

"二战"前,传统侨校使用的教材一直从中国购买,主要由商务印书馆、中华、开明、正中等大书店供应。"二战"后,情况发生变化:一方面,东南亚国家加紧管制侨校,禁止从中国大陆购进华文教材;另一方面,新中国成立后,许多国家尚未与中国建立外交关系，对中国存有戒心，禁止华文书籍、报刊进口。因此，华文教材的中国大陆供应渠道中断，主要靠台湾、香港地区以及新加坡供应华文教材，同时，各国华文学校也开始自编和改编华文教材。

中国大陆实行改革开放以后，由境外供应的华文教材仍然是各国华文教材的一个重要来源。由境外供应的华文教材是多渠道的，有中国大陆、台湾地区、香港地区出版的教材，也有新加坡、马来西亚出版的华文教科书。美、日、欧等国家与地区，也大都采用中国大陆、台湾地区和香港地区编的教科书。目前，北美地区主要使用的教材是中国大陆编写出版的《中文》（暨南大学出版社）、《标准中文》（人民教育出版社），以及中国台湾地区编写出版的美洲版《华语》（台湾侨委会）等；东南亚地区主要使用的有中国大陆编写出版的《汉语》、《中文》，新加坡编写出版的《好儿童华文》、《小学华文》、《小学高级华文》、《中学华文》，菲律宾编写出版的《菲律宾华语课本》等。澳大利亚中文学校使用的华文教材有中国大陆编写出版的《中文》、《汉语》、《标准中文》，中国台湾地区编写出版的美洲版《华语》、《生活华语》，新加坡编写出版的《小学华文》等和当地资深教师合编的《华语课本》。日本目前还有为华侨华人设立的民族学校——华人学校，其中推行中国台湾地区教育体制的学校使用台湾教材；推行中国大陆教育体制的学校一度采用自编的中文教材，20世纪80年代后，改用中国国务院侨务办公室发行的《汉语》、《中文》，其余课程所用教材由日本编写。

总的来说，各国华文教材根据来源地主要有以下选择：

A. 选择中国教材

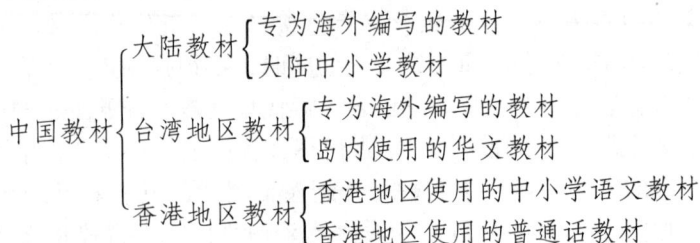

中国教材 {
  大陆教材 { 专为海外编写的教材 / 大陆中小学教材
  台湾地区教材 { 专为海外编写的教材 / 岛内使用的华文教材
  香港地区教材 { 香港地区使用的中小学语文教材 / 香港地区使用的普通话教材
}

B. 选择本国教材

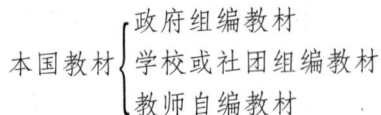

本国教材 {
  政府组编教材
  学校或社团组编教材
  教师自编教材
}

C. 选择其他国家的教材

  如新加坡、马来西亚编写的教材

20世纪80年代后各国着手自编和改编华文教材，这是一种进步的发展趋势。由于各国的国情不同，华校的华文授课时数有别，进口的教材即使有多种版本可供选择，也难以满足当地的需要，教材内容在一定程度上脱离当地生活实际，提不起学生的学习兴趣，教师的教学效果也不理想。华文教育走向复苏和发展之后，教材问题更为突出，海外华侨华人和华校教师有识之士开始了编写、改编教材的工作。

（二）各国自编教材的基本情况

目前，许多国家的华文学校、华文教育工作者都在研究和编写教材，一些当地教育部门也在编写华文教材，其中有地区统一编写、学校组织编写等做法。他们对华文教材编写提出了一些原则，如取材于当地社会生活，贯彻理论联系实际原则；遵循语言学习的认识规律，由浅到深有机安排教学内容；吸取中华传统文化精华，接受语言、文化不可分和文化的继承性原则；自编教材必须做到科学性、实用性和趣味性相结合等。

例如，全美中文学校联合总会教育研究发展委员会编写的《美洲华语》教材，包括 12 册主课本和配套练习册、字卡、CD 及挂图，分简、繁两种版本。其主编许笑浓女士具有 30 多年在美国教授中文的经验，参加教材编写的其他作者也都是具有多年一线教学经验的教师。这套教材针对美国中文学校每周 2～4 小时的课程进度设计，编写内容与方式以"美国中、小学中文教学目标"（ACTFL Standards for Chinese Language Learning-communication, cultures, connections, comparisons and communities）为重要依据，学生学完整套教材可顺利通过 AP 中文测试。美国南加利福尼亚州的"南加州中文学校联合会"根据华裔生长在英文环境里中文用不上这种状况，编写了相应的教材，从南加州的社会生活中选择合适的题材为内容，使学生学到和本地生活息息相关的事物、节令、体育活动等，以引起学生学习中文的兴趣。美国加州王双双老师结合其自身在美国多年的教学实践，与中国专家学者共同努力，专门为美国等海外学生编写了一套《双双中文教材》，全书共 20 册，包括从对识字、拼音、句型、短文的学习，到初步的较系统的对中国文化的学习。教材前 10 册以语言学习为主，后 10 册为专题教材，分册介绍了中国地理、历史、哲学、文学、科学技术等方面的丰富内容，突出了中华文化的魅力。美国加州执照儿童教育主管、资深中文老师陈健以她 15 年全职海外中文教学经验为基础为海外学生编写了一套《新意中文》，全套教材共 24 册，包含文学、地理、历史、哲学等丰富的中国文化知识，学完全部课程，学生可掌握 2 500 个汉字，并通过 AP 中文考试。加拿大缅因省中文学校动员华文教师利用教余时间编写了《初级汉语课本》，全套 6 册，配有相应的教师手册、作业练习。这套教材结合北美洲的实际情况、华裔新一代的接受力、教师的教学经验和教学条件等，重视中华传统文化的精义，选材侧重阐述"仁、爱"，弘扬中华民族传统美德，以培养学生具有基本的中华民族道德观念，将优秀的中华民族品格融于加拿大生活环境中，为多元化社会注入新鲜血液。

在欧洲，荷兰华人社团联合会获政府批准，根据荷兰的社会情况和华裔青少年实际编写了统一的中文课本。

地处大洋洲的澳大利亚于 1988 年开始着手编写汉语教材，召开全国各公立中小学教师代表和教育部中文顾问参加的"汉语教程——初学到八年级——教材研讨编写会议",制定教材编写重点,包括语言训练、技能学习、普通常识以及文化历史的认识等,编写了以"我的家庭"、"我生活中的重要日子"为中心的教材,取材紧密联系大洋洲实际。

在亚洲,除前面介绍的新加坡和马来西亚之外,其他国家也开始自编教材。例如,泰国教育部民校厅委托泰国华文民校协会编写了适用于泰国华文小学的《泰国小学华语课本》,全套共12册,供泰国华校小学一至六年级学生使用。泰国圣卡比利安基金会中文教学中心2006年编写出版了《中文》,共6册。印度尼西亚东爪哇华文教育统筹机构教材编写小组分别编写了《育苗华语》(2007)和《千岛华语》(2009—2010)。这两套教材都是以《汉语》(修订版)为蓝本、以《中文》(修订版)为参考资料改编的供国民中小学使用的华文教材,分别针对周课时2课时和5~6课时的国民学校编写,一个年级一册。此外,《我的汉语》、《基础汉语》为印度尼西亚华文教材自编教材,是供印度尼西亚零起点的一至六年级小学生使用的教材,针对周课时1~2课时的学校编写。越南教育出版社2009年出版了《华语》(实验教材),根据越南社会主义共和国教育与造就部制定的"华语学科课程提纲要旨"编写,全套教材共10册,供越南小学5个学年使用。有些国家在编写教材时还采取了与中国有关高等学校和出版机构合作编写的模式。如菲律宾华文教育研究中心在中国北京语言大学专家的协助下,编写了《菲律宾中小学(十年制)华语教学大纲》,针对菲律宾华文学校的实际,提出编写华文教材的指导原则、目的要求、课程设置等意见,作为编写教材的依据,并在此基础上编写了《菲律宾华语课本》,全套共20册,供中小学阶段使用,每册除课本外,配有录音带、电脑光盘、综合练习本、写字本、教师手册和教案集。其中第1~12册为综合课,课文以会话为主,侧重交际文化。第13~20册分设华语、阅读、写作、听力四门课,交际文化与知识文化并重。

(三)华文教材的新发展

(1)华文教材需求量日益增大,供不应求。

据不完全统计,截至2010年年底,全球学习汉语的人数已达1亿之众[①]。汉语热的不断升温,学习汉语的队伍不断扩大,使得海外对华文教材的需求量迅猛增加。

(2)华文教材建设普遍受到重视。

华文教材建设渠道包括政府投入、社团组织、联合编写等。凡华文学校较多、华校领导和教师比较强的国家、地区,华校都着手编写适合本地实情的教材;华文教材编辑力量和组织领导较多由华文学校与华人社团承担,有些国家的教育部门也开始编写适用本国的华文教材。中国是中华文化的母体和发源地,有责任和义务向世界介绍中华文化及帮助编写华文教材,中国的许多高等院校成为海外华文教材编写及研究的

---

① 数据引自《人民日报》(海外版)2011年11月28日。

重要阵地。

（3）华文教材种类不断增多。

各种类型、层次的教材都有所增加。编写范围主要是汉语作为第二语言教学的华文教材，部分国家和地区也编写有汉语作为母语的华文教材，以及汉语介于第一语言和第二语言、母语和非母语之间的教材。少数国家，如马来西亚、新加坡、柬埔寨等还编写有数学、物理、历史、地理、常识等华文教材。

（4）华文教材内容变化大，更加适合华文教育实际。

这具体体现在语文综合技能训练得到加强；文化内容更加丰富多样；中国文化、本土文化、世界文化的结合，传统与现代的结合，历史与现实的结合更加鲜明。在"全球化思维、本土化模式"的理念下，华文教材本土化已成为当前华文教材建设的一种必然趋势。

（5）华文教材的特点更加突出。

这主要体现在华文教材结构、体例有所创新，教材内容也更具有针对性。

（四）华文教材存在的主要问题

（1）华文教材种类还不够齐全。

虽然目前华文教材已被列入"三教"（教师、教材、教法）问题，各界都在加大建设、开发华文教材的力度，但教材建设的速度远远赶不上多元化需求，华文教材种类仍不够齐全，主要表现在通用性教材居多，而本土化教材不足；可供教学使用的中国历史、地理、书法、绘画、武术、舞蹈、手工、民乐等文化类教材稀少；补充读物、教案汇编、测试题库、视听音像、教学挂图、识字卡片等教学辅导资料欠缺；不同学段华文教材的衔接问题突出，等等。

（2）华文教材数量仍偏少，发行不力。

据统计，截至 2010 年年底，全球学习汉语的外国人已达到 1 亿[①]。目前，全球已有 104 个国家和地区建立了 357 所孔子学院和 476 个孔子学堂[②]。100 多个国家超过 2 500 所大学在教授中文，越来越多的中小学开始开设汉语课程，各种社会培训机构不断增加。全球对华文教材的需求量迅猛增加，现有华文教材数量仍然供不应求。而华文教材的推广与发行工作耗时长、投入多、工作量大，也是造成华文教材问题的瓶颈之一。

（3）华文教材的针对性和适用性还不够强。

不同的学习群体，有不同的学习需求。面对多元化的学习群体，华文教学的形式日益多样，有学历教育，也有非学历教育；有全日制教育、半日制教育、课后制教育、周末制教育，还有夜校教育；有学校教育，也有家庭教育、补习班；有公立学校

[①]　数据引自《人民日报》（海外版）2011 年 11 月 28 日。

[②]　数据引自《人民日报》（海外版）2011 年 11 月 28 日。

开展的华文教学，也有私立学校的华文教学等等。不同形式的华文教学，其教学时间、教学目的、教学对象均有所不同，加上各国教育政策、生活习惯、语言环境、文化背景的影响，这些都对华文教材提出了不同的要求。华文教材的针对性和适用性还有待加强。

（4）华文教材整体水平参差不齐，精品教材建设模式有待开发。

目前的华文教材建设多数采取由一个国家负责编写、出版及发行全过程的单一模式。中国学者编写的教材在科学性、趣味性等方面有优势，但针对性、实用性不足；而海外自编的教材在针对性、实用性等方面处理恰当，但体系性、科学性、趣味性却有待加强。在不同的国家，采用什么出版、发行方式才能提高发行效率，也需要思考改进。目前，一些教材已在建设模式上作出了有益的探索。例如，教育科学出版社在出版印度尼西亚高中华语教材《华语》时研发了一套"中国、印度尼西亚联合编写——中国出版——印度尼西亚印刷、发行——中国、印度尼西亚联合推广"的出版发行模式。又如，《菲律宾华语课本》由菲律宾华文教育研究中心组织策划编写，其主创人员均由该中心从中国邀请，该教材的新编版《新编菲律宾华语课本》尝试开拓了一条"三方合作、量身定做、定向发行"的新模式。"三方"指菲律宾华文教育研究中心、中方编写组、北京大学出版社。菲律宾华文教育研究中心负责教材立项，安排中方编写组成员在菲律宾考察、座谈、调研，选派在菲律宾华校长期从事教学和教学指导工作的教师参与教材编写，负责确定原教材的保留部分，指出原教材的不足之处，并参与样稿的修改、审核、试用等，在教材出版后负责教材的宣传、推广、发行，以及教师培训等。出版社与华文教育研究中心签订包销合同，定向定量发行，出版社无须开拓末级市场，可集中力量编好教材。

第二章 华文教学概述

第一节 华文教学的性质与目的

一、华文教学的性质

从教学性质来说，语言教学可以分为母语教学和外语教学，也可以分为第一语言教学和第二语言教学。其中，母语教学是指对本国或本民族语言的教学，而外语教学是指对外国语言的教学；第一语言教学是指对人出生以后首先接触并获得的语言的教学，而第二语言教学是指对人们在获得第一语言以后再学习另一种语言的教学。母语教学的典型情况是中国对汉族学生进行的语文教学，而对中国学生的英语教学则属于外语教学。当然，母语与第一语言之间存在着交叉关系，因此，基于母语和第一语言的母语教学与第一语言教学也可能存在着交叉关系。例如，中国对汉族学生进行汉语教学既是母语教学，同时也是第一语言教学；对出生在印度尼西亚，出生后就只会说印尼语的华人进行的华文教学就只是作为民族语的母语教学，而不是第一语言教学。而外语教学有时也被认为是外国语的教学，所以，第二语言教学也就不完全等同于外语教学。中国对其境内的仍然使用自己民族语的少数民族进行汉语教学，就只是第二语言教学，但却不是外语教学。有时，第二语言教学的范围要比外语教学大一些。

华文教学的实施对象是海外的华侨华人，由于其教学对象的多样化和复杂性，其教学性质也呈现出多样化的特点。贾益民（2007）把华文教学的性质概括为三类：

①第一语言教学。例如，马来西亚的华文教学、缅甸北部一些地区的华文教学、意大利部分温州商人聚居区的华侨子女的华文教学、针对部分新移民子女的华文教学等。

②第二语言教学。例如，针对美国、印度尼西亚、泰国等一些国家失去汉语交际能力的华侨华人子女的汉语教学。

③介乎第一语言和第二语言之间的华文教学。这包含两种情况：一种情况是在所在国出生的第二代华侨华人子女，基本用所在地语言沟通，但是，受家庭环境的影响，他们基本能听懂汉语，但很少说，日常交际基本用当地语言。有时，他们听并听懂了他人所说的华语，却习惯用当地语言回答；另一种情况是受家庭或华侨华人社区

影响，有的会听、会说汉语方言，但不会听说汉语普通话。以上两种情况大都不会认读和书写汉字。所以，对这两类学习者的华文教学性质基本上可以界定为介于第一语言和第二语言之间的华文教学。

华文教学性质的多样，都有其所针对的华文教学实际情况，也都有其实际的教学类型基础。因为海外华人社会并不是一个整齐划一的社会，不同国家的情况不一样，同一个国家的不同地区或者不同社区情况也不一样。美国的华文教学不同于泰国，也不同于马来西亚，更不同于印度尼西亚。印度尼西亚国内各个地区华侨华人的华文水平差别也很大，其苏门答腊岛和加里曼丹岛主要城市的华文水平总体上要高于爪哇岛地区主要城市的华文水平。在苏门答腊岛和加里曼丹岛的一些地区，虽然所操的华语不一定是共同语普通话，一般在这些地区华侨华人社群中通行的是客家话或者闽南话，但是，其华文整体水平普遍较高，华语基本上也是华人社群中的主要沟通工具；而在爪哇岛的雅加达、三宝垄、日惹等重要城市，四五十岁以下的华侨华人，基本上都已经不太会说华语了，主要以印尼话为沟通工具，以印尼话为思维凭借。对这些城市的华人来说，华语既是一门外语，也是一门第二语言。而且，即使是同一个国家的同一族群，因为背景、社会地位不同，也会分化成不同的语言群体。例如，在澳大利亚，同一个城市中既有新侨相对集中的社区又有老侨相对集中的社区。在新侨集中的社区，教学对象多为第一代移民，有的甚至在国内已经接受过系统的华文教育，其华文学习性质主要为第一语言学习；而在老侨集中的社区，由于教学对象多为第三甚至第四、五代华裔，其第一语言多为当地的官方语言，也基本上不具备华语的家庭背景，因此，其华文学习性质主要为第二语言学习。

华文在海外基本上都不是官方语言，海外华人社会要在当地社会更好地生存与发展，要能和当地主流社会和谐相处，就很难把华文作为唯一的交际工具。目前，就海外的普遍情况来看，华文学习者的第一语言往往是所在国的官方语言或者通用语言。因此，在许多情况下，教师在讲授华文课程的时候，也常常要借助当地语言作为媒介。从这一点上来看，华文教学似乎等同于其他国家的汉语教学。但从语言地位来说，作为一些国家多元文化建设的重要组成部分，作为一种所在国的民族继承语，华文在越来越多的国家受到保护、重视。必须看到，即使是那些不会华语的华裔，由于海外华人社会的构成与历史传承、语言文化积淀等因素，在施教之前，也都多少受到了华语的一定影响。此外，在学习要求方面，华文教学的对象也不同于一般的第二语言学习者，他们的学习超越了单一工具性的范畴。

二、华文教学的目的

就语言教学，特别是第二语言教学来说，其目标一般都是通过系统的教授和训练，帮助学习者掌握所学语言，并能进行有效的交际。衡量华文教学成功与否的核心标准之一是看学习者是否掌握了"华文"这一交际工具。但与其他第二语言教学不同的是，华文教学的核心目的并不仅限于语言，还包含文化，即华文教学除语言教学目的外，还有文化教学目的。海外的华侨华人之所以这么重视后代的华文学习，在很大程度上并非只是为了掌握"华文"这个工具，更重要的是，他们希望自己的后代能够把根留住，使中华文化能够在后代身上延续下去。因此，华文教学的目的是语言目的与文化目的的结合。

在华文教学中，语言目的与文化目的是有机融合在一起的，而不是各自独立甚至相互排斥的。一方面，语言本身也是一个民族思维方式的体现。比如，汉族人观察事物时遵循从小到大的思维方式，这在汉语的句法中得到了相应的体现。而这种观察事物的方式显然和英语、印度尼西亚语等语言是不同的。在美国、英国、印度尼西亚等国家生活的华侨华人子女在学习华文的过程中，无疑也就受到了华文思维方式的影响。而且，承载语言的华文学习内容也往往具有丰富的文化内涵，不管是"精忠报国"的故事还是"精卫填海"的传说，不管是"秦始皇统一六国"还是"文成公主进藏"，都能让学习者在掌握语言的词汇、句法、篇章的过程中，了解和熟悉博大精深的中华文化，文化时时刻刻都蕴藏在语言教学中。另一方面，文化教学也能促进语言教学目的的实现。首先，文化课程的教授，如学太极拳、学剪纸、学习中国各地的风土人情等，有利于提高学习者对华文的兴趣。其次，学习者中国文化知识的增多，有利于其更准确地理解语言学习中碰到的一些问题。比如，学习者只有理解了中国文化中"尊老"这一传统，才能更正面地去理解"孔融让梨"这一故事的含义；学习者也只有了解了中国尤其是北方地区一年四季的天气变化情况，才能真正地理解文学作品中人们赋予"梅花"的各种寄托和情感。这对于生活在印度尼西亚、菲律宾等国家的学习者来说，理解起来并不是那么容易的。

中国政府大力支持海外华文教学的开展，其主要目的是为了满足海外华人日益增长的华文学习需要，帮助华侨华人在所在国解决华文师资不足、华文教材不足、华文教学研究不足的问题，从而让生活或者出生在海外的华侨华人子女能有机会掌握本民族的语言，了解本民族的文化，熟悉甚至热爱本民族的文化传统，保持和祖（籍）国的血脉联系。同时，通过华文教学，还可以让世界上越来越多的人了解中国，了解中国文化，增强各地华侨华人的沟通与了解，维护世界语言与文化的多样性，从而促进国际社会的和谐发展。

而对于海外的华侨华人来说，大力开展华文教学，除了让海外的华侨华人能够世代保持"华文"这一维系与祖（籍）国联系的纽带外，还应该强化另外两个目的：

第一，凝聚华侨华人力量，促进华社发展。在开展华文教学的过程中，人们常说，一所华文学校就相当于一个华人社团。海外华人来源复杂，在一个国家或一个地区中，往往有大陆来的华人，港、澳、台地区来的华人，也有东南亚地区来的华人、拉美地区来的华人。但华人之所以被称为"华人"，不管是什么背景，来自哪个国家或者地区，"同文同种"是最基本的共识。因此，只有通过"华文教学"这一大家都认可的共同平台，才能把海外来源复杂的华人整合起来，融为一体，推动之前可能相对分散的华人群体成为所在国一个诉求明确、统一的真正意义上的民族群体，从而在社会生活中发挥更大的作用，并更好地改善华侨华人在海外的生存环境。

第二，推动中华文化与当地文化融会贯通，促进华侨华人子女在海外的发展。一方面，华文教学要帮助华侨华人子女保持中华文化传统，培养中华文化人格等；另一方面，华文教学还应该有意识地推动华侨华人子女把所学习并传承的中华文化传统融入所在国的主流文化中。在给学习者灌输东方文化优秀传统的同时，华文教学也要注意融入当地文化中的先进因素或优秀品质，引导华侨华人子女体会当地文化与本民族文化的各自优势，并在两者之间取长补短，融会贯通，在两种文化中汲取营养，从而在思想上使其充实丰富自己，为他们的发展提供更高的精神平台。在这一点上，新加坡作了有益的尝试，其华文教育的特定目标之一，就是强调通过华文的学习，让学生进一步认识与吸收华族的文化传统与价值观念。

第二节　华文教学的任务与原则

一、华文教学的任务

贾益民（2007）指出，华文教学内容包括以下四个方面：一是语言教学，二是德育教学，三是文化知识教学，四是美育教学。据此，我们把华文教学的任务分为知识教学任务、能力教学任务、品德培育任务和美感培育任务。

（一）华文教学的知识教学任务

华文教学的知识教学任务包括语文知识教学任务和文化知识教学任务。

1. 语文知识教学任务

语文知识是指以华语文为主体的语文材料，包括以文字为载体的书面语和以声音为载体的口头语等。无论哪一种语文，都会随着历史的发展变化而部分或者整体地发生变化、更新、消长，而其中相对稳定且常用度高的语文要素与知识是华文教学中语文知识所要教授的内容，即现代汉语知识。帮助学生掌握现代汉语的语言知识，并以此为基础掌握现代汉民族共同语普通话，是华文教学的核心任务。在这个核心任务下，一些有条件的华文学校还可以进一步开展外层的语文知识教学，如古代汉语知识教学、文体读写知识教学、文学鉴赏知识教学等。

华文教学中的语文知识教学，要力求让学生在整体习得认知中学习语文知识，而不能就知识而讲知识。因为掌握语文知识本身不是华文教学的核心任务，华文教学的核心任务是要让华侨华人的少年儿童学会讲华文，用华文，能熟练使用本民族语言。

2．文化知识教学任务

语言和文化密不可分，因为人类语言本身就是文化的最主要的组成部分之一，同时，语言又是文化最主要的载体，文化的发展往往是以语言为基础的。所以，就华文教学来说，语言教学只是其核心任务之一，其核心任务之二就是文化知识教学，因为让中华民族优秀的文化传统在海外华侨华人中世代相传，以增强他们和祖（籍）国内在的血脉联系，并借此在居住国传播中华文化，增进居住国人民对中华文化的认识和了解，增进对中国的友好情谊，是华文教学的重要功能之一。

华文教学要有发展的眼光，结合海外华侨华人社会对中华文化的保留、认同情况，选择既有利于学习者学会华文，又有利于他们了解中华优秀传统文化的内容进行教学；要通过文化知识的教学，帮助其尽可能减少影响交际功能的交际文化知识，同时，最大限度地增加海外华侨华人子女对优秀中华文化知识的了解，培养对祖（籍）国的感情。

华文教学的文化知识教学往往具有跨文化交际的特点，这一特点在文化知识教学中需要特别重视。由于华文教学的对象是在非目的文化环境中学习、了解中华文化，所以，在其学习过程中势必会受到其所在国文化的干扰和影响。这就要求华文教学在实施文化教学任务时，既要考虑到所在国宏观环境对相关文化项目的敏感度，又要考虑到不同层次的教学对象对不同层次文化的接受和理解能力。

文化知识教学在实施过程中存在着两种不同的教学内容：一种是专门为讲授文化而设置的文化课教学，另一种是渗透在语言课内的文化内容教学。文化课的文化教学以传授文化知识为主要目的，而语言课内的文化内容教学则主要是为了培养学生的交际能力，其教学过程与语言技能训练紧密结合在一起。

（二）华文教学的能力教学任务

华文教学的能力教学任务包括语言能力教学任务和文化能力教学任务两部分。

1．语言能力教学任务

语言能力的教学与培养是华文教学的核心任务。语言能力可以具体分解为语言的听话、说话、阅读、写作四项基本能力。其中，听话能力主要包括辨音识义能力、理解语义能力、评判话语能力、记忆整合能力等；说话能力主要包括语言内部组织能力、语言快速编码能力、语音语体准确运用能力；阅读能力主要包括认读能力、理解能力、评价能力、阅读技巧活用能力等；写作能力主要包括审题、立意、选材、构思、表达、修改等方面的能力等。

华文教学中，教学对象在华文听、说、读、写四种能力上齐头并进，共同提高，是华文语言能力培养的最终目的。让学生能听懂标准的华文，能用华文流利地进行书面或者口头表达，能看懂华文作品，是每一个华文教育工作者的最高追求。当然，由于受各种主观和客观条件的限制，海外各种类型的华文教学，其多样性和复杂性并存，不同类型、不同地区、不同性质的华文教学，其华文语言能力教学任务也存在着区别。这样，本着"因材施教"这一基本的教学原则，当我们在面对以上不同学习类型、不同教学性质、不同学习特点的学生时，在完成听、说、读、写各种教学任务时，其教学要求和培养重点也应区别对待，所采用的能力训练重点和训练方式方法也应不同，以便最大限度地满足完成不同教学任务的需要。

2. 文化能力教学任务

文化教学是华文教学的核心任务之一。文化教学任务除了文化知识教学以外，文化能力教学也是其重要的内容。文化能力可以分为两种类型：一是文化解读能力，即华文学习者正确理解所接触的语言或者行为中所蕴涵的文化信息的能力。文化解读能力和文化知识教学任务的完成密切相关，因为只有掌握了一定的文化知识，以一定量的中华文化知识作为基础，才能依据这一基础，对其所接触的语言或者行为进行正确的文化解读，从而实现其文化能力。二是技能型文化运用能力，即华文学习者能学会并展示一种或者多种中华才艺，并在学习和领会中华才艺的过程中进一步理解中华文化的内涵。技能型的中华才艺包括剪纸、武术、民族舞蹈、民族乐器、包饺子、中国书法、中国画等。让华文学习者学会或掌握以上技能型中华才艺，是华文文化能力教学的重要内容。华文教学的文化能力教学应重视这些中华才艺的教学，因为这对促进华文学习者的学习兴趣，加深华文学习者对中华文化的热爱和理解，大有裨益。

（三）华文教学的品德培育任务

华文教学是对海外华侨华人子女进行的语言文化教学，不管是语言与文字，还是文化与道德，都具有强烈的思想性。因此，品德培育也是华文教学的重要任务。思想品德教育即德育，华文教学中的德育任务主要有以下几个方面：

1. 推动华侨华人子女了解和认同中华民族传统文化

中华民族传统文化是华侨华人保持和祖（籍）国血肉关系的重要纽带。受语言、所在国国家民族政策、个人生存与发展等各方面因素的影响，华侨华人，尤其是华侨华人子女日益融入所在国社会，许多土生土长的华侨华人对中华传统文化的了解和认同日趋淡化。华文教学通过对华文语言文化的讲授，帮助广大华侨华人子女了解进而熟悉、认同中华民族传统文化，这因此成为华文教学品德培育的重要任务之一。

2. 增进华侨华人子女对祖（籍）国的感情

海外大部分的第三、第四代华侨华人子女，在所在国出生，在所在国成长，一般对祖（籍）国缺乏感性认识。通过华文教学，让他们了解祖（籍）国的山山水水、风土人情；通过华文教学，让他们接触祖（籍）国悠久的历史、辉煌的现代化建设成就，增进他们对祖（籍）国的感情，从而增强中华民族在全世界的凝聚力和向心力，这是华文教学品德培育的重要任务。

3. 培养华侨华人子女良好的个人道德品质

华文教学要把培养华侨华人子女良好的思想道德修养作为品德培育的重要任务。华文教师要在华文教学过程中，在教材编写、课堂教学、课后练习等多个教学环节融入中华民族的优秀文化，并帮助学习者借鉴、吸收这些优秀文化。第一，教师可以在课堂教学讲解分析语言文化知识、总结概括文章思想内容的过程中积极对学生进行德育教育，在对教学内容的分析、判断和评价中，实现品德培育任务。第二，教师可以有选择、分层次地为学生提供各类优秀的课外读物。阅读课外读物既能扩大学生的学习视野，提高学习兴趣，又能发挥学生理解、获取中华文化思想精髓的主观能动性。第三，华文教师是华文学习者了解中华文化的重要窗口，华文教师的价值取向和言行举止也直接影响着华文教学对象。因此，海外华文教师认同中华文化、具有良好的道德素养、保持对祖（籍）国的感情是完成华文教学品德培育任务的重要保证。

（四）华文教学的美感培育任务

美感培育也是华文教学的重要任务。美感培育在于培养学生的审美能力。这种审美能力主要表现为：第一，审美感受力。审美感受力即体验、感知、感受美的能力。第二，审美鉴赏力。审美鉴赏力即判断、评价、欣赏美的能力。第三，审美创造力。审美创造力即表现美、创造美的能力。

在华文教学中，美感培育无处不在。华文教师可以从以下几个角度去培育华文学习者的美感：第一，华文教学内容。华文教学内容是学生最主要的审美对象，教学内容往往蕴涵着自然美、艺术美、生活美、社会美和人物美等，它们都能带给学生美感上的感染和熏陶。教学内容负载形式的多样化，如将华文教学内容融入故事、寓言、笑话、童话、儿歌、诗歌、谜语等不同的文体形式中，也可以增强教学内容本身的美感。第二，华文教材的结构。华文教材的结构如果能够做到详略得当，布局合理，前后照应，而且起落有致，出人意料，则会有利于培育学习者的美感。第三，华文教学语言。在华文教学中，教师的教学语言应力求简练、贴切、精到。教师在教学中也应让语言表达感情丰富，色彩鲜明，节奏韵律感强，从而使华文学习者增强美感。

二、华文教学的基本原则

在实施华文教学过程中，要贯彻以下基本原则：

（一）语言训练与文化认知有机结合

华文教学目的有两个：一是为了实用，二是为了民族文化的传承。前者与大多数的第二语言教学类似，在中国经济对全球影响力越来越大的背景下，华文的实用价值大大提高了，因此，学习华文和华侨华人子女的事业及生存质量往往紧密相关；后者主要表现在海外华侨华人都希望自己的下一代能很好地继承本民族语言和本民族文化传统，希望子女能为本民族文化感到自豪这一强烈愿望上。因此，华文教学要贯彻的基本原则之一就是始终要坚持语言和文化两条腿走路，将两者紧密结合。语言教学是文化教学的载体，语言的字里行间渗无不透着文化精神；文化教学是在语言教学基础上的提升，在掌握语言的同时要注意对学习者文化意识的点拨。华文教学要将语言训练和文化认知融为一体，并互相促进。

（二）华文教学与人格塑造有机结合

华文教学的对象主要是华侨华人子女，即少年儿童。与成年人相比，少年儿童的人生观、世界观都尚未最终形成，在华文课堂学习或者课后学习中所接触到的所有知识要素都可能会对他们的价值观、道德观的形成产生影响，尤其是他们感兴趣的本民族的一些重要文化观念和价值取向。因此，华文教学要与华侨华人子女的人格塑造相结合。

（三）听、说、读、写训练有机结合

听、说、读、写能力是华文教学语言能力训练的目的，也是语言学习分技能训练的四个有机组成部分。华文教学中，这四项能力要有机结合，而不是各自独立。任何一项技能都是语言整体的有机组成部分，各个技能之间都存在着有机联系，在进行某一项技能训练时，并不排斥同时使用其他技能训练形式，只是在教学的侧重点和具体训练项目的要求上存在差别。当然，针对不同的教学对象，教学过程中对四项技能的重视程度可能会存在不同；为了使华文教学更具有针对性和适切性，四项技能被安排学习及训练的时间和内容也可能存在差别。比如，同样是在印度尼西亚，对于第一语言已经是印尼语、完全不会说华文的华裔学习者来说，华文听说训练就应被视为学习重点，相对于读写训练，不管是教材还是具体的课堂教学，都应该设计和安排较大量的针对性听说训练；而对于第一语言是华文、华文听说水平已经达到一定程度的华裔学习者来说，华文读写训练则应被视为学习重点，相对于听说训练，不管是教材还是课堂教学，都应该设计和安排较大量的针对性华文阅读训练和书写、写作训练。

（四）课堂教学与课外训练有机结合

从在教学环节中的地位来说，课堂教学是华文教学中的中心环节，是华文教学实施的最主要的阵地。一方面，在课堂教学中，师生之间、学习者之间的交流伴随着心理和文化各个方面的交流与渗透，学习者对华文的掌握和对中华文化的认知主要是通过在一堂堂华文课中的学习与训练来实现的，因此，必须重视华文课堂教学，并从教材、教学法等各个方面对其不断改进，从而最大限度地发挥宝贵而有限的华文课堂教学时间的效用。但另一方面，华文教学也不能忽略课外训练，尤其是家庭训练，因为华文教学的特点决定了华文教学并不只限于在华文学校中进行。华文教学大多属于华侨华人子女所在国的校外教育系列，学习时间有限，学习精力分配也有限。在这种条件下，华文教学就必须充分挖掘课堂之外的教学时间，加强课外训练。只有课堂教学和课外训练互相配合，华文教学的整体质量才有可能提高。而且，就学习华文的孩子来说，一部分孩子从小就学会了华文，父母是其当之无愧的第一任老师；另一部分孩子从小使用的是当地的语言，他们所学的华文能够使用的社会环境之一就是家庭，有时，家庭甚至是他能使用华文的唯一社会环境。

由于本书第十章会专门讨论开展华文课外活动的相关内容，所以，这里只重点介绍家庭训练的开展方式。在华文教学中，学习者家庭可以在以下几个方面发挥作用：

第一，为学习者提供坚定的精神鼓励和支持。海外的华文学习者学习华文大多是业余补习性质，客观上为一种额外的学习负担，往往会占用学习者从事其他更感兴趣的活动的时间，学习者很容易因为畏难情绪或者厌倦而放弃对华文的学习。此时，来自家庭中长辈的鼓励和支持就是其坚持学习下去的最强大动力。家长们要看到孩子们在华文学习中所取得的点滴进步，并真心地去肯定他们；对于学习中出现的困难，要鼓励甚至帮助孩子一起克服，并合理引导其体会到克服困难后的快乐，从而强化其对华文学习的兴趣，增强其学习华文的信心。

第二，营造浓郁的家庭华文学习氛围。如在家里挂上一些含有中文的书画作品、挂历或者民族工艺品等；订阅一些适合孩子阅读的中文书籍或者报刊；把常用的一些华文的词语或者句子制作成卡片贴在显眼的地方等。

第三，创造机会鼓励孩子使用华文。语言是一定要在使用中才能真正掌握的。为了能让孩子有机会使用华文，在家庭内，能够说华文的父母或者长辈应该主动和孩子用华文交流，强化孩子的华文意识，这其实也是对其所学内容的一种巩固，同时还让孩子体会到了华文的交际价值，它不是一种学了完全没有使用价值的语言。在家庭外的人际交往中，父母可以主动创造与会说华文的家庭交往的机会，并在双方的交流中鼓励孩子主动用所学的华文交流，哪怕交流的程度很有限；也可以带孩子参加一些可以使用华文的交际场合，鼓励孩子使用华文和他人交流。

（五）课堂教材与课外读物有机结合

华文教学的核心内容是语言和文化。对于华文学习者来说，不管是作为第一语言的学习者，还是作为第二语言的学习者，要想真正学好华文，仅仅依靠教材的内容显然是不够的，必须辅之以大量的课外阅读材料。华文读物的重要作用在华文教学中应该受到充分重视，不管是学校还是家长，都应该有目的地为华文学习者提供合适的华文读物。

鉴于华文教学本身的复杂性，华文读物的提供也要注意选择性。合适的华文读物的选择，可参考以下几个原则：

第一，读物本身的语言水平要和学习者的实际华文水平基本保持一致，不能过高，否则会造成学习者的阅读困难，并最终导致其放弃。

第二，读物内容要和学习者的思维成熟度基本一致，避免出现给 15 岁的学习者阅读幼儿读物的现象，这会降低学习者的阅读欲望。

第三，读物本身无论从内容到装帧、排版都要具有较强的趣味性。华文读物是给华文学习者课外自主阅读的，如果内容、版式等本身枯燥无味，就很难调动学习者的阅读兴趣。

在华文教学中重视发挥课外读物的作用，也对课外读物编写提出了新的要求。目前，汉语作为第二语言教学的课外读物编写工作已经取得了部分成果，如北京语言大学出版社出版的由崔永华总主编的《实用汉语分级阅读丛书》甲、乙、丙、丁读本，外语教学与研究出版社出版的由朱勇主编的《外研社汉语分级读物——中文天天读》系列丛书等。但在华文教学领域，"海外华人孩子们没有适合的中文书可读，这是我们身处海外华文教育第一线的老师、学生和家长共同深切感受并为之焦急的问题"[①]。因此，组织各方力量，编写出一系列适合海外华人孩子实际需要的华文读物，这一工作已经日益重要和紧迫。海内外华文教育界的有识之士都应该认识到这一问题，并积极采取相关的行动。相信继华文教材编写之后，适合海外学习者需要的华文读物的开发与编写也将是一个大有作为的领域。

华文教学是一个复杂的系统。就教学对象来说，既有针对幼儿、少年儿童的华文教学，也有针对成人的华文教学（如华文教师培训）；就教学形式来说，既有全日制教学，也有课余或者周末制的补习式教学；就教学性质来说，既有第二语言教学，也有第一语言教学和介乎第一语言与第二语言之间的教学。华文教学的这种多样性和复杂性，要求在华文教学实施过程中，态度灵活，方式多样，既不拘泥于某一类教学模式，也不被某一个教学体系框住，真正做到因材施教。

第三节　华文教学的内容体系与课程设置

在华文教学中，无论是教学性质，还是教学任务，其最终实现或者完成都要落实在教学内容上。以语言和文化为核心框架，华文教学内容是一个综合性的体系。

一、华文教学的内容体系

华文教学内容是一个综合体系，该体系主要由以下几部分内容构成：

（一）语言知识内容

语言知识内容指的是华文教学中必须教授的汉语语言知识。具体来说，语言知识内容包括两部分：

第一，现代汉语知识。现代汉语知识主要包括汉语的声、韵、调及汉语拼音方案知识、汉语标点符号系统及其使用知识、常用汉字及其知识、常用词语及其知识、常用句子及基础句法知识、篇章基础知识、修辞基础知识等。

学习现代汉语知识是为学生掌握华文并能最终运用华文进行交际提供基础材料。其中，汉字、词语、句子、篇章等部分内容应根据教学对象和教学性质的不同进行取舍。汉字、词语、句子等根据其常用度的不同，都存在相关的等级。对华文水平不同

---

① 孙浩良：《海外华文教育》，上海：上海人民出版社 2007 年版，第 99 页。

的教学对象，应选择适合其华文程度的语言知识进行教学。另外，在教学内容的选取上，第二语言教学性质的华文教学其教学内容应着重在掌握汉字、词语、句子、篇章等语言本身；而第一语言教学性质的华文教学其教学内容则须在汉字、词语、句子、篇章等内容的基础上，加强汉字知识、词语知识、句法知识等方面的教学，以进一步帮助学习者提升华文综合理解及运用能力。

第二，古代汉语知识。古代汉语知识主要指有关文言文内容的学习，包括在文言文章中需要学习者掌握的常用虚词、常用实词、常用文言句式、文言文翻译问题等。第二语言教学性质的华文教学其教学内容一般不会涉及古代汉语知识；第一语言教学性质的华文教学则应将古代汉语知识作为其教学内容的必要组成部分。虽然因教学时间和教学程度的不同，教学内容的选取会有差别，但学习并在一定程度上掌握部分古代汉语知识，始终是广大华侨华人理解和继承中华民族几千年瑰丽文化传统的必要途径。

在华文教学中，语文知识内容的教与学是渗透在华文言语技能训练中的，也就是以言语技能训练为教学载体来达到学习目的的。在学习者运用华文进行听、说、读、写、译等言语交际的技能训练中，以上语文知识内容逐渐被学习者理解和掌握。而且，听、说、读、写、译等技能在学习者不同的学习阶段是可以有机转化的。在初级阶段，往往是听说领先，读写跟上；而到了中高级阶段，则可转化为读写译能力训练为核心，听说进一步深化。

（二）语文知识内容

语文知识内容主要指华文教学中需要教授的题材、体裁知识等，包括：

第一，文学体裁及其鉴赏知识。文学体裁及其鉴赏知识即诗歌、散文、小说、戏剧、杂文的理解常识及鉴赏常识。

第二，常见文体读写知识。常见文体读写知识即记叙文、说明文、议论文、应用文等的相关知识理解及其训练。

（三）文化教学内容

文化的内涵具有不确定性。在不同的场合和不同的背景中，文化的含义并不完全相同。从语言交际的角度看，文化可以分成知识文化和交际文化两大类。两者的区别在于文化内容本身是否会影响交际表达的正常进行。不影响交际功能正常实现的为知识文化，可能会影响交际功能正常实现的是交际文化。知识文化主要表现为观念文化、制度文化、器物文化等。观念文化指的是一个民族的心理结构、思维方式和价值体系，是一种深层次的文化。制度文化指的是在历史发展过程中形成的各种制度，如宗法制度、婚姻制度、教育制度、官制等。器物文化指的是体现一定生活方式的具体存在，如园林、住宅、服饰、烹饪等，是一种表层次的文化。而交际文化主要表现为日常语言表达中一些固定搭配和习惯表达，如"你吃饭了吗"、"请慢走"、"走后门"等表达方式或者词语。以上表达方式或者词语因为其蕴涵着和字面意义不一致的表达内容，因此，无论从语言输入还是输出的角度看，都是华文教学中的重点内容和难点内容。

从学习方式的角度看，文化又可以分成理念型文化和技能型文化。理念型文化是对事物或者行为的主观认识或态度，技能型文化是操作性强、需要学习者动手实践的一些事物。理念型文化需要学习者在思想情感上理解与体认所学的文化知识，而技能型文化则需要学习者动手实践。中国文化中"父母在，不远行"的孝道思想，"达则兼济天下，穷则独善其身"的处世之道等，都是理念型文化的内容；而中华武术、太极拳、中国书法、中国京剧、包饺子等则是技能型文化的项目。

华文教学复杂的性质决定了在华文教学中文化内容的选取也是多样化的。以上所提到的不同类型的中华文化内容，在华文教学中被选取的可能性也就不同。在作为第二语言教学的华文教学中，有助于语言交际功能顺利实现的交际文化内容应是文化教学的中心和侧重点；而在作为第一语言教学的华文教学中，知识文化的教学应适度加强，以提升华文学习者对华文和祖（籍）国的认识程度。不论是在第一语言教学性质还是在第二语言教学性质的华文教学中，武术、中国书画、剪纸等技能型文化都是提高华文学习者对中华文化的兴趣、增强其对华文的学习信心的重要内容。

华文教学中常被选取的文化内容主要有：中国国情（中国历史、地理、政治、经济、艺术、教育等）；中国民俗（传统节日、婚丧嫁娶礼仪等）；中国哲学思想（孔孟儒家思想、老庄道家思想等）；各文化分支领域的代表性产品（建筑、饮食、服饰、交通等方面的代表性产品）；中国文学知识（代表性文学作品、代表性作家、文学史知识等）；中国的传统美德及民族心理。

当然，由于华文教学主要是在海外进行，因此，华文教学的文化内容要尽量兼收并蓄，吸收当地文化，以促进华文教学的本土化。适度吸收当地文化内容，还可以提高学习者，尤其是年龄幼小的学习者和初学华文者对学习内容的熟悉程度，提高其对华文学习的认可程度，从而激发其学习华文的内在主动性。

二、华文教学的课程设置

华文教学中所选取的教学内容，最终要以具体的课程为载体，落实到实际的课堂教学中去。在华文教学中，开设什么样的课程，每门课程承担什么教学内容和目的，安排多少课时，课程之间如何衔接，就是课程设置。课程设置合理与否，直接关系到华文教学能否正常开展，是华文教学的必要环节。

（一）华文教学课程设置的基本原则

1. 针对性原则

在华文教学中，设置课程要针对学习者的实际情况和条件来进行，以实现教学目的为准则。在设置课程时，要注意针对以下几点：①所开设课程的教学内容是最适合学习者需要的。这种适合性既表现为课程内容要和学习者的华文水平相适合，如果太难会造成学习者的畏难情绪，如果太容易会让学习者感觉学习没有收获；也表现为课程内容要和学习者的认知能力相适合，儿童学华文就开设"幼儿华文"课程，成年人学华文就开设"综合华文"课程，课程名称的不同决定了课程内容设计的差异。②所开设的课程要适合学习者的学习能力。海外华文教学的情况非常复杂，限于办学成本等因素的制约，有时不得不将华文水平参差不齐的学习者编排在同一个班级学习，而不能对他们进行分班教学。这时，这类班级的课程设置就应该以大多数学生的共同华文水平为标准来进行。③所开设的课程一定是本校教师能够胜任的。华文教学，尤其是海外华文教学，师资问题始终是制约其发展的重要因素。在开设课程时，一定要先对本校师资（含可能聘用的校外教师）状况全面把握，了解每位教师的教学能力和专长，然后再确定所开设的华文课程。尤其是中华文化和才艺类相关课程，一定要在师资得到保证的情况下，才考虑开设此类课程。

2. 衔接性原则

华文教学的课程一般都是一个课程体系。在这个课程体系中，要注意课程之间的衔接性，即整个课程体系之中各门课程之间的内在有机联系。这种联系既有纵向的，也有横向的。

第一，课程之间的纵向衔接是指不同级别之间相同课程的衔接。例如，同为"综合华文"课程，既有"初级综合华文"，也有"中级综合华文"和"高级综合华文"。这三门课程之间应是发展关系，既前后衔接，又各自独立；前者是后者的基础，后者是前者的提高。从字、词、句、篇章的难易程度，到教学内容与形式的变化，到教学重点的阶段性调整，课程之间的纵向衔接可以使系列课程形成一个发展性明显的阶梯。

第二，课程之间的横向衔接是指同一学习阶段不同课程之间的衔接。课程设置时注意横向衔接的目的在于：首先，避免因开设同质课程而导致不同课程之间学习内容的大部分雷同，如已经开设了听力课程，就不必再开设视听说课程；已经开设写作课程，就可以考虑不再开设应用写作课程，以最有效地利用学习者的学习时间。其次，对不同课程之间可能存在的共同学习内容进行不同的处理。如同在初级阶段的课程中，同样是训练比较句式"A 比 B + 还 + 形容词"，华文综合课应侧重在讲解，让学习者理解这一句式的正确形式和所表达的语法意义，而说话课则应侧重在运用，即侧重让学习者使用这一句式进行正确的交际表达。虽为同一教学内容，但两门课程之间相互关联，各有侧重，既不简单重复，又各有训练目的，从而达到最佳的教学效果。

3. 丰富性原则

海外华文教学普遍教学时数较少，所能开设的课程不多。但即便在这种情况下，其课程设置也应注意丰富性。在课程设置中，通过语言技能训练课程与语言知识课程相结合、语言技能课程与语言实践课程相结合、文化知识课程与才艺训练课程相结合等方式，来最大限度地实现华文课程的多样性。

（二）华文教学常设课程

1. 语言技能类课程

语言技能类课程是指重在训练学习者的言语能力，以帮助学习者流利使用华语进行交际为目的的课程。根据所侧重训练的言语技能的不同，语言技能课程的类型主要有华文（中文）综合课、听力课、说话（口语）课、阅读课、汉字书写课、唱歌学汉语等。因为海外华文教学往往授课时数少、教学容量有限的特点，所以，华文教学的语言技能课程多采取只设一门华文综合课的形式。根据学习阶段的不同，这门华文综合课又常被分为初级华文（中文）、中级华文（中文）、高级华文（中文）等。当然，在这门华文综合课中，听、说、读、写分项训练是融汇其中的，各项技能的所占教学比例也可根据具体教学情况进行调整。

2. 语言知识类课程

语言知识类课程是指教授有关华语语言知识的课程，如华文语音、华文词汇、华文语法、汉字知识等课程。语言知识类课程往往是在学习者具有了一定的华文基础后才开设的。

3. 文化类课程

文化类课程是指向学习者介绍、传授中华文化知识的课程。这类课程主要有当代中国、中国历史、中国文化概况、中国民俗、中国古代文学作品选读、中国现代文学作品选读、中国地理等，侧重介绍中国国情、民俗、哲学思想、文学、特色文化等与中国文化相关的知识。

4. 才艺类课程

才艺类课程要指导学习者学会一项或者多项中华才艺技能，如中国武术、剪纸等。此类课程实践性和动手能力都较强，学习者往往比较感兴趣。这类课程主要有中国武术（包括太极拳）、中国民族音乐、中国民族舞蹈、中国画、中国书法等。才艺类课程并不是直接为了教授华文而开设，但是，在华文教学中，它们却起到了帮助学习者熟知并热爱中华传统文化、提高华文学习兴趣的重要作用。

当然，以上课程并不是在华文教学的每一个阶段都开设。课程设置者应根据华文教学的实际需要合理设置相关课程。

（三）华文教学课程设置的程序

以华文教学课程设置原则为指导，以华文教学具体课程为内容，华文教学课程设置可遵循以下程序进行：

1. 确定教学阶段

根据华文学习者的华文水平确定其所处的教学阶段。华文教学一般分为初级、中级、高级三个阶段。当然，各华文教学机构还可以根据本地生源的实际状况进行细分，如进一步分为初级A、初级B，中级A、中级B，高级A、高级B等。其中同一个阶段的 A、B 等级之间存在着内在的衔接和连贯关系。教学阶段的确定应标准明确，等级简单明了，这样学习者才能清楚地找到并确定适合自己就读的课程。如澳大利亚新金山中文学校在其教学纲要中，就对该校的教学阶段作了如下划分：

我校采取分阶段组织教学，即依照学前中文、普通中文和 VCE 中文的系列，划分为三个由浅入深、循序渐进的教学阶段，每个阶段再根据教学进度区分成若干个教学时段，以便由学校统一部署、明确教学要求并具体落实各个年级的教学计划和考核。①

普通中文教学阶段指的是一年级至九年级的中文教学，它是学校教学的主干部分，不仅在校学生人数最多，教学时间跨度最长，而且教学任务也最繁重。……因此，我们不妨把普通中文教学阶段再细分为两个阶段，即从一年级至五年级上半学年为第一时段，五年级下半学年至九年级为第二时段。这两个时段既相互衔接，又各有侧重，具体地说，第一时段着重于中文的听、说教学，其标志是课文以对话体为主，并且每篇课文都注有汉语拼音，以帮助学生认读；第二时段更偏重于中文的读、写教学，其特点是课文的文体呈多样性，注重学生的阅读训练和写作训练。②

该校明确的教学阶段的划分，为课程的合理设置打下了良好的基础。

2．选择各阶段课程

确定教学阶段后，就要进一步确定各阶段的具体课程。不同的教学阶段课程设置是不一样的。例如，作为入门课程，汉语拼音课、汉字课等往往在初级阶段开设；作为需要有一定华文基础才能开设的华文阅读课、应用写作课等最好在中级阶段开设；而像中国文学作品赏析、古代汉语等课程，对华文水平的要求更高，一般在高级阶段才开设这类课程。一般在初级阶段，以开设语言技能训练类课程为主，而到了中高级阶段，语言知识课和文化知识课则会增加，语言技能训练课程会相应减少。在选择课程时，还要注意各阶段课程之间的衔接，如在中级 A 阶段开设了"华文阅读 I"，那么，在中级 B 阶段就要继续开设"华文阅读 II"，因为显然这是一个连续性课程。在选择开设某一个课程时，也要考虑到学习者在前一阶段的知识与能力的储备情况。

3．合理安排各类课程

海外华文教学情况复杂，有的华文学校每周只上 1 次课，每次 2 节；有的每天上 2 节课，每周的课时量达到 12 节，甚至更多。对于课时量有限的华文教学来说，课时安排相对简单，并没有太多可以考虑的空间。而对于课时量相对比较多的华文教学来说，则要考虑不同课程之间的合理安排。

课程之间的合理安排主要考虑两个方面：首先，确定各门课程的课时量。在某一个教学阶段，可能安排了三门课程，但这三门课程所需的课时量却是不同的，不会平均分配。一般来说，华文综合课的学时数会多一些，而其他课程的学时数会少一些。

---

① 孙浩良：《海外华文教育》，上海：上海人民出版社 2007 年版，第 79 页。
② 孙浩良：《海外华文教育》，上海：上海人民出版社 2007 年版，第 82 页。

例如，在某华文学校的中级 A 阶段，开设了以下三门课程：中级华文、华文阅读、唱歌学华文，那么，中级华文的课时量要大于华文阅读和唱歌学华文的课时量。其次，合理搭配各门课程。课程合理搭配的目的是要使课程安排具有变化性，使其看起来丰富多彩，并让学习者保持一定的学习新鲜度。在搭配课程时，一般要做到同一门课程一天内不重复，不同的课程最好能交叉间隔性出现。

以下为印度尼西亚两所华文学校的课程表，其中表 2-1 为印度尼西亚万隆一所三语学校小学一年级的课程表，表 2-2 为印度尼西亚棉兰一个汉语培训中心的汉语辅导课程表。

表 2-1　印尼万隆××三语学校小学一年级课程表

时间	星期一	星期二	星期三	星期四	星期五
07：00—07：30	升旗仪式	体育	综合课	中文	综合课
07：30—08：00	综合课	体育	综合课	中文	综合课
08：00—08：30	中文	综合课	综合课	综合课	综合课
08：30—09：00	中文	综合课	英文	英文	英文
09：00—09：15	休息				
09：15—09：45	英文	综合课	英文	英文	英文
09：45—10：15	英文	综合课	综合课	综合课	中文
10：15—10：45	综合课	中文	综合课	综合课	中文
10：45—11：00	休息				
11：00—11：30	综合课	中文	综合课	综合课	生活环境
11：30—12：00	宗教课	英文	中文	计算机	方言
12：00—12：30	宗教课	英文	中文	计算机	方言

表2-2　印尼棉兰××汉语培训中心课程表

星期	时间	学生情况
一	16：00—17：30（4）	王诗琳　《儿童汉语》1 李婉尔　苏东学校　小学3
一 五	16：00—17：30（2） 16：00—17：30（2）	庄保山　幼儿园B 庄保仙　幼儿园B
一 三	16：30—18：00（2） 16：30—18：00（3）	蔡柔姈　卫理学校　小学3 薛镇龙　苏东学校　初中3
一 四	16：30—18：00（4） 16：30—18：00（4）	林家满　初中1 林香秀　高中1
一 三 五	16：30—18：00（3） 16：30—18：00（4） 16：30—18：00（4）	陈俊好　《儿童汉语》1 陈彦好　《儿童汉语》1
一 三	18：00—19：30（3） 18：00—19：30（4）	许琛芸　苏东学校　小学2 洪珮淇　苏东学校　小学5
一 三	19：00—20：30（3） 19：00—20：30（3）	Kevin　苏东学校　初中1 饶子兴　苏东学校　初中1 林姜良　苏东学校　小学6
一 三 五	19：30—21：00（4） 19：30—21：00（4） 19：30—21：00（2）	陈美放　SIA三语学校　小学5 何建源　SIA三语学校　小学6
二	16：00—17：30（2）	黄俊祥　卫理学校2　小学3 陈叙妘　卫理学校2　小学2
二 四	16：00—17：30（4） 16：00—17：30（4）	戴联万　《儿童汉语》1 黄俊泉　《幼儿汉语》2 翁文贵　SIA三语学校　小学4
二 四	18：00—19：30（2） 18：00—19：30（2）	何珊璨　苏东学校　初中2 江昱昇　苏东学校　初中3
六	13：30—15：00（4）	陈彦瑾　卫理学校　初中1 尤祖健　苏东学校　高中1
天	09：00—10：30（2）	姚为微　卫理学校　高中1 谢佩佩　苏东学校　初中1

编者注：①"时间"一栏，上课时间为一个半小时，没有课间休息，时间后括号里的数字代表该时段上课学生人数；②"学生情况"一栏，《儿童汉语》、《幼儿汉语》等是该中心使用的中文教材，后面数字代表所使用教材的册数；若写着学校名字，意思是该学生不使用以上教材，其补习的是该生在学校所学的华文课程，学校后的数字代表其所在年级。

第三章　华文教材概述

第一节　华文教材的性质、分类及特点

一、华文教材的性质

（一）华文教材的性质是由华文教学的性质决定的

华文教学是以华侨华人为主要教学对象的华语文教学，即中华语言文化教学。与对外汉语教学不同，华文教学的对象是以华侨华人为主，兼及非华侨华人。

华文教学的目的是使学生通过系统学习掌握华语文的基本知识和基本技能，熟练地使用华语文进行交际；对华侨华人来说，还要了解、认识并能认同和传承中华文化，增进对祖（籍）国的感情和友谊，同时提高用华语学习、了解和认识所在国及其民族，以及其他国家及其民族的社会、历史、经济、文化的能力；对非华侨华人来说，要正确了解、认识中国以及中华文化，增进对中国的友好情谊，同时提高用华语学习、了解和认识本国本族，以及其他国家及其民族的社会、历史、经济、文化的能力。

华文教学对象的特点决定了华文教学的基本内容，即教授中华语言文化，具体来说，包含"语言"、"文化"、"语文"三大板块。语言指汉语言，汉语言包括现代汉语和古代汉语，其中，以现代汉语的学习为主，根据学生的学习能力及学习需求，部分教授古代汉语。现代汉语包括普通话和方言，现代华文教学提倡学习普通话，方言的学习可结合学生需求进行。

海外华文教育的主要对象是华裔青少年，所以，华文教育不仅是一种语言教育，它还担负着培养具有高尚道德、丰富知识，充满健康情趣，适应现代社会各种环境的高素质人才的使命。华文教育的实质就是让华族子女掌握本民族语、传承民族文化，保持华侨华人的民族特性，以增强其在多元文化世界舞台上的竞争力。因此，华文教学中的文化首先包括中华文化。中华文化，是经数千年历史锤炼、演变而来的，是华族文化的精髓。中华文化中的民本思想、和为贵思想、自强不息思想以及守信、尊师、重教、敬老等在现代社会中仍然具有强大的生命力，能在大至国家管理、小至个人修养方面发挥积极作用。同时，从培养国际化的优秀人才这个角度来看，在文化内

容的选择上，还应遵循"全球化思维、本土化模式"的原则，选入一些世界文化及本国文化。就文化内容而言，华文教学中的文化教学不仅仅包括交际文化，还包括思想文化和知识文化。

语文指语文教学，即语言、文化的综合教学。

（二）华文教材的性质

华文教材是指以华侨华人为主要教学对象的华语文教材，即中华语言文化教材。

根据华文教学对象的语言特点，可以将华文教材分为三种不同的性质：

1. 第一语文教材

第一语文教材即针对第一语言为华语的教学对象编写的华文教材，主要包括马来西亚华文小学及华文独中使用的华文教材。例如，马来西亚华文小学使用的根据马来西亚《小学华文课程纲要》编写的《华文》（全套8册，供小学6个年级使用）。

2. 第二语文教材

第二语文教材即针对第一语言为非华语的教学对象编写的华文教材，泰国、印度尼西亚、越南等国使用的华文教材多数属于第二语文教材。例如：

①泰国：李润新、程相文主编《中文》，1～6册，泰国圣卡比利安基金会中文教学中心，2006年。

②泰国：郭少梅主编《快乐学中文》，Nanmeebooks，2004～2009年。这是根据泰国教育部《外语教学大纲》规定为泰国小学生编写的一套系统性中文教材。

③印度尼西亚：Priska Hermin Leonny 主编《我的汉语》（Bahasa Mandarinku），1～6册，Penerbit Erlangga，2005年。

④印度尼西亚：Tim Penulis LBM SINO 编写《基础汉语》（Mandarin Dasar），1～6册，Gramedia Widiasarana Indonesia，2008年。

⑤越南：陈晓（Trân Tiêu）主编《华语》（实验教材），1～10册，越南教育出版社，2009年。根据越南社会主义共和国教育与造就部制定的"华语学科课程提纲要旨"编写，全套教材共10册，供小学5个学年使用。

3. 双语语文教材

双语语文教材即针对同时学习两种或多种语言（其中一种是华语）的教学对象编写的华文教材。新加坡、菲律宾的部分华校使用的华文教材，以及印度尼西亚的三语学校使用的华文教材等，属于双语语文教材。例如：

①新加坡教育部课程规划与发展司小学华文课程组编写《小学华文》，1～12册，新加坡教育出版社、中国人民教育出版社，2007年。该套教材根据新加坡《华文课程与教学法检讨委员会报告书》（2004）和《小学华文课程标准》（2007）编写。

②新加坡教育部课程规划与发展署小学华文教材组编写《好儿童华文》（第二版），1～12册，新加坡教育出版社，1999—2000年。该套教材根据新加坡《小学华文科课程标准》（1993）及《中小学华文字表》编写。

③沈文、杨石泉主编《菲律宾华语课本》，菲律宾华文教育研究中心，2000 年。《菲律宾华语课本》全套共 20 册，供中小学阶段使用。其中第 1～12 册为综合课，课文以会话为主，侧重交际文化。第 13～20 册分设华语、阅读、写作、听力四门课，交际文化与知识文化并重。小学阶段主要使用第 1～12 册。

华文教材的不同性质可以通过字、词选用及课文的容量等方面体现出来。表 3－1 所列是上述几套教材课文用字的字种数及字次情况：

表 3－1　几种不同性质华文教材的用字情况①

教材	册数	字种数	字次
《华文》（马来西亚）	8	2 765	45 287
《好儿童华文》（新加坡）	12	1 981	49 314
《小学华文》（新加坡）	12	1 807	25 165
《华语》（菲律宾）	12	1 723	52 986
《华语》（越南）	10	1 516	24 699
《华语》（泰国）	10	1 372	22 670
《我的汉语》（印度尼西亚）	6	733	8 765
《基础汉语》（印度尼西亚）	6	659	8 003
《中文》（泰国）	6	574	10 007

二、华文教材的分类

华文教材种类繁多，可以从教学层次、教学对象、教学阶段、教学内容、行业语言、教学手段、语言教学性质等不同的角度分类。

（一）按教学层次分类

按教学层次，可以将华文教材分为学前教育华文教材、学历教育华文教材和非学历教育华文教材。

1. 学前教育华文教材

学前教育华文教材是指针对学前教育阶段的教学对象编写的华文教材，即幼儿华文教材。这是儿童正式进入学校学习之前（接受正规学习之前的准备阶段）所使用的华文教材。例如，中国国务院侨务办公室委托北京华文学院编写的《幼儿汉语》（共 4 册），该套教材是针对海外华文学校学前班、幼儿园或初级班编写的课堂教学教材。为推动印度尼西亚幼儿华文教学的发展，中国国务院侨务办公室委托广东省侨务办公

---

① 教育部语言文字信息管理司：《中国语言生活状况报告 2011》，北京：商务印书馆 2011 年版。

室组织编写了当地化幼儿教材《千岛娃娃学汉语》，这是中国第一套针对海外不同侨情的当地化华文教育教材。2008 年，中国国务院侨务办公室委托广东省侨务办公室在《千岛娃娃学汉语》基础上组织广州市幼儿师范学校幼教专业教师编写了世界通用版幼儿华文教材《娃娃学汉语》。这套教材以幼儿生活经验和兴趣为出发点设置主题，用第二语言教学原则和幼儿学习华语的特点指导课程，将健康、语言、社会、科学、艺术等领域整合贯通，通过华语表达来促进幼儿情感、态度、能力、知识等各方面的全面发展，体现集知识性、科学性、趣味性和先进性于一体的幼儿第二语言教育的新理念。

2. 学历教育华文教材

学历教育华文教材是指针对学历教育阶段学生学习华文编写的教材，包括小学华文教材、中学华文教材和大学华文教材。

小学华文教材是专门针对小学阶段的华侨华人学生编写的华文教材。例如，暨南大学华文学院 1996 年为柬埔寨华文学校编写的《华文》（1—12 册），另编有教师教学参考书 12 册。又如，中国国务院侨务办公室委托暨南大学华文学院为海外华侨华人适龄儿童学习中文而编写的教材《中文》（贾益民主编，1997 年出版试用版、2005 年出版修订版），全套教材共 48 册，包括主课本 12 册，配套教师教学参考书 12 册和家庭练习册 24 册（分 A、B 册）。该套教材的教学目标是使学生经过 12 册《中文》教材的学习与训练，具备汉语普通话听、说、读、写的基本能力，了解中华文化的基本常识，为进一步学习中国语言文化打下良好的基础。截至 2012 年 2 月，该教材已发行 1 500 多万册，是目前世界上发行量最大的华文教材。再如，中国国务院侨务办公室委托北京华文学院为海外华侨华人适龄儿童学习中文而编写的教材《汉语》（试用版、修订版），这套教材与《幼儿汉语》是相互衔接的华文教材，主要用于全日制华文学校。在前面"华文教材性质"部分列出的各个国家的示例教材，包括马来西亚的《华文》、新加坡的《小学华文》和《好儿童华文》、泰国的《中文》及《快乐学中文》、印度尼西亚的《我的汉语》和《基础汉语》、越南的《华语》等均为小学华文教材。

各国教育体制与学制形式各有不同，有的国家中学分为初中和高中，如美国、加拿大、印度尼西亚、泰国等；有的国家实行一贯制，中学阶段不区分初、高中，如菲律宾、新加坡是"六四制"，小学六年、中学四年。因此，中学华文教材包括区分学段的初中华文教材、高中华文教材，也包括一贯制的中学华文教材。

初中华文教材是针对海外初中学生编写的华文教材。例如，中国国务院侨务办公室委托暨南大学华文学院编写的《中文》（初中版），该教材在教学内容上与《中文》（小学版）衔接，以满足华侨华人青少年进一步学习中华语言文化知识、传承中华文化的需求。该套教材共 24 册，包括主教材 6 册、练习册 12 册、教师用书 6 册，供海外初中一至三年级共 6 个学期使用。再如，由中国国务院侨务办公室和中国海外交流协会委托北京华文学院编写的《汉语》（初中版），是《汉语》（小学版）的续篇，供海外全日制华文学校初中课堂教学使用，主要教学对象为 12～15 岁的华裔学生，即学习过《汉语》（小学版）的华校学生。《汉语》（初中版）包括主教材、练习册和教师手册三个系列，每个系列均为 6 册，每册 15 课，每五课为一个教学单元。《汉语》（初中版）以汉语水平考试（HSK）6 级为汉语知识和技能标准，以中国大陆中小学《语文教学大纲》为参照，与《汉语》（小学版）有序衔接，注重容纳中华文化，力求体现语言和文化相结合的教学目标，切实培养华裔学生的民族语言文化能力。

高中华文教材是专门针对海外高中学生编写的华文教材。例如，中国教育科学出版社和印度尼西亚联通书局出版社 2006 年联合出版的《华语》，专门针对印度尼西亚高中学生编写，全套教材 3 册，每册除主课本外，配有教师用书和学生练习册，同时配有相关的录音光盘。再如，马来西亚董教总全国华文独中工委会学务处课程局组织编写了供华文高中使用的《华文》（2004）。

新加坡的中学分特别课程、快捷课程和普通课程三种课程，前两种课程为 4 年制，普通课程为 5 年制。特别课程以第一语文水准教授英文和华文，快捷课程和普通课程以第二语文水准教授华文。为配合中学的教育体制，新加坡教育部课程规划与发展司根据学生的语言水平，编辑出版了多套中学华文教材，包括《中学华文》普通（学术）课程（2001）、《中学华文》快捷课程（2002）、供特别课程使用的《中学高级华文》（2002）等。

大学华文教材包括专业教材和非专业教材。专业教材是指大学中文专业所使用的教材。例如，泰国朱拉隆功大学出版社出版的《基础汉语》，供泰国高校中文系学生学习汉语使用。非专业教材是指供作为大学公共选修课的华文课所使用的教材。例如，马来西亚学而出版社出版的《华语》，是在马来西亚大学华语作为第二语言教学使用的教材，共 3 册，每册配有光盘。

目前，有一些华文教材属于跨教学层次的系列教材。《菲律宾华语课本》系列教材全套 20 册，供菲律宾华文小学、中学（共 10 年）使用，每年 2 册。中国课程教材研究所编写、人民教育出版社出版的《标准中文》共分 3 级，每级 3 册，每年 1 册，供美国、加拿大等国留学人员子女小学至初中阶段学习使用。《双双中文教材》由美国加州王双双老师，结合其自身在海外多年的教学实践，与中国专家学者合作编写，是一套专门为海外华文学校学生编写的中文教材，全书共 20 册，供小学、中学连续使用。学生可以从零起点开始，一直学完全部课程 20 册；也可以将后 11 册（第 10—20 册）的 9 个文化专题和第 5 册（汉语拼音）单独使用，适于高中和大学开设中国哲学、地理、历史等专门课程以及假期班、短期中国文化班、拼音速成班使用。《新意中文》由美国加州执照儿童教育主管、资深中文老师陈健与中国专家学者共同研发，以陈健老师 15 年全职海外中文教学经验为基础编写而成，是一套专门为海外华文学校学生编写的"海外本土化教材"，全套教材共 24 册，课程设置为 10 年。

3．非学历教育华文教材

非学历教育华文教材是指针对非学历教育学生学习华文编写的教材，包括华文补习教材和华文进修教材。华文补习教材是指各类学历教育之余专门补习华文的补习班、补习学校及家教使用的教材。华文进修教材是指在高等院校短期、非学历进修华文所使用的教材，例如，《基础汉语》（*BASIC CHINESE FOR EVERYONE*）是马来西亚供马来人、印度人、东马（东马来西亚）等少数民族以及不谙华语的华裔使用的教材。

（二）按教学对象分类

按教学对象分类，可以从教学对象的年龄、学习性质、教学学制及学习时间等角度来分类。

1．按教学对象的年龄分类

按教学对象的年龄，可以将华文教材分为幼儿华文教材、儿童华文教材、成人华文教材。幼儿及儿童的学习心理、认知能力及特点与成人显著不同，因此，教材在形式及内容的编排上都有相应的体现。幼儿华文教材通常是指针对 3～6 岁的孩子编写的华文教材。儿童华文教材通常是指针对 6～15 岁的孩子编写的华文教材，大致相当于针对小学和初中时期这一年龄段的学生编写的教材。成人华文教材是指针对成年人编写的华文教材。

2．按教学对象的学习性质分类

按教学对象的学习性质，华文教材可分为学习华文教材和华文师资教材。学习华文教材是指供专门学习华文的学生使用的语言教材，如《中文》、《汉语》、《标准中文》等。华文师资教材是指对海外华文教师或准备从事华文教学工作的学习者进行华文作为第二语言教学的知识和技能培训的教材，如中国国家汉语办公室推出的东南亚汉语教师培训系列教材《现代汉语研修教程》、《汉语教学法研修教程》、《中华文化研修教程》、《汉语阅读与欣赏研修教程》等。

3．按教学对象的教学学制分类

按教学对象的教学学制，华文教材可以分为全日制华文教材、半日制华文教材、课后制华文教材、周末制华文教材。目前，专门针对全日制和周末制学校教育编写的教材种类相对多一些，针对半日制和课后制华文学校的教材相对缺乏。例如，《汉语》（小学版）及《汉语》（初中版）是专门为东南亚全日制中文学校编写的教材，《中文》（小学版）及《中文》（初中版）是主要针对海外周末制华文学校编写的华文教材。暨南大学华文学院为柬埔寨编写的《华文》供柬埔寨华文小学使用，柬埔寨政府学校实行的是半日制教学，华校也是半日制教学，因而这套教材属于半日制华文教材。

4．按教学对象的学习时间分类

按教学对象的学习时间，华文教材可以分为短期华文教材、长期华文教材、速成华文教材。短期指短时间内，具体所指为多长时间，并没有严格意义上的界定，其特点是教学周期相对较短，教学时间相对集中，《高等学校外国留学生汉语教学大纲（短期强化）》建议的标准教学周期为 8 周（160 学时）。短期华文教材是针对希望通过短期强化训练迅速提高汉语交际能力的学习者编写的教材，例如，商务印书馆出版的实用汉语短期系列教材《汉语十日通》，全套教材共 4 册，每册 10 课，完成全书的教学任务大约需要 160 学时。长期华文教材则指针对学习时间超过半年的学生编写的华文教材，前面所提到的中、小学教材都属于长期华文教材。速成华文教材通常教学时间较短，但与一般短期教材不同的是，强调在较短时间内迅速学完，故其教学内容更密集，例如，北京语言文化大学出版社出版的《路——短期速成外国人汉语会话课本》（上、下册），北京语言文化大学汉语速成学院系列教材《捷径——中级速成汉语课本》，国际文化出版公司出版的《华人汉语速成教材》等。

（三）按教学阶段分类

按教学阶段，可以将华文教材分为初级华文教材、中级华文教材、高级华文教材。目前，在中国高校将汉语作为第二语言学习的全日制专门学院，通常是根据学生学习汉语的时间来划分初、中、高级，第一学年为初级，第二学年为中级，第三学年及以上为高级。根据中国国家汉语办公室制定的《汉语水平等级标准和等级大纲》、《对外汉语教学初级阶段教学大纲》、《中高级对外汉语教学等级大纲》等，初级汉语水平的量化要求是掌握规定的甲级词和乙级词 3 051 个，甲级字和乙级字 1 604 个，甲、乙两级语法项目 252 项，掌握率为 90% 以上，具有初步的听说读写能力和初步的言语交际能力，能满足日常生活、学习和一般社交场合的交际需要。中级水平，要求掌握甲、乙、丙三级词汇 5 253 个，甲、乙、丙三级汉字 2 205 个，甲、乙、丙三级语法 652 项，掌握率为 90% 以上。高级水平，要求掌握甲、乙、丙、丁四级词汇 8 822 个，甲、乙、丙、丁四级汉字 2 905 个，甲、乙、丙、丁四级语法 1 168 项，掌握率为 90% 以上。与此对应，海外小学阶段学完后，大致相当于初级汉语水平，《中文》（小学版）、《汉语》（小学版）等属于初级华文教材；中学阶段学完，大致相当于中级汉语水平，《中文》（初中版）、《汉语》（初中版）等属于中级华文教材。

（四）按教学内容分类

按教学内容，可以将华文教材分为语言教材和文化教材。语言教材又可以分为语言知识教材和语言技能教材。语言知识教材包括语音教材、汉字教材、词汇教材、语法教材、修辞教材以及语言知识综合教材等；语言技能教材包括口语教材、听力教材、阅读教材、写作教材、翻译教材以及语言技能综合教材等。海外华文教学使用的教材多数为兼顾语言知识与语言技能的综合性语言教材，如《中文》、《汉语》、《小学华文》等。

文化教材包括综合性的中国文化教材，还有专项的文化教材，如中国书法、中国剪纸、中国武术、中国戏剧、中国历史、中国概况、中国社会、中国经济。中国国务院侨务办公室、中国海外交流协会发行的《中国文化常识》就是综合性文化教材，《中国历史常识》、《中国地理常识》属于专项文化教材。

（五）按行业语言分类

按行业语言，可以将华文教材分为通用华文教材和专门用途华文教材。海外华文教材所使用的基本为通用华文教材。专门用途华文教材是指教授专门用途华语，如商务华语、旅游华语、医学华语等教材，包括商贸华语教材、旅游华语教材、医学华语教材、法学华语教材、警务华语教材等。例如，新加坡南洋理工大学孔子学院自行研发的商务华语教材《今日商务》，该教材分为初、中、高级（听说和读写），共6册，内容本地化，适合新加坡及东南亚其他地区的商务华语学习者使用。华语教学出版社出版的《旅游汉语》是专门教授旅游汉语的教材。

（六）按教学手段分类

按教学手段，可以将华文教材分为纸版华文教材、多媒体华文教材、网络华文教材、电视华文教材、广播华文教材等。

纸版华文教材是指以纸为载体、以文字为主要媒体的华文教材。纸版华文教材是最常见的教材类型。

多媒体华文教材是以计算机存储技术为载体的一种程序化的华文教材。这种教材集合了文字、图像、声音、视频及虚拟场景等多种媒体。由暨南大学华文学院研制、暨南大学出版社出版的《中文》（光盘版）、《汉语》（光盘版）就属于多媒体华文教材。

网络华文教材是以网络技术为主要载体和方法的华文教材，例如，由暨南大学华文学院研发的《中文》网络版——《网上学中文》，在中国华文教育网和暨南大学华文学院网站发布。

电视华文教材是以电视录像技术为基本方法、以电视图像与声音为载体呈现教学内容、以视听为主要信息接收渠道的华文教材，如中央广播电视大学音像社出版的《易捷汉语》电视系列教材、《中国全景》大型电视系列教材。《易捷汉语》系列电视教材包括《轻松入门》、《实用会话》、《识汉字认招牌》、《欢乐时光》（儿童篇）、《欢乐时光》（父母篇）。《中国全景》大型电视系列教材从零起点开始，分为初、中、高三个级别，包括《初级汉语》、《中级汉语》、《九州行》（旅游汉语）、《商贸汉语》、《语音导入》、《轻轻松松学汉字》。

广播华文教材是以无线电波或导线传送声音为教学载体、以听为主要信息接收渠道的华文教材，如中国国际广播电台制作的广播教材《每日汉语》。

（七）按语言教学性质分类

按语言教学性质，可以将华文教材分为第一语文教材、第二语文教材、双语语文教材等。这在前面分析华文教材性质时已有论述，此处不再赘述。

三、华文教材的特点

（一）特定的教学对象且具有广泛性

所谓"特定的教学对象"，是指华文教材的教学对象是以华侨华人学生为主体。所谓"广泛性"，是指华文教材面向各种层次、各种类型的华侨华人学生，同时也面向非华侨华人学生。教学对象的广泛性决定了华文教材的多样化。

（二）在教学内容上语言与文化并重

与对外汉语教材不同，华文教材在教学内容的安排上是语言与文化并重，以语言教学为基础，以文化教学为主导。文化教学在华文教材中具有独立的地位，并非依附性的。

（三）语文教学性质具有多重性

华文教材的语文教学性质具有多重性，既有第一语文教学（第一语言教学），又有第二语文教学（第二语言教学），还有双语语文教学（双语语言教学）。

（四）语文教学特点突出

华文教材语文教学特点突出体现在三个方面：第一，重"语言"、"文章"、"文化"的综合教学；第二，重听、说、读、写综合技能的培养；第三，重文化传承与思想品德、人文精神的提升。

（五）教材形式多种多样

华文教材的形式多种多样，这是由华文教材的教学对象、教材内容、教材种类、教学性质等所决定的。

第二节　华文教材的教学目标

一、德育目标

（一）德育的内涵与目的

德育，即道德教育。道德，即人们共同生活及其行为的准则和规范。华文教育中的道德教育，即以中华民族优秀的道德传统、道德观念、道德规范为主要内容的思想品德教育。

华文教育中德育的目的是使华侨华人学生认同、继承和发扬中华民族优秀的道德传统、道德观念、道德规范，并自觉地将其作为自己生活、行为的准则与规范，作为自己事业发展的根基。

（二）德育的基本原则

1. 以优秀的道德传统熏陶人

华文教材在选材时应该有针对性地选取蕴涵优秀道德传统的正面、积极、健康的内容，摒弃含有负面、消极思想的材料。华文教材要引导学生在学习语言的过程中，增强道德感，培养其对社会、对家庭、对他人富有爱心；学会关心家庭、学校和社会；参与公益活动，发现自身价值；亲近自然，关爱自然；学习如何与人相处、与人合作；学会正确面对成功与失败；学会分辨是非善恶，形成积极的世界观、人生观与价值观。

2. 文道统一，寓德育于语文教学之中

华文教材的教学内容是语言教学与文化教学并重，在开展语言教学与文化教学的同时，将对学生的品德教育渗透其中，以情感人，以形动人，从而产生潜移默化的作用。

3. 重视引导、启发，避免强加于人

课文是语言教材的主体，华文教材主要通过课文渗透品德教育，课文对相关道德观念的渗透应是隐性的，围绕课文学习与解读，教师组织学生展开讨论，引导、启发学生领悟课文中蕴涵的道理。

4. 忌政治说教，忌宗教布道

华文教材始终是一种语言教材，是以学习语言为主要目的的，应避免宣扬某种政治意识形态或立场，也要避免直接的宗教布道。

（三）德育目标的主要内容

1. 培养优秀的思想品质

品质是人的道德观念在思想上的表现，它规范人的思想意识，并支配人的行为。优秀的思想品质可以使人树立正确、积极的人生观和价值观，使人的行为平凡而高尚。华文教材要侧重培养学生的劳动观念、集体主义精神、社会责任感、创新意识、正义感、民族自豪感、爱国主义情怀等优秀思想品质。

例如，《中文》（修订版）第二册第六课主课文为"我会做的事"，通过儿歌的学习，培养学生的劳动观念，引导学生热爱劳动，积极参加各种劳动。《汉语》（修订版）第七册第四课"小鸭子过生日"，通过小鸭子拒绝老鼠偷来的礼物，引导学生树立正义感，勇于抵制不正之风。《中文》（修订版）第六册第十课为"屈原"，这篇课文既可以培养学生的爱国主义精神，同时还可以让学生了解中国传统节日端午节的来源。《中文》（修订版）第六册第十一课"白衣天使"讲述的是英国著名护士南丁格尔的事迹，这篇课文可以让学生学习南丁格尔崇高的敬业和奉献精神。许多华文教材在选材时选入了较多关于中国历代名人、历史事件、名胜古迹、文学艺术等题材的内容。学生通过学习这些题材的课文，可以增进对祖（籍）国的了解，同时也可以增强民族自豪感。

2. 培养优秀的道德品质

道德规范人的行为。人的行为符合人们公认的共同的行为准则和规范，即为有道德。华文教材应注重培养学生树立良好的社会公德和职业道德。

例如，《中文》（修订版）第三册第一课主课文和阅读课文分别为"红绿灯"、"交通歌"，旨在引导学生遵守交通规则。《汉语》（修订版）第十册第十四课"木兰从军"，通过木兰代父从军的故事，引导学生懂得孝敬父母、长辈，关爱家庭等。《汉语》（修订版）第三册第十课"我们坐车去动物园"引导学生爱护动物。此外，像爱护公物和环境、保护自然、节约资源等都是许多华文教材在选材时重视的内容。

3. 培养优秀的心理品质

心理品质的培养是指人的个性的培养和人格的发展。它主要包括情感、意志、性格三个方面，即培养也就是培养学生具有健康、积极、高尚的情感，坚强的意志力，良好的行为习惯和个性。

例如，许多华文教材中都选入了"小猫钓鱼"、"司马光砸缸"、"狼来了"、"铁杵磨针"等耳熟能详的故事，这一方面是因为故事是儿童喜爱的文学体裁，另一方面是因为通过故事可以让学生明白一些道理，实现华文教学的德育目标。通过"小猫钓鱼"的故事，引导学生讨论，这可以让学生明白做事要专心，要持之以恒，不能三心二意。通过"司马光砸缸"的故事，则可引导学生学习司马光机智勇敢、沉着冷静、临危不乱、勇于救人等精神。通过"狼来了"这则故事，让学生明白说谎是一种不良行为，要培养诚实待人的良好品质。通过"铁杵磨针"的故事，让学生明白"世上无难事，只怕有心人"。再如，《汉语》（修订版）第十册第十二课"王羲之学书法"，通过讲述王羲之苦练书法的经历，教育学生成功不是凭借一朝一夕的努力就能获得的，要坚定信念、吃苦耐劳、顽强拼搏、勤学苦练，才会有收获。《汉语》（修订版）第十册第十五课"面子"，通过描写"我"和好朋友范素萍之间发生的一件事，教育学生要诚实善良，勇于承认错误。

二、知识目标

华文教材的知识目标包括语言知识目标、文化知识目标和文体知识目标三个方面。

（一）语言知识目标

1. 语音

基本目标：掌握现代汉语拼音声母、韵母、声调的基本知识，掌握现代汉语拼音的拼读、拼写规则，能借助拼音识字，能准确地为汉字标注拼音，能按拼音写出汉字。

2. 汉字

基本目标：掌握常用汉字，会认会读汉字的笔画、部首，了解汉字的笔顺规则与结构规律，掌握汉字形、音、义的一般常识，能初步辨认同音字、形似字、多音字，会辨认错别字。

3．词汇

基本目标：掌握最基本的词汇和词义的基本知识，会初步辨认同义词、反义词、近义词和多义词，能在句子中领会词语的感情色彩，能掌握成语、俗语的一般用法。中级水平以上学习者还要学会区分词性等。

4．语法

基本目标：掌握最基本的句子结构和简单的复句，能辨认、改正一般的病句；中级水平以上学习者要能初步认识和分析句子成分，能区分常用的实词和虚词，掌握词的构词方式及各词类的一般特点和普通词组的结构特点。

5．语篇

基本目标：掌握汉语篇章结构的基本特点，掌握汉语由句子组成语段、由语段形成语篇的常用衔接成分及衔接方式，培养成段表达能力。

6．修辞

基本目标：掌握常用的修辞方法，如比喻、夸张、拟人、引用、排比、对比、设问、反问等；中级水平以上学习者要学会恰当地运用修辞手法进行描述。

7．标点符号

基本目标：掌握常用标点符号的用法，重点学会"点号"的用法。

8．文言文

初级阶段一般不学文言文。中级阶段学习文言文的基本目标：掌握古汉语的基础知识，了解古今词义的变化，掌握词的本义、引申义和常见的典故，能辨别常见的通假字，掌握实词活用的知识，了解文言句式的主要特点，掌握常用的文言虚词，对浅显的文言文能断句和翻译。

（二）文化知识目标

1．文学艺术常识

基本目标：初级水平学习者能背诵一些古诗和简单的白话诗，初步了解一些古今中外文学艺术名家的趣闻轶事；中级水平以上学习者要求掌握一些常见的文学体裁，古今中外著名作家、艺术家及其作品的一般知识等。

2．文化常识

基本目标：初步了解一些历史事件、历史人物的趣闻轶事，激发对自然、科学技术、民俗风情、天文地理等的兴趣和爱好；中级水平以上学习者要初步了解一些历史、地理、社会、自然科学技术等基本知识。

（三）文体知识目标

基本目标：能掌握记叙文、说明文、议论文和一般应用文的基本常识、读写知识，并能用常用文体进行简单的写作；中级水平以上学习者还要掌握一般文体的阅读、鉴赏知识，熟练地运用所学文体进行写作。

三、能力目标

人的能力是由智力和技能构成的，华文教材能力目标的培养主要体现在智力培养和语言技能培养两个方面。

（一）智力目标

智力即人的认识与思维能力，一般由注意力、记忆力、观察力、想象力和思维能力等构成。发展学生的智力是华文教育的一项重要任务。

注意力即人的心理活动的集中和指向。华文教学要培养学生形成广泛、持久而稳定的注意力。华文教材设计一些背诵、朗读、默读、抄写、思考题、问答题等，都有助于增强学生的注意力。

记忆力是人脑对事物的反映，是以往感知过的事物在大脑中留下的痕迹。记忆力是人的智力的重要表现。华文教学要培养学生不断增强记忆能力。记忆力可通过理解记忆、机械记忆、形象记忆和抽象记忆等方式进行训练与培养。

对小学生要着重培养观察的习惯和兴趣；对中学生要培养多方位、多角度深入细致而又较全面地观察事物的能力。在华文教材中可结合课文内容安排一些观察训练，观察后让学生对观察事物进行描述和表达，以增强观察力。

华文教学必须注意培养学生的想象力。想象力的培养可以通过课文内容以及听、说、读、写技能训练来实现。

思维能力是人的心理活动的一种高级形式，是人的智力的核心。华文教学必须致力于培养学生的思维能力。学生的综合素质很大程度上依赖于思维能力的培养。课文内容的讲解与分析、语言技能的训练等，都要注意启发学生的思维，帮助学生提高思维能力。

（二）技能目标

华文教材的技能目标在于培养学生的语文实践能力，它主要表现在"听、说、读、写"，即听的能力、说话能力、阅读能力、写的能力四个方面。

1. 听的能力

听的能力重点培养学生辨音识字的能力、理解语义的能力、概括语义的能力、判断和品评话语的能力。

2. 说话能力

说话能力重点培养学生运用语言的能力和定向表达的能力，如正确、灵活运用词汇、修辞等语言形式和音调、音律、音力等表达手段。

3. 阅读能力

阅读能力重点培养学生华文认读、朗读、理解的能力；中级水平以上学生还要培养其华文鉴赏能力以及文言文的阅读、理解能力。

4．写的能力

写的能力重点培养学生汉字书写、华文写作的能力。

书写：重点培养学生正确书写汉字的能力，力求写得美观。写字要遵循汉字书写规律，正确运用笔顺。

写作：培养学生运用华语作文、准确表情达意的能力。作文的基本要求是：语言运用要正确、规范，没有语病；正确处理句与句、段与段之间的关系，如中心明确、话题统一，结构合理，文意有衔接与呼应，表达流畅；注意符合语境条件的要求，使语言运用与表达既符合文章的"内部语境"，又符合其"外部语境"，即符合文章的上下文和社会交际的场合、对象、话题、情景及表达方式。

四、美育目标

（一）美育在华文教育中的意义

美育是华文教育内容体系中不可缺少的组成部分，是对青少年学生实施综合素质教育的重要内容。通过华文教育，以美感染学生的情绪，打动学生的情感，启发学生的心智，这是华文教育的重要任务之一。

（二）美育在华文教材中的体现

1．课文内容体现美

课文要成为美文，成为学生的审美对象。课文要表现自然美、艺术美、生活美、社会美和人物美等，给学生美的享受、美的感染和熏陶。例如，《中文》等教材中的《黄果树瀑布》、《美丽的天山草原》、《日月潭》等课文，描写的是自然风光，在内容上表现的是自然美；《白衣天使》、《陈嘉庚的故事》、《勇敢的试飞者》等课文，描写的是人物，侧重表现人物身上所体现的精神美；《毛利村》描写的是新西兰北岛罗托鲁瓦地区保存的传统毛利文化，表现的是艺术美与社会美；《印度奇观》表现的是生活美。

2．课文形式体现美

一是华文教材的课文选材应多样化，应灵活地将故事、寓言、笑话、童话、儿歌、诗歌、谜语等多种体裁的课文编入华文教材；二是教材中编入的课文在结构上要详略得当、布局合理、前后照应、起落有致、出人意料；三是教材的语言要简练、贴切、精到，而且感情丰富、表达流畅、色彩鲜明、有韵味、节奏感强、易上口，要给人以美的语言享受、美的语言滋润，要对学习者起到良好的示范作用。

（三）美育目标的具体内容

美育的目标在于培养学生的审美能力。人的审美能力主要表现在审美感受力、审美鉴赏力和审美创造力三个方面。

1. 培养审美感受力

审美感受力即体验、感知、感受美的能力。体现在华文教学中，即要让学生能感受到教材内容及形式上的美。例如，同样描写天气，能够感受"今天阳光明媚，万里无云"比"今天天气很好"要美；知道"可是有哪个大力士能把那么笨重的铁牛一只一只捞起来呢"比"可是谁能把铁牛一只一只捞起来呢"表达更确切；学习诗句"两个黄鹂鸣翠柳，一行白鹭上青天"时，能在教师引导下感受这两句诗所表现的结构美、色彩美、动静结合的美等。

2. 培养审美鉴赏力

审美鉴赏力即判断、评价、欣赏美的能力。体现在华文教学中，即要让学生能评价所学课文内容及形式上的美。下面是《中文》（修订版）第十一册第十课《日记二则》中的《一次难忘的演出》：

今天，老师让我代表三班参加学校举行的中文歌曲独唱比赛。我的心激动得像大海一样不能平静，只担心唱不好，不能为全班争光。由于过分紧张，我的心"咚咚"地直跳。

该我上台了，我好像腾云驾雾似的，两腿轻飘飘，不知是怎么走上舞台的。我给观众敬了个礼，台下顿时响起了热烈的掌声；我又向伴奏的老师点了点头，于是，从钢琴里流出了优美的音乐。真是万事俱备，只欠我这"东风"了。可没想到，我一开口就跑了调，跟伴奏的音乐怎么也合不到一起。这么好的机会，却让我给白白丢掉了，我急得眼泪像断了线的珍珠。我真是给三班的同学丢尽了脸。

走下舞台，我的脸吊得比平时更长了。听着其他同学优美的演唱，我虽然坐在最后一排，但是仍然觉得没脸见人，头低得几乎要挨在地上了。

回到教室里，同学们朝我蜂拥而来，有的怨我"不争气"，有的责备我"不中用"，有的讽刺我"本事不大"。这时，老师来了，我的心情更加紧张了，心想老师肯定会狠狠地批评我一顿。可我万万没想到，老师却抚摸着我的头，笑着对我说："这次没唱好没关系，因为你没有受过锻炼，下次就会唱好的。"听到老师没有一点儿责备的话，我心里更觉得难受，眼泪竟"刷刷"地流了下来。

这是一篇记事的日记，对事情的起因、经过、结果进行了细致的描写，结构清晰，对人物心理感受的描写非常形象。在学习这篇课文时，学生应能欣赏描写心理感受的句子，如"我的心激动得像大海一样不能平静"，运用了比喻的方法，把"激动的心"比作"大海"；"由于过分紧张，我的心'咚咚'地直跳"运用拟声词，形象地表现了内心的紧张；"脸吊得比平时更长"、"头低得几乎要挨在地上"表现了表演失败后的低落的心情。同时，学生还应能感受到课文中运用"有的……，有的……，有的……"句式描写同学们对"我"的反应时对近义词的恰当使用，"怨、不争气"；"责备、不中用"；"讽刺、本事不大"表达的意思相近，但却形象地表现了同学们你一言我一语指责"我"的情景。另外，学生还要能体会"可我万万没想到"这种对比表达方式的效果，形成老师与同学们态度以及"我"所预想的态度的鲜明对比，正是因为老师的理解，使得"我"感动得眼泪"刷刷"地流了下来等等。

3. 培养审美创造力

审美创造力即表现美、创造美的能力。体现在华文教学中，即要鼓励学生在学习过程中主动运用学到的语言知识与表达技巧等，使学生能在语言运用的过程中实现内容及形式上的美。再如，朗读时能用恰当的语气准确表达不同课文的思想内容，也是对美的表现与创造。

第三节　华文教材的结构与体例

一、华文教材的结构类型

（一）综合型结构华文教材

综合型结构华文教材，即把语言听、说、读、写技能训练，语言知识和文化知识等内容综合编入一套教材之中。如《中文》、《汉语》、《标准中文》、新加坡《小学华文》等。

综合型结构华文教材的总体框架如图 3－1 所示：

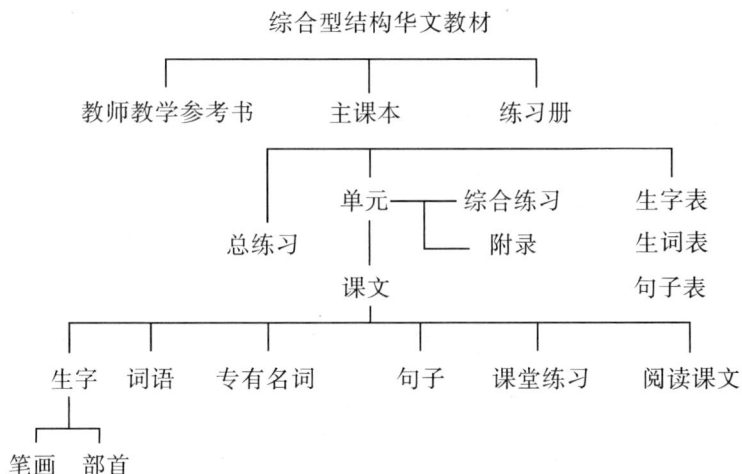

图 3－1　综合型结构华文教材的总体框架

综合型结构华文教材的主要特点如下：

（1）教材结构以主课本、课文为核心，重点突出。

整套教材以主课本为核心，配以练习册和教师教学参考书；主课本以课文为核心，配以单元、课堂练习、阅读课文和附录等内容，结构清晰严谨。

（2）语文综合性教学特点突出。

集语言听、说、读、写基本技能训练，语言知识，文学文化知识于一体，加强了语文训练的系统性，这是语文教学的重要特点。

（3）利于教学，便于教学。

综合型结构华文教材有利于安排教学计划，如课文教学的课时安排等，能使教学内容与教学计划、教学进度相一致。教材内容集中，教学目的明确，尤其是把听说训练、阅读理解、学习知识融合在课文里，加大了教学容量，节省了教学时间，更方便于教学。

综合型结构华文教材存在的问题在于分类教学混合进行，难以体现分类教学各自的特点，缺乏针对性。

（二）分编型结构华文教材

分编型结构华文教材，即按语言听、说、读、写技能训练，语言知识，文化知识等内容的教学，分别编写、独立成册的教材。例如，《聆听与说话》（蔡丽、胡建刚编写，人民教育出版社）和《汉语听说教程》（赵菁等编写，北京语言大学出版社）侧重培养听说能力；《汉语口语速成》（马箭飞主编，北京语言大学出版社）主要培养口语能力；《汉语阅读教程》（彭志平编写，北京语言大学出版社）重点培养阅读能力；《汉字文化图说》（韩鉴堂编著，北京语言大学出版社）主要系统讲授汉字方面的知识等。

分编型结构华文教材的特点主要体现在：①教材针对专项教学内容的容量较综合型结构华文教材大，内容丰富；②教材序列清晰，科学性更强；③分类训练，自成体系，集中训练，训练系统性、针对性强，效果更加显著。

分编型结构华文教材的主要问题在于：①各类教学分头并进，不易配合与衔接；②各分编教材之间容易造成脱节，不利于培养学生综合运用语言的能力；③教材分量大、难度大，易造成学习困难，需花费更多教学时间。

二、综合型华文教材的结构

综合型华文教材的结构主要分为语言结构式、文体结构式、文化结构式三种。

（一）语言结构式

语言结构式即以汉语语法、功能、话题、语境等为依据结构教材的方式。

1. 语法结构型

语法结构型即以语法为纲，根据语法结构的难易程度和字、词等级分布结构教材，编排教学内容的先后顺序。

例如，由李德津、李更新主编，北京语言大学出版社出版的《现代汉语教程（读写课本）》（第 2 版）就属于语法结构型综合教材。该教材"围绕有关的语法点和一定的情境组织语言材料；语法点按难易程度排列先后顺序，贯彻由浅入深、循序渐进的原则；每课的生词量受到严格的控制；按照培养读写能力的要求确定练习内容和练习方式"。以该教材第一册第二十一课为例：

第二十一课
课　文

玛丽告诉我，晚上他们去看一个新电影，名字叫《女大学生宿舍》。我问："这个电影好不好？"她说："这个电影很有意思。阿里去看，马文英也去看，我们都去看。你去不去？"我说："我也去。你有没有电影票？"玛丽说："我有两张电影票，给你一张，我们一起去。"我说："谢谢你。"

阅读课文

下午，我们没有课，我们班的同学都不在宿舍。玛丽去北京饭店看两个好朋友；阿里去参观故宫；马朋去看一个有意思的新电影；我和几个新同学一起去公园玩。我们都坐公共汽车去。

该课在"语法"部分所列出的语法点包括：

（1）正反疑问句（你去不去公园？）

（2）连动句（我们去故宫参观。）

该课课文及阅读课文均属于教材编者围绕本课重点训练的语法项目自编的课文。课文主要用于训练正反疑问句，出现了"好不好"、"去不去"、"有没有"等正反疑问表达式。阅读课文则主要训练连动句，出现了"去北京饭店看两个好朋友"、"去参观故宫"、"去看一个有意思的新电影"、"去公园玩"、"坐公共汽车去"等连动表达式。

再如，北京华文学院编写、暨南大学出版社出版的《汉语》（修订版）。该教材"以句子作为基本教学单位，用句子教学统领语音、词语、句法和汉字的教学，对学生进行听、说、读、写的综合训练"。例如，该教材第一册第十一课主要学习名词前加领属者的定中表达方式，课文为：

第 11 课
这是我的书

这是我的书，那是我同桌的书。这是小强的书包。那是谁的书包？那是小华的书包。

第 12 课主要学习表示领有的"有"字句。课文为：

第 12 课
我有两本书

这是我的书包。我有两本书、四支笔和五个本子。你有几本书？

　　语法结构型华文教材较严谨、科学，能体现语言教学尤其是第二语言教学的特点和规律，有利于学生按照由浅入深、循序渐进的原则系统地掌握语言规则和语言知识。但若单纯以语法为结构方式，会导致教材过于偏重语言结构形式而忽视语文教学特点和语言的交际功能。

　　2．功能结构型

　　功能结构型即以语言功能为纲，根据语言功能项目的常用程度及其相关条件结构教材，编排教学内容的先后顺序。如招呼语、问候语、致谢语、批评语、介绍语、评价语、描写语、叙述语等。

　　例如，《标准中文》（修订版）是混合结构型华文教材，第一册在语言能力培养方面的教学目标是"能用普通话熟读每课的内容，并在日常生活中仿照使用"，部分课文以功能为纲编排，如第一课《你好》、第二课《老师好》、第三课《再见》，主要学习见面与分别时的问候语；第六、第七课分别为《谢谢你》、《对不起》，主要学习致谢语与道歉语；第九课《你家有几口人》、第十课《我爸爸是医生》、第十一课《我妈妈也是中国人》、第十三课《他是谁》、第十四课《她叫什么名字》，主要学习介绍语。

　　再如，由杨寄洲主编、北京语言大学出版社出版的《汉语教程》第一册在句型教学阶段要求"通过句型和课文的讲练，培养学生听、说、读、写的言语能力和言语交际能力"，该教材是混合结构型华文教材，部分课文以功能为纲编排，例如：

第三课　谢谢

（一）谢谢

A：请进！

B：你的信。

A：谢谢！

B：不谢！

（二）明天见

A：你去银行吗？

B：不去，去邮局。

A：明天见！

B：明天见！

该课的会话重点是：

（1）表示感谢和应答别人的感谢：谢谢！不谢！

（2）怎么告别：明天见。

第六课　这是王老师

　　麦克：这是王老师。老师，这是我朋友。

　　玛丽：老师好！

　　老师：你们好！欢迎你们。请进，请坐。你们喝点儿什么？

　　麦克：我喝咖啡。

　　玛丽：我喝茶。

老师：请吧！

麦克：谢谢。

该课的会话重点是：

（1）学会介绍自己的老师和朋友：这是王老师。这是我朋友。

（2）学会招待客人时要说的简单的话：请进，请坐。你们喝点儿什么？

功能结构型华文教材从学生学习的实际需要出发，教学过程交际化，有利于培养学生的实际交际能力。但是，如果纯粹以功能结构华文教材，会难以兼顾语言规则的系统性，教学内容的难易程度不易控制。

3．话题结构型

话题结构型即以语言交际话题为纲，根据语言交际话题的常用程度及其相关条件结构教材，编排教学内容的先后顺序。话题就是谈话的中心内容，如家庭、学习、职业、工作、儿童、女性、运动、交通、语言、环保、爱好等。

例如，由吴叔平、来思平编写，北京语言大学出版社出版的《说汉语》（英文注释本）是一套话题、功能、语法混合结构型华文教材。该教材按情景内容将课文组成单元，每个单元为一个共同话题。前五个单元内容如下：

第一单元：谈工作

第一课　我喜欢这个职业

第二课　我工作很忙

第三课　她比我还忙

第二单元：谈运动

第四课　我教你打网球

第五课　我跟你一起锻炼

第三单元：交通

第六课　等车

第七课　好漂亮的自行车

第四单元：文艺

第八课　我想她更喜欢跳舞

第九课　看电影学语言

第十课　汉字和中国画

第五单元：谈汉语

第十一课　方言和普通话

第十二课　汉字趣谈

再如，由陈绂、朱志平主编的《跟我学汉语》是话题、功能、语法混合结构型华文教材。该套教材语法点的出现顺序以表达功能的需要为基础、以话题为线索来编排语言教材，培养学生的交际能力。该教材英文版第二册前四个单元的内容如下：

Unit One　Kack and His Classmates

1. 我来介绍一下
2. 他们骑自行车上学
3. 我想选音乐课
4. 我能用一下你的橡皮吗
5. 我们的校园

Unit Summary

Unit Two　Hobbies

6. 哪个队赢了
7. 给你一张电影票
8. 你的爱好是什么
9. 比赛就要开始了
10. 我的新朋友

Unit Summary

Unit Three　Acaring Family

11. 你在干什么
12. 祝你节日快乐
13. 我想当律师
14. 我们应该庆祝一下
15. 一次野餐

Unit Summary

Unit Four　Diet and Health

16. 早饭你吃了什么
17. 我喜欢喝茶
18. 我吃饱了
19. 我的手摔伤了
20. 叔叔请客

Unit Summary

　　由上面的结构例证，我们可以看出，《跟我学汉语》采用单元的形式安排课文，每个单元的课文围绕同一话题展开，前四个单元的话题分别是同学、爱好、家庭、饮食与健康。

　　话题结构型华文教材以话题为核心，有利于培养学生的话语表达与交际能力，教学内容更加丰富，更加实用。但是，纯粹的话题结构教材也难以兼顾语言教学与习得规律，教学内容的难易程度以及量的大小不易控制。上面所举两套教材都考虑到了单纯以话题结构教材的不足，兼顾了语法、功能，采用了以话题为单元设置依据的混合型结构方式。

4．语境结构型

语境结构型华文教材是根据语言交际的需要，有目的地安排交际对象和交际场所，如在学校、在课堂、在家里、在机场、在商场、在银行、在医院、在车站、在工厂、在公园、在酒楼、在船上等。

由杨寄洲主编、北京语言大学出版社出版的《汉语教程》第一册部分课文的编排体现了以语境为纲的特点，例如，第十课《我换人民币》，课文内容的语境是"在银行"；第二十一课《我去邮局寄包裹》，课文内容的语境是"在邮局"；第二十二课《我看看皮大衣》，课文内容的语境是"在商店"；第五十课《请把护照和机票给我》，课文内容的语境是"在机场"。

语境结构型华文教材须确定交际者的身份、交际的场合与交际的目的，常与话题相结合，有利于培养学生的实际交际能力。同样，单纯的语境结构教材难以兼顾语言教学规律，教学内容安排难度较大。

（二）文体结构式

文体，即文章的体裁。在华文教材中常见的文体主要有记叙文、说明文、议论文、应用文、对话、诗歌、散文、小说等文体。文体结构式是指以选文体裁为依据安排课文内容的先后顺序并结构教材的方式。它主要有以下两种形式：

1．单元结构型

单元结构型是以单元为单位安排文体的先后顺序的教材结构方式。一般是一个单元安排一种文体，便于对学生进行文体集中训练。

例如，《中文》（修订版）采用了单元结构型来编排教材内容，该教材第八册的内容如下：

第一单元

1．开学典礼

2．一堂有趣的中文课

3．一场篮球赛

第二单元

4．农夫和蛇

5．三个和尚

6．成语故事

第三单元

7．珠穆朗玛峰

8．蝙蝠和雷达

9．古诗二首

第四单元

10. 徐悲鸿的故事

11. 郑和远航

12. 达尔文

第一单元的课文都是记事的记叙文；第二单元都是故事；第四单元都是记人的记叙文。只有第三单元并非全部为同一文体，两篇为说明文，一篇为古诗，这与全套教材的编排特点相关，《中文》（修订版）从第三册开始每册都在第三单元安排了古诗二首，因而第三单元并非同一文体。

再如，《汉语》（初中版）每册均十五课，分三个单元，每五课为一个单元，同一单元主要安排同一种文体，以该教材第一册为例：

第一单元

1. 用冰取火

2. 圆圆的沙粒

3. 我的旅行

4. 喜爱音乐的白鲸

5. 地图上的发现

第二单元

6. 猎人海力布

7. 寓言故事

8. 普罗米修斯的神话

9. 巨人的花园

10. 成语故事

第三单元

11. 傅雷家书

12. 博客

13. 启事

14. 海报

15. 通知

第一单元的课文主要是记叙文；第二单元都是故事，包括寓言故事、成语故事、神话故事等；第三单元都是应用文体。

2. 循环结构型

循环结构型是以课文为单位有规律地循环安排文体的先后顺序的教材结构方式。

例如，由邓小宁主编、北京大学出版社出版的《高级汉语精读教程》，该教材分Ⅰ、Ⅱ两册，每册十六课，"课文部分选材广泛，体裁多样"，每四课设有一个单元练习，第Ⅰ册课文内容安排如下：

第一课　幽默的钱钟书伉俪

第二课　袋鼠做妈妈

第三课　让赞扬恰到好处

第四课　信任是约束，也是鼓励

单元练习（一）

第五课　学会感恩

第六课　郑和下西洋

第七课　世界体坛大变动分析

第八课　"生态定时炸弹"2070年引爆

单元练习（二）

第九课　秘密旅行

第十课　失踪的国家

第十一课　香格里拉在哪里

第十二课　蔡伦造纸

单元练习（三）

第十三课　富人阿金

第十四课　"的哥"送孕妇连闯红灯该不该罚

第十五课　千年悬棺之谜

第十六课　上当、借光、露马脚……——熟语的来历

总复习

该册教材的文体包括记叙文、说明文、议论文、杂文、通讯报道、散文、小品、熟语故事等，这些文体循环出现在教材中。教材设置了单元练习，以四课为一个学习单元，但与单元结构型不同，该教材同一单元的文体并不相同，单元是依据学习阶段来划分的，"四课设有一个单元练习，使学习者能通过形式多样的练习巩固本单元的词汇和语法知识，达到熟练运用的目的"。

（三）文化结构式

文化结构式是以文化知识、文化内容为依据编排教材内容的先后顺序结构教材。文化结构型华文教材一般以文化知识和文化内容的类别编排教材的课文，如历史事件、历史人物、现实生活、人文地理、道德伦理、文学艺术、自然科学、自然风光等。

例如，《中文》（修订版）在单元安排上，除了考虑文体结构，还综合考虑了文化因素，来结构编排教材内容，该教材第六册的内容如下：

第一单元

1. 在公园里

2. 去邮局

3. 海洋世界

第二单元

4. 埋在地里的金子

5. 巨人的花园

6. 成语故事

第三单元

7. 日月潭

8. 望远镜

9. 古诗二首

第四单元

1. 屈原

2. 白衣天使

3. 聂耳

第一单元的课文都是现实生活题材；第二单元都是故事，包括寓言、童话、成语故事，目的是通过故事让学生明白其中蕴涵的道德伦理；第四单元都是关于历史名人的选材。只有第三单元，并非同一题材，一篇为自然风光题材，一篇为科学技术题材，一篇为古诗，这也是与整套教材对古诗的总体安排有关。

三、综合型华文教材的体例

综合型华文教材通常包括主课本、练习册、教师教学参考书三个系列。有的教材还会配备相应的教辅材料，如字卡、录音带、多媒体光盘、挂图、阅读读本等。

（一）主课本

主课本的基本内容通常包括课文、课堂练习、阅读、综合练习、附录等。

课文部分不仅指主课文，还包括与主课文配套的其他教学板块，如生字、生词等。在针对中学生以及成人学生的教材中，还会有语法点、注释等内容；针对小学阶段的教材通常将语法教学寓于句子教学当中，通过系统的句子教学渗透目的语的语言规则。

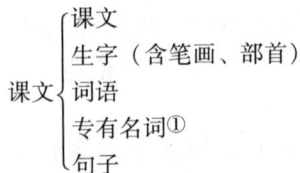

$$
课文 \begin{cases} 课文 \\ 生字（含笔画、部首） \\ 词语 \\ 专有名词① \\ 句子 \end{cases}
$$

图 3-2　《中文》（修订版）课文部分的内容

---

① 《中文》（修订版）将专有名词单独列于词语之下，并且明确注明"专有名词"；《汉语》（修订版）在"记生词"部分将专有名词与普通生词分别列出，但未明确注明类型。

课文 ⎰ 学句子
　　　⎱ 读课文
　　　⎱ 记生词
　　　⎱ 写汉字
　　　⎱ 玩游戏

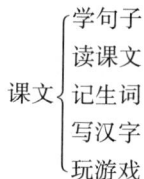

图 3 - 3 　《汉语》(修订版)课文部分的内容

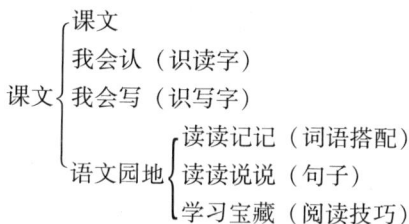

课文 ⎰ 课文
　　　⎱ 我会认 (识读字)
　　　⎱ 我会写 (识写字)
　　　⎱ 语文园地 ⎰ 读读记记 (词语搭配)
　　　　　　　　 ⎱ 读读说说 (句子)
　　　　　　　　 ⎱ 学习宝藏 (阅读技巧)

图 3 - 4 　新加坡《小学高级华文》核心课文部分的内容

　　课堂练习是指主教材中在每课课文后配备的练习题。有的教材由于设计了配套的练习册,将所有练习都放在练习册中,所以,主教材中没有另设练习题,如《汉语》(修订版)、《菲律宾华语课本》、《海外小学中文课本》等;有的教材除练习册中的练习外,还会在主教材中设计少量的课堂练习,如《中文》(修订版)、《标准中文》、《华语》等。下面是《中文》(修订版)课堂练习部分的体例:

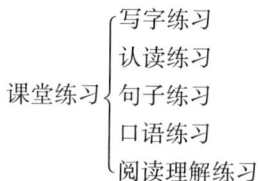

课堂练习 ⎰ 写字练习
　　　　　⎱ 认读练习
　　　　　⎱ 句子练习
　　　　　⎱ 口语练习
　　　　　⎱ 阅读理解练习

图 3 - 5 　《中文》(修订版)课堂练习部分的体例

　　阅读是指与主课文相辅相成的补充课文。有的教材直接称之为"阅读课文",如《中文》(修订版)、《中文》(初中版);有的称之为"自读课文",如新加坡《小学华文》、《小学高级华文》。阅读课文通常在主题、内容或体裁等方面与主课文有相似之处。例如,《中文》(初中版)第五册第二课主课文为根据汪曾祺同名作品改编的《昆明的雨》、阅读课文为朱自清的《春》,都是以景抒情的散文;新加坡《小学华文》4A 的强化课文是《我们都像小天使》、核心课文是《小飞机》、深广课文是《牛奶坏了》,都是记叙日常生活事件的记叙文,通过课文告诉学生为人处世的道理。阅读课文的设置与否依教材编写体例而定,也有一些教材没有设置阅读课文,如《汉语》(初中版)、《我的汉语》等。

综合练习包括单元综合练习、总练习等。单元综合练习是单元结构型教材在每个单元之后配备的综合练习，主要针对单元的教学内容进行全面的复习。总练习是每册教材之后配备的综合练习，对全册的教学内容进行全面的复习。教材综合练习的设置有利于教材使用者从整体上把握教材的教学重点及难点，同时，对教师的试卷命制有一定的导向作用。

附录是教材在全册教学内容之后列出的对教学有参考作用的内容，常见的如生字总表、生词总表、句子总表、笔画名称表、笔顺规则表等。比如，《标准中文》（修订版）第一册的附录包括生字表、词语表、补充词语表、基本句、汉字笔画名称表、写字笔顺规则表。有的教材根据教学目标设置一些有特色的附录内容，例如，《中文》（初中版）在每册之后，除生词总表外，还附录了关于汉语或中华文化知识的一些内容。该教材第三册附录内容为"汉语的量词"，全面介绍了汉语量词的特点及常用名量、动量的搭配；第五册附录内容为"中国历代纪元简表"，帮助学生了解中国的朝代变化。

（二）练习册

练习册是教材体系中的重要组成部分，是教材编写的重要内容之一，直接影响到教材和教学的质量。练习册是教材中除主课本以外使用频率最高的学习材料，是学生学习语言和文化的第二场所。练习是复习、巩固、检验课堂所学必不可少的步骤，在教学的众多环节中处于由知识巩固到能力转化的关键阶段。没有好的练习教材，难以保证学生通过练习有效地消化吸收所学的内容，因此，练习的设计与编排是教材编写与评估的重要内容之一。

对于海外华文教学而言，优秀的教材配套练习册还起着提高教学质量和效益的作用。练习可直接反映教学目的和教学要求，帮助教师把握教学重点与难点。因此，海外华文教材往往都配备相应的练习册，在练习册的设计上也力求新颖、实用。例如，《中文》（小学版）将练习册分 A、B 册，A 册为奇数课，B 册为偶数课，以便在教师批改作业时学生还可以继续完成后面的练习，便于学生学习和教师教学。同时，考虑到教材主要针对的是周末制华文学校，因而将每课练习分为 5 天，规定每天的作业量和练习内容，练习册题多量大，便于教师灵活安排作业。此外，重视家长的参与，每课都有至少一题要求家长与学生一起完成。

练习册的题型设计要考虑多种因素。首先，要考虑练习的操作难度，应合理安排机械性练习、理解性练习、活用性练习的比例。机械性练习是指对语言要素等基础知识的学习记忆性练习，如模仿、替换、变换、扩展等题，这类题在掌握语言结构形式中必不可少。理解性练习一般是在机械性练习的基础上进行的，是需要进行思考、选择后才能得出答案的练习，如回答问题、完成句子、复述课文、讨论等。活用性练习是指围绕听、说、读、写、译等语言技能和言语交际技能进行训练的交际性练习，如自由会话、课堂讨论、辩论、演讲、角色扮演、交际游戏等，这些题一般是模拟真实的交际情景进行训练，也有些是真实交际或接近真实交际的练习，所表达的内容不受限制，这部分练习还包括一些语用规则、话语规则、交际策略和应用文写作等言语技能训练。其次，练习要兼顾语音、汉字、词语、句子、段落、篇章等语言知识。再次，还要考虑听、说、读、写及综合技能训练的题型搭配。

（三）教师教学参考书

教师教学参考书，也称"教师用书"、"教师参考手册"等，是针对教师教学编写的辅助用书。

编制教师用书的目的是帮助教师更好地理解和使用教材，提高教学工作效率。教师用书的编写应体现引导性、学习性等特点，全面介绍和体现教材编写的理念、教学原则、教材结构特点、教材总体目标等，在每一课的具体内容介绍中，除了语言知识的介绍与分析外，应强调教学法的渗透与说明，帮助教材使用者把握教材的编写意图和核心理念，合理解读、使用教材。教师用书的内容通常包括编写意图、教学目的与要求、课文简析、教学建议、教学步骤、参考资料、练习参考答案等。

编写意图主要以单元或课为单位概述本单元或本课的编写意图，介绍各篇课文的特点以及总的教学目标和建议，单元结构型教材的教师用书还会介绍单元所选课文的共性，以利于教师整体把握。教学目的与要求部分主要列出当课的教学目的、主要内容、教学重点及难点。课文简析部分主要分析课文内容、结构与形式等，便于教师深入理解课文、把握要旨。教学建议部分是重点，需要对教材中的语音教学、生字教学、词语教学、句子教学、课文教学、阅读课文教学、练习处理等的教学方式方法进行详细陈述。教学步骤主要以课时为单位介绍教学环节的整体安排及时间比例，为教师提供示范性的课堂教学思路，包括教与学、教具的使用等。参考资料通常包括作者简介、课文评析资料、其他相关资料等，对课文中涉及的时代背景、作者作品、一些重要历史人物与历史事件等相关知识作必要的解释与补充说明，是教师备课的常备材料。练习参考答案主要是针对教材及练习册中的练习给出相应的参考答案。

教师用书对教师的教学有重要的参考作用，但它毕竟只是指导用书，教师在教学过程中不能唯教参是从，完全受教参约束，要发挥自己的教学主动性、创造性，灵活运用教参。

第四章 华文教材的选用与编写

第一节 华文教材的评价与选择

一、华文教材评价的作用与内容

所谓"教材评价",就是指运用一定的评价指标体系对教材各个方面的编写情况进行综合评定。教材评价存在不同的角度,一是从编写者的角度进行评价,可以是教材编写者和审订者对教材的评价,也可以是教材研究者从编写的角度对教材的评价;二是从使用者的角度进行评价,可以是使用教材的教师和学生对教材的评价,也可以是教材研究者从使用的角度对教材的评价。

(一) 华文教材评价的作用

华文教材评价的作用主要表现在以下几方面:

第一,华文教材评价是保障教材编写顺利进行的重要环节。针对华文教材编写的评价,可以根据编写过程分为教材设计阶段的评价、教材编写阶段的评价、教材审订阶段的评价、教材试用阶段的评价。教材编写是一项系统工程,要耗费大量的人力、物力和时间,一旦编写完成,就很难进行大幅度的修改与调整,因此,一般来说,在编写的每个阶段都应进行相应的评价工作,以确保每个阶段工作的科学性与合理性,为下一阶段编写工作的开展奠定良好的基础。

第二,开展华文教材评价,能为教材的修订提供宝贵资料,可为其他同类教材的编写提供经验,从理论与实践上促进华文教材的编写与建设。

第三,从教材使用的角度来看,开展华文教材评价,发现教材在使用中存在的问题,并在教学中对教材内容、形式等加以相应调整和补充,可以有效提高教材使用效果和教学质量。

第四,从教材使用的角度开展华文教材评价,能为华文学校及华文教师选择合适的华文教材提供参考。

(二) 华文教材评价的内容

华文教材在编写中和编写完成两个阶段的评价内容及评价体系有所不同。这里主要讨论教材编写完成后的评价内容。华文教材评价的主要内容应包括是否全面系统地了解并恰当地运用了教育学、心理学、学习论、华文教育心理学、汉语作为第二语言教学和第二语言习得等方面已有的研究成果和经验，是否充分考虑了教学对象的年龄特点、学习心理和语言学习规律，教材的内容和形式是否有利于实现华文教育目标等等。具体来说，包括以下内容：

1. 教材的总体设计

（1）教材是否体现了一定的语言教学理论及教学法思想。

（2）教材中教学原则和教学目标的设定是否合理，是否在教材中得以全面体现。

（3）教材体系是否合理、科学、完整。主教材、练习册、教学参考书等各配套教材之间采用什么配合方式，效果如何；教材是否配备了其他教辅资料，如生字卡、挂图、光盘等。

（4）若教材依据相应教学大纲编制，需考查教材对教学大纲的实现程度如何。

2. 教材内容的难易程度及科学性

（1）教材内容是否符合学生的特点，是否利于学生理解与掌握。

（2）内容编排是否循序渐进，是否符合语言学习规律，学习重点和难点的分布是否合理。

（3）教材总容量是否适当，各年级、各册之间容量变化幅度是否恰当。

（4）教材各部分学习内容的编排方式是否恰当。这包括教材对语言与文化内容的编排方式及比例处理是否恰当，教材课文、生字、词语、语法点等板块具体内容的编排是否科学，教材语言、汉字、拼音及标点符号使用是否规范，是否存在知识性错误等。

（5）教材练习设计是否恰当。这包括练习题量是否合理，题型设计是否形式多样，不同题型分布是否合理，是否有利于全面巩固所学语言知识或技能。

3. 教材形式的针对性及科学性

（1）教材结构形式是否科学、严谨、规范。

（2）教材体例是否创新，是否有针对性。

（3）教材版式设计是否美观大方，图文是否有效配合且吸引学生，字体字号的使用是否针对学习对象的心理特点，教材印刷质量是否合格。

4. 教材的使用效果

（1）教材用于教学的实际效果。这包括学生在多大程度上掌握了教材内容，其原因是什么；教材是否利于教师和学生使用。

（2）教材受欢迎的程度。这包括学生、教师、社会（家长、专业人士等）对教材的评价如何。

二、华文教材评价的方法

华文教材的评价主要有以下四种方法：

（一）教学测验

教学测验是检验教学大纲和教学目标的实现程度、教学效果的优劣、教学内容难易程度的主要方式。教学测验可以通过摸底测验、排队测验、识记测验和迁移测验进行。摸底测验是教材使用前的测验，目的在于测定学生使用某套教材前的语言能力和语言文化知识基础；排队测验是在教材使用过程中的某个教学阶段，对学生掌握所学语言文化知识和言语能力的测试；识记测验主要测试学生在学习过程中究竟在多大程度上掌握了教材规定的教学内容，其目的是测验学生掌握语言文化知识内容的巩固程度和言语熟练程度；迁移测验是对学生学习教材内容之后在课外实际应用所学语言知识的能力的测试。

（二）问卷调查

问卷调查主要包括面向学生和面向教师两方面的调查。

1. 面向学生的调查

面向学生的调查主要调查学生对教材的"满意度"。这包括三个方面：一是学生对教材内容与形式的"满意度"；二是学生对自己学习状况、学习效果的"满意度"；三是学生对同班同学学习状况的"满意度"。

2. 面向教师的调查

面向教师的调查主要调查教师对教材及其教学的"满意度"。这也包括三个方面：一是教师对教材内容与形式的"满意度"；二是教师对自我教学过程的"满意度"；三是教师对学生学习状况、学习效果的"满意度"。

（三）过程观察

过程观察即在教学过程中，对学生、教师表现出来的各种情况，如情绪、反应、兴趣等，以及师生互动、学生互动的情况进行观察，以检验教材的使用情况。

（四）综合研究

综合研究即综合运用上述研究方法，并与对教材本身的内容、结构、练习等的研究结合起来，从而得出对教材全面、深入、科学的评价。

三、华文教材的选择原则与方法

（一）华文教材的选择原则

1. 适用原则

针对所在教学机构的教学性质、学制、学时及课程设置特点，学生语言、年龄及心理特点，以及课程教学大纲的基本要求，选择有针对性、适用的教材。选用教材必须考虑教学上的适用性，要有利于教师教学和学生语言能力的培养。

2. 优选原则

要优先选用高水平的优质教材，选择依据包括出版次数多、发行数量大的教材，教育部或其他教育管理部门推荐教材，中国国家汉办或侨办推荐教材，优秀出版社出版的教材，学科领域著名学者编写的教材等。

3. 更新原则

教材编写所依据的教学理论、所采取的教学方法、所拟定的编排体例以及教材目标的设定、教学内容的选取、教学手段的利用等，在很大程度上体现了学科研究和教材编写研究的新成果，具有一定的时代特点，因而应尽量选用近年出版的新教材。若教学机构正在使用某套教材，那么，也要及时了解该教材是否发行了修订版本，以便及时更换最新版本。

4. 集体选用原则

教材选用应由教学机构在征求任课教师的意见后提出建议，集体讨论后由教学机构统一确定。教材一经选定应不允许任课教师按个人意愿随意更换其他教材。

5. 一致原则

同一教学机构的同一平行课程，原则上应采用同一套教材。同一门课程尽量只选用一种教材。

（二）华文教材选择的程序与方法

华文教材种类繁多，如何在众多教材中选择合适的教材，是华文教师及教学管理人员应具备的能力之一。选择教材的程序与方法如下：

（1）运用文献调查、访谈、问卷调查、实地考察等方法了解同类教学机构使用教材的情况，确定待选教材范围。

（2）收集待选教材范围中的教材样本，对待选教材进行全面考察。教材样本应包括教材体系中每一类的样本，特别是主课本、练习册、教师手册的样本。

①阅读教材序、前言、后记及教师手册中对教材总体情况的说明，了解教材的编写缘起、编写对象、适用范围、学制学时、编写队伍、编写理念、教材性质、教学目标、教材体系等。

②阅读教材版权页，了解教材的版次、发行数量、出版发行机构、出版时间等信息。

③运用问卷调查、访谈、文献调查、实地调研等方法，了解教材研究者的评价和同行使用教材后的评价。

（3）在全面分析、对比考察结果的基础上，结合教学机构的教学性质、学制、学时及课程设置特点，学生语言、年龄及心理特点，以及课程教学大纲的基本要求，选择2—3套备选教材。

（4）对备选教材的具体编写情况进行全面分析，结合教学机构的具体情况，有针对性地分析每套教材的特点、优点及不足，形成教材分析报告。

（5）结合教材分析报告，运用对比分析法，对比各套教材的优点与不足，确定要使用的教材。

第二节　华文教材的使用

一、华文教材使用的要求

（一）创造性地解读和使用教材

教师是教材的诠释者。如果教师只是机械地按照教材所列内容把知识简单过一遍，不加以合理指引和操练，那就跟让学生自己看书、学习没有什么不同，教师的作用也就无法体现出来。因此，教师应该先创造性地解读教材，再根据学生的实际情况个性化地使用教材，不离教材主题目标而又巧妙地将教材内容与当地文化背景、生活习惯、民情风俗等结合起来，在使用教材时恰到好处地点拨学生，让学生真正掌握教材所教内容，以实现教材的教学目的。

（二）合理地取舍或补充教材内容

除少数"量身定做"的教材外，华文教材的教学容量与教学机构的教学时间通常情况下是不完全对等的。有时教材教学容量大于教学时间，需要删减教学内容；有时也可能教材教学容量小于教学时间，需要增加教学内容。因而教师需要在研读教材后根据教学机构教学时间的特点，决定选教什么、不教什么，详教什么、略教什么，或者需要增补什么。取舍或补充教材内容需要紧扣教材特点、根据学生学习需求与特点来进行。

（三）精心组织安排教材内容

每堂课都有一定的教学结构。教学结构本质上不是由方法构成的，而是由内容构成的，是教学内容有组织、有顺序的呈现方式。教材内容的呈现顺序并不等于教学内容安排的顺序。在华文教学过程中，先教生字、生词、语法点，还是先教课文，需要根据教学内容的特点和学生的接受能力来确定，而且每堂课不是千篇一律的，需要有适当的变化及调整。此外，到了中高级阶段，课文篇幅较长、语法点多、生词量也很大，如果机械地按照教材顺序，分板块分别一次性把生词、语法或课文教完，学生会很难消化。这时，可以根据内容把课文分成几个大的部分，根据生词、语法在课文中出现的位置也将其划分成几个部分，每次课教一部分课文及在这一部分课文中出现的生词和语法。因此，教师在备课时，需要精心组织安排教材内容，确定并合理分布教学重点与难点，安排教材教学内容在课堂教学过程中的呈现顺序和呈现方式，确定一堂课如何开始，先教什么，再教什么，后教什么，中间怎样过渡、衔接，最后如何总结。总而言之，一堂课教学结构的理想状态是大体预设，灵活而成，紧而不密，井然有序。

二、华文教材使用的方法

（一）使用华文教材的过程

教材是教师课堂教学的主要依据和材料，课堂教学的成败、教学效率的高低，在很大程度上取决于教师对教材的把握和使用。教师只有对教材特点把握到位，并能够恰当、灵活地运用教材，才能使教材的作用得以充分发挥。因此，华文教师首先要研读好教材，才能更好地运用教材。

1. 统观全套教材，了解编写意图

教师使用教材时是一课一课教的，课堂教学是一节一节完成的，因此，在使用教材时，教师很容易把着眼点放在对每课具体语言知识的分析上，而忽视对教材整体的把握。因此，教师对教材的研读不能仅仅局限于所教授的当册当课，而应全面研读整套教材，了解教材编写者的编写意图，分析教材编写的指导思想与原则，了解教学目标，掌握教材总体结构与体例，全面把握教材的特点。

2. 熟悉每册教材，明确教学重点

了解每册教材的教学目标，分析单元结构及课文结构的特点，确定每册的教学重点与难点，以保证所使用的当册教材在语言知识的教学上与前一册所授内容有效地衔接。

3. 深入钻研教材内容，研究教学方法

教师在全面把握整套教材特点的基础上，便可深入钻研当册教材的内容，掌握教学内容的总体安排及衔接，找出可能存在的问题，确定教学方法。

4. 精心制订教学计划，写好教案

在研读教材的基础上，精心制订教学计划，包括学期教学计划、单元教学计划、课题教学计划、测试计划等。在制订教学计划时，应由宏观到微观。学期教学计划要在教学任务开始前先完成。单元教学计划需要在每个单元的教学开始前完成，如果所用教材没有采用单元结构式，教师可根据教材各课之间教学内容的关联特点，或者根据教学时间（如以1个月为一个教学段），将整个学期划分成4～5个学习单元，制订相应的教学计划，每个教学段有所侧重。课题教学计划即通常所说的教案，可以在教学任务开始前制订，也可以在教学过程中制订。教案要详细，具有可操作性。

5. 做好各项教学准备，备齐教具

根据教学计划的安排，做好各项教学准备，备齐整个学期需要持续使用的教具，包括多媒体辅助教学资料、各类卡片、挂图、实物等。

6. 结合教学实际，灵活运用教材

在具体教学过程中，根据课堂教学情况，及时对教学计划和教案中设计的教学内容、教学方式作出调整，避免死用教材、教案，以保证最佳教学效果。

（二）钻研教材的方法

钻研教材的方法是从整体到局部。首先，通读整套教材，了解教材的编写意图、整套教材内容的大体安排顺序及特点、教材内容的知识结构体系、各册教材内容的侧重点及作用，形成对教材的整体把握。然后，细读各册教材，分析教材中的重点、难点，确定教学目的，决定教材内容的取舍和讲述的详略。最后，精读当册教材每一课，钻研教材中的字、词、句、各段及课文整体的含义，设计教学结构及教学方法。

1. 全面钻研教材的方法

全面钻研教材，要从不同的角度进行。首先，可以从编者的角度去钻研教材。华文教材是编者根据华文教学的总体目标、学生的学习规律和认知心理特点等精心编写的。只有从编者的角度钻研教材，把握教材的编排体系，理解编者的意图，才能更好地把握教材。教师在研读教材时，可以以编者的身份自我设问：教材的总体目标是什么？教材安排了哪些内容？各册各课之间有什么联系？每册侧重培养学生的什么能力？教材是怎样把德育点、知识点、能力点融于一体的？在全套教材中渗透了什么教学方法？这样就可以对全套教材的结构了然于胸了。

其次，可以从学生的角度去钻研教材。设想自己就是学生，一边阅读一边按照学生的水平提问题：这一课内容的重点是什么？难点是什么？自己能完全学会什么？哪些内容是自己不能理解的？钻研教材时如能做到心中有学生，那么，教案的设计就能更贴近学生，从而收到良好的教学效果。

再者，从教者的角度去钻研教材。钻研教材最终还需站在教者的角度上，教者是编者与学者之间的桥梁，教者要努力实现编者与教者的统一、教者与学者的统一。由于海外华文教学的多样性与差异性，华文教材编者希望学生掌握的知识和技能与学生需要或希望掌握的知识和技能往往可能存在不一致之处。因此，教师需在全面了解编者意图的基础上，综合考虑学生的特点，对学生的兴趣和疑难点进行认真剖析后，对教材加以合理取舍，这样才能充分体现教者的主动作用。

2. 一篇课文的研究方法

一套教材的教学，最终是通过一篇篇课文的教学来完成的。因此，研究、使用教材的落脚点是单篇课文的钻研。其程序和方法通常如下：

（1）概览通读，整体感知。浏览通读当课的全部内容，借助辞典等工具书，准确把握当课字、词、句的意义及主要用法；对课文解题分段，达到对课文主题及结构的准确把握；把握课文的文体特色、内容特色、语言特色等。通过概览通读，达到对课文的汉字、词汇、语法、语言表达和写作方法等的全面掌握。

（2）深入钻研，全面把握。解决概览通读环节存在的疑难，深化对相关知识点的理解；确定当课的教学重点及教学难点，设计教学方法。通过深入钻研，达到深入、透彻把握课文内容的要求。

（3）整理加工，提炼组合。对教材的内容进行整理加工，参考教师手册、练习册等相关材料，处理选什么教、怎么教的问题；提炼、组合所选教学内容，确定教学目标，设计教学切入口，合理分布教学重点与难点，构建一篇课文的完整教学结构。

第三节 华文教材的编写

一、华文教材编写的基本阶段

教材编写一般包括准备阶段、编写阶段、审定阶段、编辑出版阶段、再版修订阶段。

（一）准备阶段

1. 教材编写论证

开展调研，做好教材的需求分析，明确教材的编写定位及适用群体，论证教材编写的必要性与可能性。

2. 研究已有教材

总结已有教材，特别是同类教材的经验与问题，提出教材编写思路，以保证教材在原有教材基础上有所发展、创新。

3. 确定编写原则

教材编写原则是教育教学思想、理论在教材建设上的具体体现，服务于一定的教育目的。教材编写原则是教材编写的指挥棒。在前期调研基础上，深入思考，形成自己的教材编写思路，拟定教材编写原则。

4. 制定编写大纲

在编写原则的指导下，制定教材编写大纲，确定教学对象、性质与培养目标，确定教材的结构与体例，确定教材每册的基本内容，确定主教材、练习册、教学参考书等各部分教材的配合形式。

5. 确定组织分工

教材编写思想、原则最终需要通过全体教材编写人员的集体劳动来实现，因而组建优秀的教材编写团队是教材编写成功与否的重要因素。确定教材的编写团队，首先是选定主编。主编在学术上要有较高的造诣，应该是华文教育教学领域的学科带头人或学术骨干，对华文教育学科的结构体系和发展趋势有深入思考与认识，同时，还要有较强的组织、协调能力，能够领导编写组人员，协调与出版社的关系，按期顺利完成编写工作。其次是选择编写团队的成员。编写团队成员应有一定的教学经验，学术观点相近，并且在专业方向上应各有侧重，以形成优势互补，同时，可适当考虑职称、年龄、性别比例等，编写团队成员必须有足够的时间和精力完成编写工作。教材还可根据需要确定是否成立顾问委员会，为教材编写提供理论支持，顾问委员会成员一般为国内外华文教育教学领域有影响的研究者或管理者。组织分工工作安排好之后，还需要制定教材编写工作进程表，安排好每个阶段的大致时间及具体分工。

（二）编写阶段

1. 收集资料，整理素材

在编写原则及编写大纲指导下，广泛收集拟编教材的语言素材，为选文、改写作品及编写课文做好素材准备。素材范围应覆盖教材编写大纲中的各种文体，选择素材的数量要大于教材实际选用量，以保证有较大的选择余地。

2. 精心设计，编写样课

根据编写原则和编写大纲，精心制作样课。样课用于检验编写内容的质与量，检验编写思路是否合理。样课编写出来后，应由全体参编人员对照编写原则与编写大纲的要求共同讨论，以发现样课存在的问题，并加以调整、修改，最后确定样课的编写模式。

3. 分工合作，整体编写

以样课为参照，编写组成员分头开始负责具体的编写工作。为了保证语言教材在语言知识安排上能循序渐进、由易到难，通常按教材内容板块来分工，将编写组成员分成几个小组，分别负责课文、生字、生词、练习（包括主教材练习和练习册的练习）、阅读课文的编写工作。每课课文先行，课文选定后，负责生字、生词板块的编写人员从中选定生字、生词，标记出不宜出现的生字词，由课文编写人员再对课文加以修改，负责练习的编写人员在课文、生字、生词确定之后再开始设计练习。阅读课文的编写应放在主课文编写完之后，以保证在内容上的同步。如教材配有教师参考手册等配套材料，那么，配套材料则应在每册主教材完成之后再编写。

4. 全面统稿，校对细节

各自分头完成的编写工作，前后衔接容易出现问题，特别是在字、词、句的安排上，因此，在教材编写完成之后，需要对全部内容进行统稿、校对。统稿工作也要按板块进行，以保证每个板块内容安排的合理性，避免语言知识重复设置现象；校对工作按册逐课进行，每个细节，包括拼音的标注，都需要认真校对，以保证教材的准确率。

（三）审定阶段

审定教材是保证教材编写质量的重要环节。

1. 编写者审定

编写者先自行审定教材，与统稿工作不同，审定工作着眼于宏观，全面考察教材的指导思想和原则是否合理，教材的编写是否遵循、体现了指导思想和原则，教材体系、结构、形式是否体现特色，教材对语言知识教学和语言技能训练的关系处理是否恰当，教材的主要特点是什么等等。在全面审定的基础上，撰写教材自审报告。

2．专家审定

成立由华文教育教学领域资深学者、专家组成的教材审定委员会。教材审定委员会的成员应熟悉海外华文教育教学规律，有坚实的理论基础和丰富的教学实践经验，并对教材有一定的研究。专家审定，结合教材编写者的自审报告，从教材的内容、体系、语言文字及插图设计、教材配套辅助材料等方面全面审查整套教材的编写情况，指出教材编写的成功之处，同时，提出教材尚存在的不足及修改建议。

3．修订定稿

教材编写者根据专家审定意见，深入思考初稿存在的问题，设计方案，进行相关修订工作，将修订内容交由专家再次审定，通过后即可定稿。

（四）编辑出版阶段

1．设计版式与装帧

教材版式设计是根据教材的特点，对教材各部分内容予以有针对性的设计，包括版心、天头、地脚如何设计，各部分内容如何排列，使用什么字体，字体大小、色彩，如何安排插图、插页等。版式设计的目的是使教材各部分要素和谐、美观地呈现在版面上，从而有效地传达出教材的信息，使学习者在视觉上获得美的享受，营造良好的阅读氛围。装帧设计是对整套教材封面、封底、书脊、开本及纸张选定的整体设计。通过装帧设计，可以赋予教材精美的外观形象，增强教材的吸引力。教材的版式设计与装帧，都是为教材内容服务的，是对教材内容概括和提炼的体现，因而需要教材编写者与美编人员双向、多次沟通，让美编人员准确了解编者的意图，并通过恰当的形式体现出来。

2．绘制插图并审图

教材的插图通常包括装饰性插图和内容插图两类。装饰性插图在全套教材中会多次使用，具有稳定性，通常由美编人员根据教材性质、教材编写对象的年龄及心理特点绘制。内容插图具有针对性，需要美编人员与编写者根据教材内容需要及版式设计的安排共同设计。首先由编写者选定、整理需要绘制插图的文字内容，并在每段文字内容后配备关于插图绘制要求的说明文字，美编人员再根据文字内容和编写者的要求，绘制插图。插图绘制好之后，需由编写者审图，特别是内容插图，以保证插图准确地反映文字内容承载的信息。

3．全面校对

按照装帧及版式设计印制教材清样，由出版社责任编辑及教材编写者对全套教材清样的各个环节，包括文字、拼音、插图、版式、装帧等，进行全面校对。

4．出版发行

由出版社按照校定稿印刷出版教材，教材出版后，由指定发行机构向相应教学机构及教学对象发行。

（五）再版修订阶段

由于海外华侨华人的语言及生活状况在不断发生变化，语言教学理论和实践也在不断发展变化之中，所以，华文教材的编写并非一劳永逸。一套教材连续使用若干年后，如果不进行修订，就会有一些陈旧、过时的内容，因此，必须及时进行修订，以更新教材的理念与原则，保持教材的实用性、新颖性、创新性，为教材注入新的生命力。教材的修订再版通常包括以下程序：

1．征集修订意见与建议

教材在再版修订时，首先要进行的一项工作，就是广泛调研。通过实地调研、座谈研讨、问卷调查等形式广泛征集教材使用者、研究者及社会各界的意见与建议，并将意见整理归纳成稿。

2．确定修订原则及内容

教材编写组成员围绕社会各界提出的在教材使用过程中发现的问题及修订意见进行集中讨论，寻找解决问题的思路，确定修订原则及内容。

3．实施修订与审定

根据修订原则及内容，开展对教材的修订与审定工作。教材修订也是一项系统工程，并非是对教材局部内容的简单修订，其工作程序与教材编写基本相同。

4．出版发行

由出版社出版，指定发行机构向相应教学机构及教学对象发行。

二、华文教材的编写原则

（一）华文教材编写原则的概念及其意义

1．什么是华文教材编写原则

教材编写原则，是教材编写所遵循的规律、所依据的准则，分为普遍原则和特殊原则。普遍原则是教材编写所遵循的共同准则；特殊原则是编写某一类型的教材所遵循的个别准则。教材编写必须遵循普遍原则与个别原则的统一。

华文教材的编写原则是指编写华文教材所依据的准则、所遵循的基本规律。它是教材编写普遍原则与华文教材编写特殊原则的有机统一。

2．华文教材编写原则的意义

（1）确定华文教材编写原则是华文教材编写的前提和基础。教材编写的基本环节包括：确定编写原则——编制教材大纲——确定教材结构与体例——准备编写素材——实施编写——审定出版。其中，首要环节是确定编写原则。

（2）华文教材编写原则是编制华文教材大纲的重要依据。教材编写原则规定了编制教材大纲的基本要求，并对教材大纲的内容起制约、规范作用。

（3）华文教材编写原则是华文教材编写、修订、检验的重要依据。教材编写原则指导教材编写的全过程，是教材编写成功与否的关键。

（二）华文教材编写原则的主要内容

1. 确定教学对象及其特点

明确教学对象及其要求，包括教学对象是华侨华人还是非华侨华人，其年龄段、学习类型、学习目的、学习时限如何；分析教学对象的特点，包括教学对象的年龄及性格特点、心理特征、家庭状况、族裔背景、语言基础、学习态度等。编写原则要以教学对象为中心。

2. 确定培养目标与教学目标

根据教学对象的特点与要求，制定出科学、合理的培养目标和教学目标，包括总体培养目标以及语言知识目标、语言能力目标、文化教育目标。以培养目标和教学目标为指引，以实现培养目标和教学目标为依归。

3. 确定教材的特色

明确教材不同于其他教材之处，以体现教材特色。明确语言材料的来源及编排的依据，遵循语言教学与语言习得规律，遵循文化教学与文化习得规律。教学内容要实用，包括语言知识、语言材料、文化知识等，适用于教师的教学，适用于学生的学习。

4. 确定教学法

明确教材编写所依据的教学法。教材必须体现教学法，教学法必须适应于教学对象、教学目标，教材编写必须以教学法为指导。

5. 确定编写方法

如何处理语言与文化、语言知识与语言技能的关系；教材内容如何创新，教材结构、体例如何创新。

三、华文教材的编写大纲

（一）华文教材编写大纲的作用

1. 华文教材编写大纲是编写华文教材的主要依据

《书·盘庚上》有言："若网在纲，有条而不紊。"华文教材编写大纲是编写华文教材的主要依据。教材编写大纲规定教学目标与内容，体现教学要求，使教材各部分成为一个统一的整体，并规范着教材编写的全过程。

2. 华文教材编写大纲是华文教材检测、修订的依据

对华文教材内容的难度、量的大小、编排是否科学合理的检测，以及对华文教材的修订，均以华文教材编写大纲为依据。

3．华文教材编写大纲是华文教材评价的依据

教材编写者对华文教材的评价，主要依据教材编写大纲来进行，全面评价华文教材对编写大纲的实现程度。

4．华文教材编写大纲是华文教学测试的依据

教材中安排的教学测试，如单元练习、总练习、综合练习等，主要依据教材大纲设计，教材大纲是教学测试的统帅和指挥棒。而教材中的测试形式及内容对教师的测试内容及形式则有直接指引作用。

（二）制定华文教材编写大纲的原则

1．以华文教学大纲为依据和指导

华文教材编写大纲是华文教学大纲的具体化，必须以华文教学大纲为依据和指导。

2．贯彻教材编写原则

教材大纲是教材编写原则的具体化，要贯彻、体现教材编写原则，不能背离教材编写原则的规定。

3．教材编写大纲需具体、实用

所谓"具体"，体现在对教材编写要求、内容、体例要详尽列出。实用是指编写大纲具有可操作性，适用于指导编写。

（三）华文教材编写大纲的主要内容

1．明确教材定位，确定教学对象、教材性质与培养目标

华文教材编写大纲需要明确教材的定位，详细阐述教材编写的缘起、教材面向什么对象编写、属于什么语言教学性质或教育性质、要达到或实现怎样的培养目标和教学目标、编写指导思想和原则是什么。

2．确定教材结构与体例

教材结构与体例安排包括：①教材配套体系的总体安排。全套教材共多少册，每册多少课，主课本是否配备单独的练习册，是否有教师教学参考书，是否有字卡、挂图、CD、录音带等其他教辅配套资料等。②规定主课本的编排体例。例如，主课本的主体结构如何，是否以单元为单位安排课本内容，课文内容结构包括是否以课文为核心、以阅读课文为补充，课文后安排哪些独立的板块，是否安排课堂练习；主课本附属结构如何安排，附属结构通常包括阅读、单元练习、知识介绍、总练习、生字总表、生词总表、附录（如笔画名称表、笔顺规则表等）。③规定练习册的编排体例。练习册与主课本的配套方式，一本课本配一册练习还是配多册练习；采用活页形式还是装订成本；练习内容是按内容总体设计还是按天设计；练习题型与题量的分布规则。④规定教师教学参考书的编排体例。⑤规定其他教辅配套资料的编排体例。

3．确定教材内容

华文教材的内容包括语言和文化两个板块，具体内容的确定包括质和量两个方面。语言方面，教材编写大纲要规定每一册乃至每一课的字、词、句等语言知识点的

数量及选择标准，还要规定每一册乃至每一单元课文选文的文体范围，如对话体、记叙文、议论文、说明文、应用文、成语或典故、诗歌、儿歌、谜语等。文化方面，大纲要规定每一册乃至每一单元要编选的文化内容的题材范围，如现实生活题材、科学技术题材、自然知识题材、历史文化题材等。对这些题材还可进一步细分，如历史文化题材从地域角度可细分为中华文化、外国文化和中外交融文化，从内容角度可细分为传统的伦理道德、传统的节日与风俗习惯、重要的历史故事与人物、著名的作家与文学故事、著名的历史与文化古迹、古代重要的发明、民间艺术等。现实生活题材可细分为家庭生活、学校生活、社区生活和虚拟日常生活等。虚拟日常生活是指将动植物拟人化后展开的社会生活，是用拟人形式表现的想象世界里的日常生活。

4. 明确教材编写要求

教材各个板块的编写从编写格式和内容两方面提出明确具体的要求。编写格式要求包括使用什么字体、如何排版、插图和表格如何制作、文图如何对应、拼音与文字如何对应等；内容要求包括总体编写风格、课文语言特点、课文字数要求、阅读课文选择要求、练习题型及题量要求等。

5. 明确教材编写成员组织管理要求

对教材编写组成员进行合理分工，明确各自的任务与职责，确定教材编写组讨论与沟通的渠道和形式，规定教材编写日程及教材编写纪律，为教材编写的顺利进行提供保障。

四、华文教材的选文

作为一种语言教材，华文教材的内容体系主要是由课文组合而成，课文是华文教材教学内容的主体，是华文教学的主要对象和载体，是学生学习、掌握目的语的主要材料，课文教学是华文教学的主体环节，因而课文的选择与编排对于华文教材而言，具有非常重要的意义。

华文教材的课文，根据内容表达形式，可分为对话体和叙述体。对话体是设置场景与身份，模拟人物对话的课文体式。例如：

方方：这是你的家吗？

冬冬：是。

方方：你家有几口人？

冬冬：我家有五口人，爷爷、奶奶、爸爸、妈妈和我。

叙述体是与对话体相对应的、以陈述为表达方式的课文体式。例如：

这是我的家。我家有五口人，爷爷、奶奶、爸爸、妈妈和我。我爱我的家。

【《中文》（修订版）第一册第九课】

我在中文学校学习。老师教我们说汉语，写汉字，读儿歌，画画儿。我喜欢学中文。

【《中文》（修订版）第二册第一课】

对话体课文通常在初学阶段使用，这类课文一般是现实生活题材，由编者根据教学对象特点编写而成。中高级阶段则主要为叙述体课文。也有一些教材，从初学阶段开始就使用叙述体课文。叙述体课文的编写涉及如何选文的问题。可以说，选文是华文教材编写中的重要环节。

（一）什么是选文

"选文"源自中国古代的"文选型"教科书的传统"范文制度"。选文，即选取已有的典范文章——范文作为教材的内容或作为改编、编写课文的依据。选文是华文教材编写的重要形式和手段。如何选文、选文质量怎样，直接影响华文教材的内容和编写质量。

（二）选文的基本类型

华文教材的选文遵循传统的选文方式，大致分为四个基本类型，即改本、例文、定篇和用件。

1. 改本

改本是指以所选文章为蓝本，依据教学需要进行改写。改本的目的主要是为了保证语言输入的可懂性，保留或节选文章的核心内容，但对文章的语言进行有针对性的加工，使之符合教学对象的语言水平。改本在初级阶段的华文教材编写中占有十分重要的地位和作用。

例如，《中文》（修订版）第五册第十课《曹冲称象》，以中国著名的曹冲称象的故事为蓝本，进行了改编。改编后的课文虽保留了曹冲称象的基本情节，但对细节描写进行了精减。另外，在词句运用上编者也充分考虑到了海外学习者的语言水平，尽量使用了浅显易懂的词语。

2. 例文

例文是指作为典型例子的选文，其目的是帮助学生模仿。例文在教材中既可作为主课文，也可作为阅读课文或附录范文；后者通常放在主课文后面，或放在单元之间。

例如，《汉语》（初中版）第三册第三单元的主课文均为应用文体，课文均采用了例文的方式：第十一课《请柬、邀请书、邀约信》包括请柬例文2份、邀请书1份、邀约信2封；第十二课《祝福》包括毕业祝福、生日祝福、春节祝福、元旦祝福、教师节祝福、父亲节祝福、分别祝福、圣诞节祝福、母亲节祝福、新婚祝福各1则。新加坡《小学华文》核心课文后的"学习宝藏"板块都采用了例文的模式，如该教材5A第七课教学生学习如何写宣传单，在介绍性文字后配有如下例文：

爱护眼睛　从今天做起

如何爱护眼睛：

- 阅读时坐姿端正
- 在光线充足的地方看书
- 定时做视力保健操

爱眼服务热线：6123 4567

3．定篇

定篇是指在华文教材中直接原汁原味地搬进某些经典名篇作为课文，不加任何改动，但出于教学需要，须加以适当注释和解说。例如，很多教材中引用的古诗词、儿歌、童谣等课文均为定篇。叙述文定篇在华文学习的初级阶段一般很少用，中高级阶段则是必不可少的。

4．用件

用件是指专门安排一些选文，对语言知识、语文知识、文化知识、道德观念等进行教学，以帮助学生系统了解和掌握有关知识体系。常见的包括标点符号的用法，各种文体的解说，文化常识的选文（如春节、中秋节、端午节）等。

例如，新加坡《小学华文》、《小学高级华文》在每篇核心课文之后都配有一篇"学习宝藏"，主要围绕核心课文介绍一些阅读或写作的技巧，如《小学华文》6A 第四课就以核心课文《小青蛙和它的朋友》为例介绍了借助结构图帮助理解文章内容的阅读技巧，第六课介绍的是如何写读后感。《标准中文》（修订版）在部分课文之后设有"Tip"，如第三册第二十四课之后的"Tip"为"中文输入法"，主要介绍智能ABC 输入法。《中文》（初中版）在每册之后都安排了关于语言知识、语文知识或文化知识的内容，如第一册的附录为介绍文体知识的"三种常用的应用文"、第二册的附录为介绍中国文化知识的"中国之最"、第三册的附录为介绍语言知识的"汉语的量词"。

（三）选文的原则

（1）典范性原则。要正确、科学地把握选文水准，选文的语言、行文格式、结构等要规范，真正选出"文质兼美"的典范范文。

（2）可读性原则。遵循华文教学规律，把选文与华文教学结合起来，力求选文与语言训练、语文知识教学相统一。选文要充分考虑教学对象的年龄、心理、语言学习特点，要具有一定的趣味性，选文内容及语言表达要具有可读性。

（3）实用性原则。选文内容力求做到传统与现代、范文与实用相统一。选文的语言素材要具有一定的实用性，能运用于现实生活交际。

（4）灵活性原则。不拘泥于选文，必要时可对选文进行调整或修改。

第五章　华文教学的大纲设计与备课

第一节　华文教学大纲设计

美国学者赖格卢思（Reigeluth C. M.）在《教学设计是什么及为什么如是说》一书中指出："教学设计主要是关于提出最优教学方法的处方的一门学科，这些最优的教学方法能使学生的知识和技能发生预期的变化。"[①] 在语言教学的总体设计、教材编写、课堂教学、成绩测试四个环节中，虽然只有"总体设计"含有"设计"这一字眼，但是，其实每一个环节都包含设计的内容，因为每一个环节都有准备和求得最优化方法的过程。

华文教学是一个系统工程，其教学目标、内容、教材以及教学对象、教师、环境等都存在多样性，更需要科学设计。华文教学设计就是根据华文学习与教学规律，基于对主、客观教学条件的分析，对教学大纲、教学内容、教学方法等进行科学的设计安排，从而保证教学目标的实现。华文教学设计既包括宏观层面的设计内容，也包括微观层面的设计内容。一个国家的职能部门对某一种语言在该国的教学实施进行总体规划，一个华文学校的教学部门设计从幼儿园到高中的华文课程以及制定教学大纲，这些属于宏观层面的教学设计，如澳大利亚1993年开始实施的《全国中文课程规划》；一位华文教师对某一门课程的教学进行学期教学规划，甚至对某一堂课进行具体的课堂教学设计，就是微观层面的教学设计，如《〈中文〉第五册第三课教案》。下面我们先讨论宏观层面的华文教学大纲设计。

一、华文教学大纲的作用

作为教学中具有指导作用的纲领性文件，语言教学大纲又可以分为两种类型：一种是水平大纲，一种是教学大纲。水平大纲用于检验学习者达到的语言水平等级，一般将所涉及内容分门别类进行罗列，如《汉语水平等级标准与等级大纲》和《汉语水

---

① Reigeluth C. M. What is instructional design theory and how is it changing? *Instructional Design Theories and Models*: *A new paradigm of instructional theory* [M]. Hillsdale, New Jersey: Lawrence Erlbaum Associates, 1999, pp. 5–29.

平词汇与汉字大纲》；教学大纲则立足于服务教学，考虑语言本身的规律和语言教学规律，从服务教学出发，决定各项目的先后顺序，描写各项目的具体教学特点，如《中高级对外汉语教学等级大纲》、《对外汉语教学语法大纲》、《对外汉语教学初级阶段教学大纲》等。华文教学大纲是语言教学大纲的一种具体类型，与语言教学大纲一样，其作用主要体现在以下三个方面：

第一，安排每一教学阶段的具体教学内容。即哪个阶段应该教什么，从语言知识、技能和文化等层面规定了每一个阶段要教授的内容。

第二，设置评价标准。大纲是评价学习者达到何种程度或水平的一个标准，而且这个标准往往具有刚性，不会因为不同地区、不同学校、不同班级、不同教学对象而改变。如《汉语水平等级大纲》关于甲、乙、丙、丁四个等级词汇量的规定对把汉语作为第二语言的学习者的教学设计具有强制性。

第三，指导教材编写。大纲对教材，尤其是分级别、分阶段教材的编写具有重要指导作用，教材的具体内容以及内容编排一般都得遵循大纲。

二、华文教学大纲设计的原则

教学大纲设计的原则是基于人们对学习规律与教学规律的认识而提出的，用以指导教学设计，并在教学设计的实践中不断发展完善。华文教学大纲设计应该充分考虑到华文教学的特点，贯彻以下三条原则：

1. 对象性原则

华文教学最大的特点之一就是教学对象为海外的华侨华人子女。他们往往具有一定的华文背景，或者长期耳濡目染地浸淫在一个华文家庭背景中，或者已经掌握了某一种汉语方言，或者多多少少听到过一些汉语（方言或普通话），而且都有机会接触一些华族的文化传统习俗、华侨华人的行为处事方式等。这就要求我们在编写华文教学大纲时，要和编写基本不知华文为何物的外国人的汉语教学大纲区别开来。比如，在句型教学方面，因为方言和普通话中的基本句型大体一致，所以，就可以不作为重点和难点；而方言与普通话不一致的个别句型，要注意提炼，并作为教学重点和难点来处理，如受粤语影响的副词在后的"SVO + 先"句型。再如，在汉字教学方面，对于作为第一语言教学的华文教学来说，就应强化汉字教学，甚至在教学大纲中突出"识字领先"，把识字教学放到一个重要的位置上。因为这类华文教学要解决的是学习者的华文书面语能力，而不是口语交际能力。

华文学习者主要是幼儿与少年儿童，其思维方式、学习目的、学习方法都与成年人不同，因而在设计教学内容、教学过程时要因材施教，注意教育对象的自身特点。比如，儿童学习语言最重要的方法是模仿记忆，因此，针对儿童进行教学设计时，语言知识一般不要求直接讲授，而应对课文语句设计出模仿性练习，这些模仿性练习最好形式灵活多变，内容生动活泼。再如，海外的华文学习者，因为他们是华侨华人，所以，就天然地被赋予了学好华文的责任和掌握自己的母语和文化的使命，且又因为他们往往有一定的华文背景，所以就常常被认为应该学得更多，学得更好。殊不知，对海外的华侨华人子女来说，学习华文也有其难处：一方面，很多人掌握的华语并不是普通话，而是方言，而且其方言主要以闽南话、粤语、客家话、上海话等南方方言为主，这些方言的语音、词汇、句法和普通话并不完全一致，很多内容也需要重新学习或者纠正，所需要花费的时间和精力也不少；另一方面，华文也不太可能成为华侨华人子女首要的学习任务，为了落地生根，为了融入当地社会，他们还需要学习所在国的通用语和其他一些官方语言，还需要花主要的精力学习其他一些核心课程。因此，在设计华文教学大纲时，要综合考虑以上一些因素，合理控制大纲所涵盖的教学内容，不求繁杂和面面俱到，但求实用和精要。

2．本地化原则

华文教学的教学性质多样，既有第一语言教学，也有第二语言教学，还有介乎第一语言和第二语言之间的教学。华文教学大纲的设计应该针对本地华文教学的特点和实际情况进行。以华文作为第一语言教学的地区，其华文教学大纲设计从课程到内容都应该体现第一语言教学的特点；以华文作为第二语言教学的地区，其华文教学大纲的设计就应该体现第二语言教学的特点。因此，虽然同样都是华文教学，但马来西亚制定的作为第一语言的华文教学大纲，显然不能和印度尼西亚使用的作为第二语言的华文教学大纲一致；即便同在印度尼西亚，一所三语学校的华文教学大纲也必须和一所华文补习学校的教学大纲区分开来。另外，每一个地区教学要素的特点，如学时、教材、学期设置特点等也都应该在教学大纲中有所体现。

华文教学大纲的本地化还体现在大纲所含教学内容的本地化。不管是语言内容，还是文化内容，教学大纲都可以在本地化方面有所吸收与创新。教学内容本体化，有利于华文教学更贴近学习者的现实生活，增强所学内容的真实感和实用性。比如，在词汇方面，各地可以根据当地的实际情况，适当吸收从各自方言中进入的使用频率比较高的词汇，也可以适当吸收当地华侨华人圈中已经通用的特有词汇。即便这些词汇来源于当地语言，但因为常用，它们已经成为当地华文系统的有机组成部分，也可以吸收进教学大纲来。在文化方面，可以吸收当地一些相对正面的、人民群众耳熟能详的传统故事或者代表性事物进入教学大纲，以提高学习者对所学内容的熟悉度和认同感，从而促进其学习。

3．循序渐进原则

语言教学体系既是一个知识系统，也是一个能力训练系统，知识的传授、技能的训练都是一个长期的过程，不可能一蹴而就。华文教学大纲的设计过程也必须遵循循序渐进的原则，由易到难，由具体到抽象，由简到繁，努力做到前后教学内容在知识体系上有机衔接，做到后一阶段的教学内容以前一阶段为基础，但又有所发展和深化。

三、华文教学大纲的内容

华文教学大纲要确认某一级别的华文教学所应包括的内容，并且按照一定的学习和教学规律，合理安排这些教学内容。在一个华文教学大纲中，应明确该大纲华文教学的性质，华文教学的阶段或年级，各阶段或年级的教学目标，各年级或阶段的教学安排等。如澳大利亚墨尔本新金山中文学校制定的《新金山中文学校教学纲要》，其主要内容框架如下：

一、办学宗旨
二、教学目标
三、教学阶段及其教学要求
1. 学前中文教学阶段
2. 普通中文教学阶段
第一时段
第二时段
3. VCE 中文教学阶段
VCE 中文预备阶段
VCE 中文 11 年级
VCE 中文 12 年级
四、教学安排和实施办法
五、各年级的具体教学安排

从以上内容可以看出，该教学大纲对该校的整体教学情况作了宏观的设计，教学目标和教学阶段划分都比较清晰，而且和当地的实际教学状况紧密接轨。在以上框架的基础上，该大纲对每一阶段教学目标的规定也比较清楚。例如，对于普通中文教学阶段的第二时段的语言能力教学要求，大纲规定如下：

"听"，不仅能听懂简单的日常生活用语和一般的叙述句，而且能连续地听一段话，理解其含义，抓住其重点。

"说"，能比较自如地用汉语与他人作日常生活和学习方面的交谈，能较为清楚地表达自己的意思。

"读"，能借助字典阅读一般的中文报刊和内容较为简单的故事书，理解或欣赏其要旨和内容，并且要逐步提高阅读速度，最重要的是要能够直接用中文的逻辑去思考，而不需要通过英文转译。

"写"，能掌握记叙文、应用文等文体的一般要求，能独立完成 300 个汉字以内的命题作文或自选题作文；八九年级的学生要在老师的辅导下着重学习想象文、说明文、议论文等 VCE 中文所要求的各种文体的写作。

按照上述听、说、读、写的要求，本时段的学生至少要掌握 1 500 个汉字和 5 000 个以上的词汇。

（转引自孙浩良：《海外华文教育》，上海：上海人民出版社 2007 年版。）

华文教学大纲对教学内容、教学方法等的规定是建立在教与学的规律基础上的，其教学阶段的划分和教学体系的安排也是以一定的教学理论为依据的。因此，教学大纲对具体的华文教学往往具有较强的指导性作用。但教学大纲往往只提供了教学所需要的纲领性内容，因此具体的华文教学又具有很强的自主性和灵活性。华文教学实践应在教学大纲的总体指导下，充分发挥教师和学生的主观能动性，把教学大纲规定的内容和方法、目标，转化为形式多样的具体的教学活动，从而让学生更好地理解与接受。而且，在华文教学实践中不断总结出来的经验和问题，也有助于华文教学大纲不断进行修正或完善，推动华文教学大纲的发展。

第二节　华文教学备课的原则及内容

华文教学备课是指华文教师在课前对教学内容的准备。华文教学备课也是一种教学设计，但和宏观的教学大纲设计不同，它是一种微观层面的教学设计。华文教师通过备课，在课堂教学之前，反复研究教学内容，综合分析教学对象，合理调整教学安排，从而设计出科学合理的教学方案。

一、备课原则

备课是华文课堂教学能够高效进行、顺利实现华文课堂教学目标的前提。教师通过备课，将确定的教学任务、巧妙设计的教学过程、丰富多样的教学手段等以书面形式落实下来，便于在课堂教学中实施，并有利于有效完成教学任务、实现教学目标，同时也为总结经验、改进教学提供依据。一般来说，备课要遵循以下三个原则：

1. 科学性原则

遵循科学性原则，一方面，备课时要依据现代学习理论和教学理论来进行，要符合基本的教学规律，对教学有一定的理性认识；另一方面，要对教学内容准确理解和把握，无论是汉字书写的笔顺和笔画，还是词语的释义与用法，语言点的语法意义概括等，都要求教师在备课过程中，消灭盲点，消灭自身教学内容上的错误。比如，我们在实际教学中曾经遇到过这样的案例：一位华文教师要讲的语言点本来是表示存在的"有"字句，如"学校门口有一辆车"；但是，在课堂教学举例和学生练习时，给学生示范的却都是表示领有的"有"字句，如"我有三辆汽车"等。类似的错误教师在备课时就要尽量避免，以使所讲内容达到科学性和准确性的要求。

2. 可操作性原则

教学设计、教案编写的目的都是为了实现教学任务和教学目标。因此，教案编写要注意可行性、合理性，重点难点突出，教学环节不流于形式，能围绕教学任务落到实处，保证教学任务高效率地完成，切实提高学生的理解能力和表达能力。

3. 创造性原则

人们对学习和教学规律的认识是不断发展、不断深化的，教师要随时充实、更新自己的理论知识，运用更先进的教学理论与理念设计教学、编写教案。因为人类的学习活动是复杂的，各种学习理论都是从不同层面、不同角度探讨人类学习的规律，教师应结合实际选择最佳的教学理论和教学方法，并大胆加以创新。

二、备课内容

教学备课在书面上的最终形式是教案。教案有很多种类型，按形式可分为叙述式、提纲式、列表式等；按内容详略可分为详细教案、简略教案等。教案的形式和详略可根据教师自己的经验特点和每课教学内容的特点而定，但不论采用哪种形式，华文备课教案都应包括以下部分：

（1）课题。课题即教案的名称。常用形式为"课文标题 + 教案"，如"《第二课买东西》教案"。

（2）教学目标。教学目标即教案要实现的教学目的。教学目标应尽可能细化、立体化，应尽可能涵盖汉字、语音、词汇、语法等语言要素，听、说、读、写的言语技能和言语交际技能，以及文化等多个维度。

（3）教学重点。教学重点即教学中需要学生着重掌握的内容。教学重点一般可以根据课文前边的学习重点或阅读提示来确定。

（4）教学难点。教学难点即教学中学生很难理解或者掌握的内容。同一篇课文，同样的教学内容，不同的教学对象，教学难点可能不同；有时，教学难点也是教学重点，但两者并不总是一致。

教学重点和教学难点要尽可能细化到每一教学课时，甚至每一个教学环节、教学步骤中去。教师在备课时应始终对教学的重点、难点做到心中有数。

（5）教学方法。教学方法即教学中实际要运用的各种方法。华文教学特别强调教学方法的设计。在华文教学中，教学水平的高低在很大程度上表现为教学方法的丰富性和有效性。华文教师要勤于设计各种教学方法，善于运用教学方法，敢于尝试新的教学方法。

（6）时间安排。时间安排即教学时间的安排。它既包括对一篇课文教学课时的安排，也包括对每一个课时中各个教学环节所能分配的教学时间的安排。

（7）教具。教具即课堂教学中教师准备使用的引导学生学习的教学辅助手段，如投影仪、录音机、电视机、生字卡片、生词实物图片、课堂游戏活动所需道具等。

（8）教学环节。教学环节即教学过程中的各个步骤。教学环节设计是教师备课的核心部分，必须考虑一个教学单位由哪些教学环节组成、每一教学环节又包含哪些具体内容、采用什么教学方法和教学手段、课堂活动以什么方式组织等。而且，教师还应设计好每一教学步骤与上一步骤、下一步骤之间的衔接过渡和技能与知识的讲解归纳等。

一个教学单位通常都有开头、展开、总结三个教学环节。其中，开头是"凤头"，小而精；展开是"猪肚"，丰富而充实；总结则是"豹尾"，短而有力。具体来说就是：

第一，开头部分必须能有效创设学习情境、迅速抓住学生注意力；能帮助学生建立新旧知识技能的联系，有利于学生由旧知识技能向新知识技能的顺利过渡。开头既可以由旧知识技能引入，也可以利用新旧知识技能之间的信息差来调动学生的好奇心和求知欲。

第二，展开部分对语言知识和课文内容的讲解要精当，言语技能训练与言语交际技能训练要充分，讲解以及练习的形式讲求变化，能带给学生不同感官、不同角度的知识情感体验。我们可以先学习语言知识和课文内容，再进行系统的言语技能与言语交际技能的训练，也可以将言语技能与言语交际技能的训练穿插在语言知识和课文内容的学习过程中，它们的顺序依具体情况而定。

第三，总结部分是对课堂教学的重点、难点作一系统扼要的归纳。归纳既包含语言点知识，如字词、语法、语用等，也包括文化知识与技能。

（9）板书设计。板书是课堂教学的重要手段。它通过在黑板上突出学习重点，使课堂教学内容清晰有条理，使学生对所学过的内容记得更深、更牢，也便于学生课后复习巩固所学内容。板书可以是对学习内容的提炼与升华，也可以是教学的思路的概括。要点分明、清晰美观的板书，是增强课堂教学效果的有力手段。板书设计主要考虑如下内容：

第一，板书什么。"板书什么"即要明确哪些教学内容需要板书，哪些不需要板书；哪些板书是贯穿整个课堂教学的，不能擦掉的，哪些内容是边写边擦的。课堂教学完成后，黑板上的板书最好是关于本次教学内容的简明而系统的概括。

第二，板书在哪儿。"板书在哪儿"即明确板书的内容分别书写在黑板上的什么位置。一般把黑板分成三个区间，然后在备课时教师要明确，重要的、不能擦掉的教学内容放在哪一版面，可以擦掉的内容放在哪一版面，做到对黑板的合理使用。

第三，什么时候板书。"什么时候板书"即确定某一部分要板书的内容的书写时间，是在上课前板书，还是在讲解过程中板书，或是在课堂总结时板书。

第四，以什么方式板书。"以什么方式板书"即每一部分的板书内容分别由谁、以什么方式来板书并呈现。板书可以由教师直接书写，也可是教师根据学生所述来书写，还可由学生来书写。

（10）教学后记。教学后记即课堂教学后教师对本次课堂教学的心得体会记录。备课内容是否科学有效，要靠教学实践来检验。教学中的得失都是宝贵的财富，都是教育科学研究的第一手资料，有必要进行及时的概括与总结。

教案是备课具体成果的体现。作为教师，尤其是年轻教师，备课时应尽量详细书写相关内容，甚至具体到不同难度的问题或练习应向哪些学生提出、怎样提出等，这些最好都精心设计，并记录在教案上，以备课堂教学之需。

第三节　华文教学的备课要点及教案示例

一、华文语音教学的备课要点及教案示例

（一）华文语音教学的备课要点

1. 确定语音教学的目标及重点

语音教学的目的是培养学生发音及运用声音技巧的能力。初级阶段的教学重点是打好语音基础，准确掌握普通话的语音特点和语音规则，侧重声、韵母的教学，要求语音语调基本标准。中高级阶段在继续抓好语音语调的基础上注重培养学生运用声音技巧的能力。中级阶段要求语音语调标准、自然，并能较好地运用重音、停顿等来表达语义；高级阶段要求语音语调准确自如，并善于运用声音技巧表达丰富的语义。

2. 选择语音教学的方法

华文语音教学的常用方法有：

（1）单音练习。教师准确演示领读，学生模仿跟读。

（2）练习。学生齐读、个别读，教师帮助纠音。

（3）双音节拼读或声、韵、调拼读。在语流中练习单音。

（4）辨音辨调。针对个别声、韵母或某个声调，让学生分辨。可以教师念，学生辨；或一个学生念，其他学生辨。

（5）填写声母、韵母或声调。教师空出所要填写的部分，学生听后填写。

（二）华文语音教学教案示例

汉语拼音"zh、ch、sh、r"教案

- 教学内容：汉语拼音"zh、ch、sh、r"的教学
- 教学日期：2011 年 9 月 30 日　星期五
- 教学时间：15 分钟
- 教学地点：教学楼 411 室
- 教学对象：高中一年级中文班泰国学生，以泰语为母语，刚开始学习汉语的阶段
- 教学方法：教师示范，学生模仿
- 教学目标：

（1）学会发汉语翘舌音的正确方法，没有泰语的口音。

（2）了解汉语拼音"zh、ch、sh、r"与泰语相似的音的区别。

（3）能够区别"ch"和"sh"的发音。

（4）在学会"zh"的基础上学会正确地发"r"音。

- 教学难点：

（1）r 的发音。

（2）"ch"和"sh"发音的区别。

- 教学道具：白纸、气球等
- 教学步骤：

（一）导入（1分钟）

教师和学生打招呼的时候，引导学生注意"老师"的"师"的发音，在白板上板书"zh、ch、sh、r"。

（二）讲练"zh"的发音（2分钟）

（1）教师先示范"zh"的发音。

（2）教师在黑板上写泰语的"จือ"，请一位学生来发音，然后告诉学生发"จือ"音时，嘴唇是往两边张开，但发"zh"音嘴巴是稍微圆一些的。教师示范。

（3）用手代替舌头的发音部位演示给学生看。左手弯曲，顶住右手的第二关节，再分开，告诉学生气是从舌头的前边出去，相当于手指的第二关节。教师示范。

（4）带学生读两遍，纠正发音有错误的同学。再向学生强调吐出的气要强一些（因为泰语的发音吐出的气比较弱），舌头要稍微往上一些（因为泰语发音舌头比较平）。再请3~4个学生分别读"zh"音，进行纠正。

（5）给学生纠正之后，让他们带班上的其他同学读两遍。

（三）讲练"ch"和"sh"的发音

（1）教师示范"ch"和"sh"的发音，并利用泰语相似的音"ช"和"ช"的发音来帮助。

（2）告诉学生，"ch"和"sh"要按照"zh"的发音方法来发，不过"ch"是接近于泰语的"ช"；"sh"是接近于泰语的"ช"。教师示范。

（3）带学生读两遍，请3~4个学生分别读"ch"和"sh"音，进行纠正，利用泰语的"ช"和"ช"向学生强调"ch"和"sh"的区别，再次强调吐出的气要强一些。

（四）讲练"r"的发音

（1）教师示范"r"的发音，并告诉学生"r"的发音和泰语的"ยล"有相同的地方，然后，从"sh"的基础上，继续用泰语的"ยล"来发"r"的音。

（2）带学生读两遍"r"，纠正学生的错误，向学生强调"r"的发音相当于泰语的"ย"和"ล"一起发音（因为有的同学会只发了"ย"的音或者是只发了"ล"的音）。

（3）请几位同学分别读两遍，纠正他们的错误，然后请他们带班上的同学读。

（五）综合练习

（1）教师带学生读两遍"zh、ch、sh、r"，然后让学生自己读，再按照老师指定的声母练习发音。

（2）请3位同学按照老师指定的声母来练习发音，其他同学进行正误评判。

（六）布置作业

请同学们回去朗读"zh、ch、sh、r"。

（教案提供者：暨南大学华文学院华文教育系2008级　黄俊其）

二、华文汉字教学的备课要点及教案示例

（一）华文汉字教学的备课要点

1. 确定汉字教学的目标及重点

汉字教学的目的是培养学生的汉字能力，包括认、念、写、说、查五个方面。"认"，是根据字形提示的意义信息辨认并区别字义与词义；"念"，是根据汉字字形所提供的信息准确地念出一个音节或一串音节；"写"，即正确地书写；"说"，是用已知的有关汉字形、音、义的知识说出字形；"查"，指用已知的有关汉字形、音、义的知识在工具书上进行汉字的检索、查看。

初级阶段的学生要学习汉字的基本笔画、书写笔顺，能掌握一定数量的常用构字部件、一定数量的常用汉字，且能理解汉字的结构特点；中级阶段的学生要能够正确地拆分汉字，能了解汉字表音和表意的特点，能掌握常用词中的汉字，还能辨析形似字和多音字，尽量不写或少写错别字。

2. 确定汉字教学的方法

在对汉字教学进行备课时，针对不同的汉字的特点，要在以下项目中确定不同汉字教学方法：

（1）某一生字的读音训练。

（2）某一生字的笔顺及笔画教学。教师示范正确的笔顺，学生跟写或描红。

（3）分析某一生字的偏旁部首。

（4）对个别生字进行形似字辨析并组词。

（5）让学生根据偏旁、部件写出某一类有特色的生字。

（6）让学生将若干部件或字素组合成某一合体字生字。

（二）华文汉字教学教案示例

《中文》第四册第十一课《大自然的语言》汉字教学教案

● 教学对象：××华文学校二年级第二学期学生

● 教学内容：《中文》第四册第十一课《大自然的语言》生字

● 教学目标：

（1）会认会读，能正确地书写第十一课的生字。

（2）能理解、会运用所学的生字。

● 教学重点："晴、搬、伞、冰、化、懂"6个生字

● 教学难点：

（1）晴（"晴"跟"睛"字形相似，但读音不一样）。

（2）搬（中间的"舟"常常被写成：点、撇、横折钩、横、点、点）。

（3）化（右边的"匕"常常被写成：竖弯钩、撇）。

（4）懂（"懂"字比较复杂，很多同学不知道应该从哪里下笔）。

● 教学时间：20分钟

● 教学地点：教学楼411室

● 教学道具：

（1）多媒体PPT课件。

（2）偏旁、部首的卡片。

● 教学环节：

（一）导入

老师：同学们好！

学生：老师好！

老师：你们听过大自然的语言吗？

学生：大自然的语言是什么？

老师：嗯。老师今天就要带你们去听大自然的语言。可是，你们首先要学会几个汉字。请同学们先跟老师读一遍。读：晴、搬、伞、冰、化、懂。

（二）生字学习

1. 生字：晴 qíng（12笔）

老师："晴"是由"日"和"青"组合起来的，表示"天晴明朗"。"青"这个字很有特色。请同学们说一说你们还认识哪些含有"青"的字。

（板书）青：

请	晴
清	精
情	静
睛	靖

老师：请同学们一起读（左边一行），一边读一边感受它们有什么共同点。有没有发现它们的拼音都是读……

学生：qing。

老师：再读这行（右边一行），齐读，它们有什么共同点呢？

学生：拼音都是读"jing"。

老师：从这里我们可以看出，有"青"的字，它的韵母一般都是"ing"，除了"猜"和"倩"。我们还可以猜它的意思，比如，"请"的"讠"跟说话有关；"清"的"氵"跟水有关，表示水清澈；"情"的"忄"跟感情有关，等等。"晴跟什么字很像？

学生："睛"。

老师：（老师在黑板上写出"晴"和"睛"两个字，并将它们的拼音写在旁边）。它们虽然很像，但是不一样。好！"晴"的笔画是多少呢？

学生：12笔。

2. 生字：搬 bān（13笔）

老师：（展示字卡：般）这个字读……

学生：bān。

老师：前面再加一个提手旁，也是读……

学生：bān。

老师：很容易记。哪位同学愿意上来写。其他同学注意看写得对不对。（老师强调）这里要注意的是：中间"舟"的写法是点、撇、横折钩、点、横、点。很多人先写中间的一横，再写两个点。这不对。写的时候应该从上到下。"母"字也是一样，写的时候要从上到下。（竖折、横折钩、点、横、点）

3. 生字：伞 sǎn（6笔）

老师：同学们看（把"伞"字写在黑板上），看到这个字，你们会想到什么？

学生：伞。

老师：对，因为它的形状就好像一把伞。请同学们举起手来，我们一起在空中边写边说笔画名称。

学生：撇、捺、点、点、横、竖。

4. 生字：冰 bīng（6笔）

老师：请两个同学上来，各写五个与"冫"、"氵"有关的字。其他同学可以帮他们想一想。（写好以后，先跟同学们一起读，然后归纳这些字的意义）

有"冫"的字大多是跟冰、寒冷有关（冰、冷、冻、凉、寒→冰、寒冷）。

有"氵"的字大多是跟水、液体有关（河、湖、洋、汗、洗→水、液体）。请同学们举起手在空中一起说"冰"字的笔画名称。

学生：点、提、竖钩、横撇、点、捺。

5. 生字：化 huà（4笔）

老师："化"是由"亻"和"匕"组合起来的字。（请一位同学上去写）。这个字要注意的是"匕"的写法：先撇后竖弯钩。

6. 生字：懂 dǒng（15笔）

老师：这个字是由"忄"和"董"组合的。这个字比较复杂，请同学们先看我写。（老师先将"懂"拆开，一笔一画地写在黑板上，然后再写一个完整的）。可以了吗？现在老师要检查你们到底有没有学会。（如果同学会写，那就再叫一个上去写。如果不会写就让他叫一个朋友帮他写）这个字的笔画是多少呢？

学生：15笔。

（三）生字的课堂练习

找朋友（拆分部首）：老师先准备部首，分给学生。老师一念"化"，手上拿着"亻"和"匕"的同学要站起来。着重练习以下生字：睛、搬、冰、化、懂。具体教学中，方法可以不同。有的生字由老师说，学生抢答；有的生字可以安排学生找自己的朋友，让找到的那一组马上到黑板前面，看谁快，给予一定的奖励。

（教案提供者：暨南大学华文学院华文教育系2005级　陈爱珠）

三、华文词语教学备课要点及教案示例

（一）华文词语教学的备课要点

1. 确定词语教学的目标及重点

词语教学的目标是培养学生识词、辨词、选词、用词的能力。识词的能力包括能够熟练地识记汉语词语的音、形、义并具有区分词与语素、词与短语的能力。辨词的能力包括准确区分汉语同音词、同形词、同义词以及多义词的不同义项，把握其在概念意义、附加色彩以及句法功能等方面的差异。此外，还要能够把握汉语与母语的对

应词之间的联系和差别。选词和用词的能力要求能够根据具体的交际环境，从语义表现、句法要求、语用得体等各个方面，综合权衡已经掌握的词语并最终加以选用、组词、造句。

初级阶段词语教学的重点是通过多种形式的练习帮助学生记忆生词，理解和掌握汉语中常用词的基本意思和主要用法。中级阶段的教学任务是帮助学生扩大词汇量，并能较为自如地运用所学词语进行交际，重点是虚词和一些固定结构、常用格式的掌握，以及辨析近义词、多义词。高级阶段的教学任务是帮助学生进一步扩大词汇量并掌握尽可能多的形式，重点是成语、俗语、惯用语、多义词、兼类词的意义和用法以及词语的同义扩展或反义扩展。

2. 确定词语教学的环节

华文词语教学的常规教学环节是：

（1）生词展示。可通过让学生听写新课生词，检查预习情况，自然引出生词；也可由教师将生词板书出来，生词的出现顺序及板书位置应有利于学生记忆，有利于教师讲解。

（2）生词朗读。教师领读，给学生正确的语音示范；学生领读或齐读，可以检查其发音，及时纠正不正确的发音。

（3）生词扩展。一般对实词进行搭配扩展，对虚词进行语用扩展，利用语境或一小段对话来揭示其用法。注意使用的具体语境，适当结合课文的内容，为学习句型、课文做准备。扩展的主要方式有听说、回答、情景引导等。

（4）生词运用。教师给出所教词语的不同搭配或者具体运用的例句，再让学生模仿操练，在使用中逐步领会词语的含义和用法，在此基础上教师总结该词语的使用条件和语言结构。

以上教学环节教师可以适当增删和调整，但在备课时要基本确定教学环节的安排。

（二）华文词语教学教案示例

《汉语》第二册第二课《西瓜大　苹果小》词语教学教案

- 教学对象：华文学校一年级下学期学生
- 教学内容：《西瓜大　苹果小》中的词语
- 教学重点：
（1）课文中描述事物的形容词。
（2）帮助学生建立"大—小、多—少"等对比的概念。
- 教学道具：课件、尺子、玩具等
- 教学时间：30分钟

● 教学步骤：

（一）导入

组织教学，将学生分成两组，并说明课堂要求。听儿歌《大西瓜》。

（二）学习词语

1. 学习第一组词语：西瓜、苹果、梨、水果

出示"西瓜"图，问：你们知道这是什么吗？出示词语：西瓜（齐读——开火车读）

出示"苹果"图，问：这是什么？出示词语：苹果（齐读——开火车读）

出示"梨"图，问：这又是什么？出示词语：梨（齐读——开火车读）

出示另一套词语卡片，让学生进行抢读。

问：你们知道西瓜、苹果可以被统一称作什么吗？然后出示词语：水果。连读几遍。

2. 学习第二组词语：男、女

出示词语：男、女。领读。

用具体事例来区别词义：

分别指着一男生、一女生说：他是男同学，她是女同学。

老师是"女"的。爸爸是"男"的，妈妈是"女"的。爷爷是"男"的，奶奶是"女"的。

用开火车的方法读"男"、"女"两个字卡。

3. 学习第三组词语：大、小、多、少、长、短

（1）大、小。

出示"西瓜"和"苹果"图。

（引导学生说：西瓜——大）出示"大"。

（引导学生说：苹果——小）出示"小"字。

带读"大、小"3遍。

师生合作练说：西瓜（大）苹果（小），苹果（小）西瓜（大），还可以让学生分组说。

出示"篮球"和"乒乓球"图，用学生学过的词语来做例句练习，尽量不要出现生词。师生合作练说：篮球（大），乒乓球（小）……

出示两个房间图，师生合作练说：你的房间（大），我的房间（小）。

出示准备好的图片或教具，进一步巩固"大、小"的概念。

（2）多、少。

引导：数数我们教室里有多少个学生，1，2，…，老师只有1个，我们就可以说：学生（多），老师（少）。

引导：我们男同学有……个，女同学有……个，我们就可以说：男同学（多），女同学（少）。

出示准备好的图片或教具，进一步巩固"多、少"的概念。

（3）长、短。

教师摸着自己的头发问学生：知道这怎么说吗？出示词语，领读。你们的头发在哪里？

教师找两个学生到讲台上来，比较一下两个人的头发。我们会说：她的头发（长），出示词语"长"；她的头发（短），出示词语"短"。

用开火车的方法读词卡"长、短"，出示准备好的图片或教具，进一步巩固"长、短"的概念。

（三）复习词语

1. 领读词卡

2. 集体抽读

3. 分组比赛认读

（四）教师总结学生课堂表现

（五）板书设计

西瓜大   苹果小

大   小

多   少

长   短

（教案提供者：暨南大学 2009 级汉语国际教育硕士专业研究生班　陈梅枚）

四、华文语法教学的备课要点及教案示例

（一）华文语法教学的备课要点

1. 确定语法教学的目标及重点

语法教学是对词组、句子、语篇、话语等组织规则的教学，目的是让学生正确运用这些规则组词、造句、连句成篇。语法教学的基本内容包括语素、词、词组、句子和语篇五级语法单位。

初级阶段的语法教学重视语法结构的教学，要求学生掌握汉语的句型和词序，培养学生连词组句的能力。在教学中从句型入手，加强语义、语用分析，不但要使学生了解句子中各成分之间的语义关系，还要讲清某个句型、句式的使用条件和使用限制等，同时还要注意展示常见的错误例子，以提醒学生尽量避免犯同样的错误。

中级阶段的语法教学重点是语素、词组和语篇。语素教学的目的是帮助学生掌握汉语构词的特点，从而更为有效和更快地扩大词汇量。教学时注意选取构词能力强、易理解、易掌握、易辨析的语素，不宜对多义语素、语素的引申义进行过多的讲解和辨析。词组教学的目的是帮助学生了解汉语词组的结构关系、功能类型以及成句条

件，特别是不同词语或句型对不同词语的选择要求。语篇教学的目的是培养学生连句成段、连段成篇的能力，指导学生正确地安排语序，准确地运用虚词，通过词汇的重现使语篇中的句子相互衔接，运用逻辑关系词语来表明句与句、段与段之间的因果关系、并列关系、承接关系、转折关系等，逐步掌握通过照应、替代、省略等语法手段实现语篇的连贯。

高级阶段语法教学的重点是复杂句式和语篇。在教学中要注意加强对同义句式，如双重否定句与肯定句、反问句与陈述句、被动句与主动句等语义内涵和语用功能的对比分析，以提高学生汉语表达的正确性与得体性。

2. 确定语法教学的环节

华文语法教学的常规教学环节是：

（1）导入。语法教学导入就是给学生一个关于某个新句型的最初印象。教师可以根据各语法点的特点采用与这一特点相应的导入方式，使学生感知和理解新材料。引入句型的方法有多种，如以旧引新、设置情景、比较对比、从普通的陈述句引出特殊句式的方法等。导入时要注意用已学知识引出将学内容，如用动宾结构引出动补结构，而且还要注意选择易于理解的语境，如利用正在上课的事实引出动作的进行。这样可以使学生较快地正确理解新句型的含义，使课堂教学顺利地进行下去，达到预期的效果。

（2）语法点的操练。语法点的操练应包括理解性练习、模仿性练习、记忆性练习、交际性练习等几种方式。理解性练习有回答问题、填空、选择、改错、判断正误等；模仿性练习主要有句型替换、模仿造句、模仿对话等；记忆性练习可选用跟老师说、听后说、回答问题、听后用限定句式改说等各种方式；而交际性练习着眼于真实的情景，练习的内容要有交际意义，练习的方式也要采用交际法。

（3）语法点的归纳。在展示句型、模仿操练的基础上，通过提问学生，运用分析、比较等方法，归纳总结出语法点的结构、语义和使用条件，使学生对新语法点的认知由感性上升到理性，有利于记忆和活用。在归纳总结时要善于利用公式、表格、符号等。

以上教学环节教师在备课时可以根据需要加以选择，根据语法点本身的特点进行合理设计，一般以确定教学环节及其教学重点最为关键。

（二）华文语法教学教案示例

《中文》语法点教学教案

● 教学内容："因为……所以……"、"一边……一边……"、"有的……有的……"三个常用句型的教学

● 教学时间：20分钟

● 教学地点：教学楼411室

● 教学对象：菲律宾华校四年级甲班学生（约10岁）

● 教学目标：要求学生理解和掌握"因为……所以……"、"一边……一边……"、"有的……有的……"的意义和用法。

● 教学方法：

（1）翻译法。这种句型如果用汉语解释，要大费口舌，又很难解释清楚，就可运用翻译法。

（2）板书的方法。教师在黑板上板书学生说的句子。

（3）运用图片。要求学生根据指定的图片造句。

（4）表演法。教师或学生表演，然后指定学生用所学句型造句。

● 教学环节：

（一）组织教学（1分钟）

（1）稳定学生情绪，师生互致问候。

（2）检查学生出勤情况。

（二）讲练"因为……所以……"

教师板书"因为……所以……（because…，therefore…）"在黑板上，并解释其意义：

因为……（原因或理由）所以……（结果）。

例如：

（1）因为他病了，所以没有上学。

（2）因为我们要找个好工作，所以要好好学习。

讲完后，教师让学生用"因为……所以……"造句。教师给学生看图片，看完后让学生造句。

（1）

因为他在雨中玩儿，所以生病了。

（2）

她因为一直努力学习，所以现在毕业了。

（三）讲练"一边……一边……"

教师板书"一边……一边……（at the same time）"在黑板上，并解释其意义：一个动作与另一个动作同时进行。

例如：

（1）小王一边洗澡一边唱歌。

（2）他一边吃馒头一边说话。

（3）美珠一边看书一边梳头发。

讲解结束后，教师让学生看教师表演动作。看完后，让学生用"一边……一边……"造句。教师可表演多组动作，然后请不同的同学说出句子。

（四）讲练"有的……有的……"

教师板书"有的……有的……"在黑板上，并解释其意义：各指人和事物的一部分。

例如：

（1）星期天我们有的去爬山，有的看电影。

（2）小朋友们都喜欢吃东西，有的喜欢吃水果，有的喜欢吃面包。

讲解结束后，教师让学生用"有的……有的……"造句。教师给学生看图片，看完后让学生完成造句。

（1）

花园里有很多花，有的是红色的，有的是黄色的。

（2）

同学们在教室里，有的<u>在</u>看书，有的<u>在</u>画画。

（五）布置作业（1分钟）

用"因为……所以……"、"一边……一边……"、"有的……有的……"各造2个句子。

（教案提供者：暨南大学华文学院华文教育系 2008 级　胡玛丽）

五、华文课文教学的备课要点及教案示例

（一）华文课文教学的备课要点

1. 确定课文教学的目的及重点

课文教学的目的是培养学生的语言交际能力；以语言知识教学为基础，综合训练学生的语言表达能力。初级阶段的教学重点是单句和简单的复句，中高级侧重语篇。

2. 确定课文教学的环节

华文课文教学的常规教学环节有：

（1）听说课文。教师可领读课文或叙述课文，同时板书一些重要的词语和句法结构，让学生初步感知和领悟课文内容、句与句的衔接、词语搭配关系和各类文化知识等。然后请学生朗读课文，之后根据课文内容问答。所提问题要将课文内容及语言信息涵盖在内，以帮助学生做好表达的准备。

（2）熟读课文。熟练朗读课文，把握全篇，加深印象，巩固已掌握的语言形式和技能；处理前几个环节未注意到的细节，完善课文教学。

（3）成段或成篇地模仿课文。以课文为语境，运用本课所学的词语、句法结构、语篇衔接手段来模仿课文中规范的语句，体会汉语的表达习惯，练习成段表达能力。练习的方式可以是复述课文，也可以采用教师置疑、学生成段回答的方式，也可以把对话形式转换为短文叙述出来，或者变换叙述角度。

（4）运用课文进行交际。让学生从课文中"跳"出来，提高语言运用能力。把本课所学的词语和句子的形式、意义及应用三个层面结合起来，训练学生的概括能力和成段表达能力。练习的方式可以给出重点词语、句法结构，让学生说或写一段话，也可以让学生用所学词语、结构改说或改写一篇短文，或者续写一个故事。

（二）华文课文教学教案示例

《中文》第三册第十一课《小白猫和小黑猫》课文教学教案

- 教学对象：印度尼西亚小学三年级的学生
- 教学内容：《中文》第三册第十一课《小白猫和小黑猫》的主课文
- 教学时间：20 分钟
- 教学地点：教学楼 411 室
- 教学目标：

（1）学生能够流利、准确并有感情地朗读课文。

（2）学生能够理解课文的内容并且能运用课文中的句子问路。

- 教学步骤：

（一）导入（2 分钟）

老师先放好多媒体（PPT）的相关内容图片。

老师：同学们好！上次我们已经学了《小猫钓鱼》的课文，你们还记得吗？我们一起看这张图片。

（看图说话，教师引导学生说一说）你们看这个是谁？（猫妈妈。）那这个呢？（小猫。）猫妈妈在干什么呢？（在河边钓鱼。）小猫在干吗呢？（在捉蝴蝶。）猫妈妈钓到很多鱼，但是，小猫有没有钓到鱼呢？（没有。）为什么？（因为它忙着捉蝴蝶，不专心。）后来，猫妈妈就跟小猫说要专心，不要三心二意。那么，最后小猫钓到鱼了没有？（钓到了一条大鱼。）

接下来我们要学第二个故事就是《小白猫和小黑猫》，你们先听老师讲，好吗？

学生：好！

（二）新课文教学（10 分钟）

星期天，小白猫和小黑猫去钓鱼。

小白猫来到路口，看见山羊爷爷，就问："山羊爷爷，您好！请问，去钓鱼的地方怎么走？"山羊爷爷说："走东边这条路。"小白猫说了声"谢谢"就去钓鱼了。

小黑猫来到路口，大声问："老山羊！钓鱼的地方怎么走？"山羊爷爷生气地说："孩子，说话要有礼貌！"小黑猫听了，很不高兴，就往西边的那条路走了。

最后，小白猫钓到了很多鱼，可是，小黑猫连钓鱼的地方都没有找到。

（1）教师先读一遍课文。

（2）教师带读一遍课文。

（3）安排学生分别朗读课文。让女生读第一和第二段，男生读第三和第四段。

（4）用提问法讲解课文意思。

老师想问一下大家：

哪只小猫做得好？（答案：小白猫。）

你们喜欢谁呢？为什么？（答案：小白猫，因为它很有礼貌。）

如果你们是小黑猫，会怎么问路？（答案：像小白猫一样，很有礼貌。）

那你们要记得哦，问路的时候，要懂礼貌，先跟别人打招呼，然后说"请问……怎么走"，最后记得说一声"谢谢"，这样，别人肯定会告诉我们对的方向。如果我们像小黑猫一样，很粗鲁，别人肯定会不高兴，就可能不告诉你对的方向。

讲解课文内容后，让学生齐读课文一遍。

（三）综合表达练习（7分钟）

（1）请两组各3位同学上台表演课文内容。3位同学分别扮演小白猫、小黑猫和山羊爷爷。注意表演者语言的连贯性和语气语调。

（2）课文综合填空（全体同学一起回答）。

星期天，小白猫和小黑猫去_____。

小白猫来到路口，看见山羊爷爷，就问："山羊爷爷，_____！_____?"山羊爷爷说："_____。"小白猫说了声"_____"就去钓鱼了。

小黑猫来到路口，大声问："_____！_____?"山羊爷爷生气地说："_____，_____!"小黑猫听了，很不高兴，就往西边的那条路走了。

最后，小白猫钓到了很多鱼，可是，小黑猫连钓鱼的地方都没有找到。

（四）作业（1分钟）

请大家回去后，把小白猫和小黑猫的故事讲给爸爸妈妈听。

（教案提供者：暨南大学华文学院华文教育系2008级　孔佛妮）

第六章　华文教学的说课

第一节　说课的基本内涵

随着华文教育的发展，华文教学的质量愈加成为关注的焦点。华文教学质量的提高，既取决于华文教师的备课情况，也与华文教师的个人理论素养有关。说课可以作为教师备课成果的展示与研讨，这是因为，一方面，教师对自己教学设计的深层反思与审视，能促使教师更广泛地学习教学理论，提升自己的理论水平；另一方面，对"课"的说与评，有利于加强教师之间的学习与交流，相互取长补短，备课、上课的效果也都能得到改善。因此，正确认识说课本质，广泛开展说课活动，对于华文课堂教学的优化和华文教师素养的提高都大有裨益。

一、说课的四要素

（一）说课四要素的具体所指

说课是说者向听者讲述对某一教学内容的理解与处理以及预期达到的教学效果。要构成说课活动，必须有四个要素，即说者、听者、说的客体和说的载体。说者是说课活动的主体，说课内容的发出者。听者是说课活动的受体，一般是教师同行或专家，听者听说者谈自己对某一教学内容的看法与做法，并给予一定的评价和反馈。说的客体是指说者所介绍的具体说课内容，即说者打算就某一知识内容展开什么样的教与学活动，并可以达到什么样的教学效果。说的载体是指说者用以展示自己教学设计、听者用以表达自己的评价和反馈的方式与媒介。说的载体主要是口头言语形式，也包括肢体语言和各类教学媒介，如实物、挂图、多媒体、各种音像设备等。

（二）说课四要素与说课效果

如图 6-1 所示，影响说课效果的因素既有来自说者的，也有来自听者的，既与说课活动的参与者相关，也与说课的硬件条件有关。

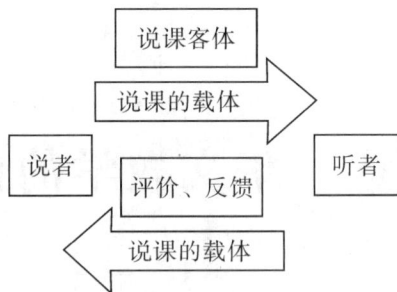

图 6-1　说课四要素及其相互关系

1．说者情况直接影响其说课内容

　　说者自身的教育教学理念、理论水平以及教学经验影响其对教学内容的认识与处理、对教学目标的设立，以及对教学方法和教学程序的选择。教学认识和操作不同自然会产生不同的教学效果，进而间接影响说课效果。

　　下面是关于《乡愁》的两篇说课稿。比较两篇《乡愁》说课稿所拟定的教学目标，可以看到，说课稿 1 的教学目标过于模糊，如何欣赏诗歌、怎样写诗抒情，都未提及；说课稿 2 的教学目标则具体明确，易于操作。这说明稿 2 的作者对诗歌教学的认识比稿 1 的作者深入。再看两篇说课稿的教学方法，稿 1 的方法单一；稿 2 能针对不同内容运用多种方法，并在教师引导下注意发挥学生的主动性和自学能力。相比之下，稿 2 的作者在教学方法方面也考虑得较为充分。如果以此来上课，稿 2 所产生的教学效果应当优于稿 1。

说课稿 1   说课稿 2

说课稿 1	说课稿 2
教学目标： 　培养学生欣赏诗歌的能力。 **教学方法：** 　诗歌学习重在诵读，因此，采用反复诵读法，让学生在读中感受。	**教学目标：** 1．通过诵读体会本诗的结构美、音乐美。 2．体会诗中运用了什么比喻表达主题。 3．学会运用比喻表达意思和情感。 **教学方法：** 1．诵读法，通过配乐朗读，体会本诗回环重叠、一唱三叹之美。 2．小组比较讨论法，教师提供另外几首关于乡愁的诗歌，然后让学生分小组讨论，比较诗歌意象方面的特点。 3．创作比赛，学生运用比喻手法创作小诗，当场朗读并让其他学生品析。

2.　说课的载体情况直接影响说课和评课

说者的言语表达水平和表达方式决定了"说"的效果,谚语"茶壶里煮饺子——肚里有货倒不出"很形象地说出了表达水平有限和表达方式单一的尴尬。同样,听者评价和反馈的方式也会影响说者对说课内容的进一步完善。此外,教学媒介的使用对"说"的效果也有作用,例如,是否使用图片将会影响说课内容的直观性;而使用多媒体在给听者多种感官刺激的同时,也会使教学节奏更加紧凑。

3.　听者个人所持的教学理念决定了其对说课内容的理解和吸收程度,进而导致其评课的结果不同

每个教师所接受的教学理念不尽相同,对同一教学内容也因此可能会有不同的处理。例如,持"字本位"观念的教师认为词语教学中应突出汉字的"语素"地位,引导学生关注汉字在词中的语素义,而持"词本位"观念的教师则主张将一个词作为一个整体进行训练。再如,认为华文教学即是第二语言教学的教师可能更多地偏重于语言训练,而主张华文教学兼有第一语言和第二语言教学特点的教师则强调在语言训练的同时加入语文教学的内容。这就导致面对同一个说课内容,持不同教学观的教师会对其作出不同的评价:理念相合的常会肯定说课者的做法,理念相左的可能会给出批判意见。

二、说课的本质特征

说课是一种将个人经验与集体智慧、说与评相结合的教研活动,具有如下本质特征:

1.　说课是备课与上课的中介

说课时,说者需要向听者主要介绍自己根据该教学专题打算教哪些内容,采取何种教学方法,引导学生以何种学习方法学习,学生从而形成什么样的能力。这些正是备课时需要考虑的"教什么、怎么教和教学结果如何"等问题。说课和备课在内容上虽有重叠之处,但是,两者并不完全等同。说课只需要将备课中思考的问题以成果的方式展示出来,至于备课时对教与学活动所进行的取舍的思考过程,在说课时并不需要展开。

因此,从因果关系看,有人认为,说课是备课与上课的中介。这不无道理,备课成熟即可产生好的说课,而说好课则是为了上好课。

说课和上课都需要展示具体教学内容和教学活动,然而说课不等同于上课。虽然两者都是备课成果的结晶,但它们在对象、活动目的、活动性质、表述内容等方面都存在差异。上课面对的对象是学生;说课面对的对象是教师同行和专家。上课的目的是通过某一专题的教与学,帮助学生形成某种知识或技能;说课则是为了探讨如何取得最佳教与学的效果而进行。上课是一种在教师与学生之间进行的教学双边活动,而

说课属于教师内部开展的教研活动。因面对的对象、活动目的和活动性质不同，两者在具体实施行为上也出现差异。上课只是将教学方法、学习方法配合着教学内容逐一实施，而说课不仅要介绍自己的教学思路，还要阐释这样实行教与学活动所依据的理论原理，以及可达到的教学效果。

2. 说课是教学的检验与升华

说课活动的情况和效果与说者的教育教学理论背景息息相关。说者的教育理念不同，可能导致说者采取不同的教学方法；说课的效果同样也反映了说者理论水平的高低。同时，如上所言，作为备课成果的体现，课"说"的好坏，在一定程度上体现了教师对课程准备的情况。众所周知，教学效果与备课程度密切相关。教师准备得越充分、科学，教学效果越理想。因此，说课经常也被用来检验教师的教学工作情况和业务水平。

说课需要说者在介绍自己的教学构思的基础上，更进一步阐明自己这样设计教学的原理和理论基础，这就促使说课者从理论层面重新审视自己的教学行为，从而形成更加理性化的教学。从这个意义上说，说课是对教学的升华。

此外，面对同一个教学内容，不同的教师可能会形成不同的认识，采取不同的教学策略。在说课"说——听——议"活动展开的过程中，说者和听者之间形成交流与探讨，从而形成更加丰富、更加科学化的教学。因此，说课也是对教学内容的改善。

总之，从说课的作用与效果看，说课实际上是教学的检验、升华与深化。

三、说课的类型与特点

（一）说课的类型

说课可以从不同的角度加以分类，按学科类型，可分为语文、数学、音乐、历史、地理等各学科的说课。

从说课的功用看，可分为考核评比类说课、研究类说课、示范类说课。

从说课的性质看，可以有实践型说课和理论型说课。前者是针对某一具体课题的说课，后者是针对某一理论观点的说课。

（二）说课的特点

与备课和上课相比，说课具有以下三个特点：

1. 实效性

这是与上课相比较而言的。说课的"说"仅是说者单方面的陈述，不需要像上课那样进行课堂教学活动，因此，在同样单位时间内，说课可进行的内容要比上课多，比上课更具实效性。

2. 交流性

这是与备课的不同之处。备课一般属于教师个体思维过程，即使是集体备课，最终也是落实到教师个人。备课经教师个人的思考，然后形成个人的教案。因为缺少真正的听者，备课整个过程交流性不够。说课则不然，它需要说者将自己思考的结果说出来，大家就此进行研讨评价，说者和听者之间构成良好的相互交流，备课成果伴随着双方的交流而逐步科学化。

3. 示范性

说课的示范性反映在两个方面：一方面，所选取的用以"说"的课一般具有典型性，代表了某一类教学内容，对该课的设计体现了对这一类教学专题的处理方式，即所"说"的课本身具有示范性；另一方面，对该课展开的"说"一般都是经过说者深思熟虑、反复推敲过的，渗透着说者对教育教学的理性认识，其长短优劣都具有较大的参照价值。

第二节　说课的基本内容

广义的说课是由"说"和"评"两部分组成，如果按说课与上课的流程来看，有"说——上——评"和"上——说——评"两种流程模式。本书第七章将对评课展开详述，因此，这里只重点谈谈说课中"说"的部分。

说课的"说"主要包括说教学内容、说学情、说教法和学法、说教学过程四个环节。

一、说教学内容

说教学内容，简言之，即告诉听者要"说"的课的大致情况。课堂教学一般是以教材和教学大纲为基础，通过适当内容的教与学以达到某些教学目标。因此，说教学内容既有静态的标尺，也有动态的要求。下面是关于说明文《神奇的机器人》说课稿的"说教学内容"部分。楷体字部分是笔者对引用的说课稿的看法。

（一）说教材

《神奇的机器人》是《中文》（修订版）第九册（五年级第一学期）的一篇课文。这是一篇说明文，它说明的对象是现代社会高科技背景下的各种新型的、神奇的机器人。课文主要介绍了数种机器人的神奇功能，说明了现代机器人能帮助人们工作，完成许多人们做不了的事，还能给人们的生活带来无穷的乐趣。采用的主要说明方法是举例子。

【分析】第一段第一句介绍了本课在《中文》教材中的位置，即"《中文》（修订版）第九册"，并点出学习水平的大致程度为"五年级第一学期"。第二句介绍了本课课文的体裁、内容梗概和写作特点。遗憾的是，未能点出本课在内容和知识能力方面与前后课的衔接关系。

课文紧紧围绕"神奇"二字，按照先总后分再总的结构介绍各种机器人的神奇之处。学习本文，要让学生体会机器人的神奇之处，要让学生通过阅读课文对神奇的机器人产生浓厚的兴趣，对现代科技的进展有所了解，对科学奥秘产生探索的欲望。此外，要指导学生了解并掌握说明文是如何抓住事物的特点，运用一些说明方法来形象、具体地进行描述，以达到突出事物特点的目的的。

在进行科普类型的课文教学时，教师应注重学生的课前积累，让学生提前了解相关学习内容并进行预习，这样可使学生获得充分的知识准备。

在教本篇课文前，老师可引导学生围绕机器人的种类和功能等问题，通过翻阅课外书、上网、实地观察等方式了解有关资料。

课堂上，因为学生有了充分的知识储备，所以，在学习课文时，就会对课文中的词句以及机器人在人类生活中发挥的作用有较深刻的理解。

这样做既能培养学生自主探索、学习的能力，又能丰富学生的知识体系，多方面培养学生的学习能力，达到良好的教学效果。

【分析】这几段首先概括地谈了本课教学要达到的预期效果，然后具体介绍了需要引导学生做哪些课前准备，以及为什么要做这些课前准备活动。阐述清晰，有理有据。

（二）说教学目标

（1）会认 15 个汉字，能用"……因而……"、"有的……有的……"写句子。

（2）能正确、流利地朗读课文，并能抓住关键的词句，通过读、说活动，体会到机器人的神奇。

（3）学习作者抓住特点说明事物的方法，了解常用的基本的说明方法。

（4）通过阅读课文，培养学生对科学技术的热爱之情，激发学生的创造精神。

【分析】第二部分具体介绍了本课的总体教学目标，从汉字到句型表达、从读到写、从知识到个人修养方面，都有明确介绍，但缺少词语教学的具体目标。字词学习是有层次的，有的字词可能只要求会认读、能理解，有的字词则要求会运用于表达，因此，应该区分对字词掌握程度的要求。此外，说明方法一般包括举例子、列数据、画图表、下定义、作比较、打比方、摹状貌、引用等八种，但具体到本课是要学生学会哪些说明方法，说课稿里未作说明，实为可惜。

（三）说教学重点

读懂课文的内容，抓住重点词句理解课文，体会到机器人的神奇。

【分析】第三部分介绍了本课的教学重点在于理解课文以及理解课文的方法即"抓住重点词句"，但本课具体有哪些词句是理解课文的关键，说课时需要说明。而且从说明文写作角度来看，本课的重点在于分类别、举例子、打比方的说明方法和按空间方位分别介绍机器人用途的说明顺序，这一点应该在说课稿中体现出来。

（四）说教学难点

学习作者抓住特点说明事物的方法，初步了解举例子、作比较这些常用的基本的说明方法。

【分析】第四部分介绍了本课的教学难点，即举例子和作比较两种说明方法的运用。但作为说课，除列出难点外，还要讲明难点设立的依据，这样才能真正有针对性地进行教学。举例子的确是说明文写作的难点，难就难在文字表述时详略失当，很多学生会因叙述过详而将文章写成了记叙文。因此，练习举例子的说明方法时，可运用给错误范文"看病"等活动，教师提供好、坏范文各若干篇，让学生在比较和修改中体会举事例时要详略得当。而作比较也是说明方法运用的难点之一，其难学表现为：一是所比较的内容是否构成鲜明对比，二是所比较的内容是否能说明事物的特点。因此，在训练时，除可开展给错误范文"看病"的活动外，还可让学生进行在比较中归纳事物特点、根据事物将比较文段补充完整等语言运用活动。此外，本课的难点之一并非作比较，而是打比方。

从上面的说课稿，可以看到说教学内容需要涉及以下几个部分：

1. 教材编排特点和大纲要求

不同教材有各自的编排理念和编排特点，教材内各篇章内容都是按照编排理念组织在一起的。对教学内容的处理、教学设计都必须以教材编排的特点和教学大纲为依据。例如，《中文》（小学版）主张发挥汉字的作用，"以字带词，以字串词"，课堂练习中也有"以字串词"的相关练习。这就意味着在设计汉字教学时必须突出"一个汉字也是一个语素"这一观念。

上面的说课稿《神奇的机器人》是第九册第三单元的一篇课文，《中文》（修订版）第七册至第十二册各册第三单元基本都是说明文单元（前六册因属于语言初级积累阶段，所以，只有说明性的语言，第四册第四单元和第五、六册的第三单元的课文中包含有说明性的语言），这就从纵向上构成一个说明文系列。从建筑物到事物，再到景观介绍，难度逐步加深。这种难度加深表现在说明方法和说明顺序上，而上面教学重点之所以出现偏差，正是因为教师对教材总体编排特点的了解不够所致。因此，在钻研和介绍本课的教学内容时，应适当结合教材的总体编排特点。

2. 该教学专题的地位和作用

按系统论的理论，一套教材是一个系统，册与册之间、课与课之间都是前后衔接、逐步递进的。从整体论而言，教材每个知识点虽相对独立，但它们共同构成一个整体。因此，说课时要按整体观和系统观分析要说的专题内容与前后专题内容有什么联系，在教材中处于什么地位，在一学期乃至整个教学目标系统中处于什么地位，对培养学生能力素质方面起到什么样的作用。认识到教学专题在教材和目标体系中的地位，有利于教学由浅入深，具有计划性。

例如，上面《神奇的机器人》是第九册第三单元第二篇课文，属于教材说明文系列。前面已经学过关于事物和建筑物的说明文，学习了摹状貌和作比较的说明方法，以及按空间方位变换的说明顺序。而本课正是在空间说明顺序的基础上加入了时间顺序的运用；说明方法上本单元两篇说明文都重点使用了打比方和举例子，因此，打比方和举例子的说明方法应是本课的学习重点。可见，先弄清楚教材编排特点和该课在教材体系中的位置是确定学习重点的前提。

因此，说该教学专题的地位和作用是必不可少的环节，它对学习目的、学习重点难点的确定起着至关重要的作用。

3. 学习目的、学习重点和学习难点

按传统说法，这三个概念分别是"教学目的"、"教学重点"和"教学难点"。但现代教学论认为学生才是学习的主体，教师教得再好，如果学生不学，效果也不会理想。因此，此处将这三个概念表述为"学习目的"、"学习重点"和"学习难点"，以突出"以学生为本"的理念。

《中文》（修订版）的教师用书中只列出了"教学要求"，这里的"教学要求"即我们所说的学习目的。

例如，第九册《神奇的机器人》教学要求如下：

（1）会认会写本课的 14 个生字。

（2）掌握本课的词语，能理解会运用。

（3）流利地朗读课文。

其实作为备课和上课的准备，仅仅列出学习目的是远远不够的。学习目的是通过该课的学习活动，要帮助并促使学生学会什么。一篇课文从不同角度切入，往往存在多个学习目的。多个学习目的中有些在生活交际中很常用但又不太容易学，有些是属于语言学习非常基础的，这些都是学习的重点。学习重点是一个专题或一节课的学习中需要重点掌握的内容，需要在课堂上多花些时间练习掌握。因此，有必要从学习目的中再将学习重点明确出来。

学习难点是学生在实现学习目的的过程中可能会遇到的困难。虽然学习重点和学习难点都需要花费较多的课堂时间，但不论说课还是上课时，都要区分开这两个概念：重点内容在于其作用，难点内容在于其超出了学生的接受理解能力。因此，学习重点可能和学习难点一致，也可能不一致，也就是说，有些重点的东西不一定难学，难学的东西也不一定是学习重点。因此，除了列出学习重点外，还应列出学习难点。

例如，《中文》（初中版）第二册第一课《攀登山峰的滋味》的学习目的、学习重点和难点如下：

●学习目的：

（1）通过本文的学习，让学生明白"要想获得成功，必须持之以恒，即使历尽艰辛也永不放弃"的道理。

（2）能较为流利地朗读课文，语音、语调基本正确。对课文中的多音字、形似字能准确发音。

（3）熟练掌握重点词语和句式，能用这些词语和句式造句、回答问题或就某个限定话题进行成段表达。

（4）能够辨析本课所学的近义词的不同意义和用法。

（5）能运用所学词语、句式就本课内容进行复述和讲解。

● 学习重点和难点：

（1）重点掌握下列词语的意义和用法：滋味、踏实、威望、神圣、神态、神情、盘旋、渺小、祝福、孤单。

（2）辨析下列词语：神情/神色/神态、疲倦/疲劳、渺小/微小、必定/必然。

（3）掌握下列语言点的用法："形容词1＋而（又）＋形容词2"、"将"、"必定"、"～感"。

这课的"学习目的"明确了关于词语、句式方面的学习重点。学习重点和学习难点基本一致。

但《中文》（初中版）第三册第三课《散步》则不然，下面是《散步》的学习目的和学习重难点：

● 学习目的：

（1）学会从生活中的小事上感受亲情之美、生活之美。

（2）理解"我"对生活的使命感，进一步理解中国传统的人文精神，领悟儒家传统文化的精神内核。

（3）通过学习，使学生领会本课所学词语的意思，能正确区分课文中近义词的意思和不同用法，为学生理解课文扫除障碍。通过对重点词语、难点词语的学习，指导学生正确运用这些词语。

● 学习重点：

（1）重点掌握下列词语的意义和用法：如此、随意、取决、刹那、两全、伴随。

（2）辨析下列词语：本/原本、不管/尽管。

（3）掌握下列语言点的用法：本、毕竟、自然。

● 学习难点：

理解课文中"好像我背上的和她背上的加起来，就是整个世界"这句话。

《散步》的学习重点是学习目的的第三点，而学习难点与学习重点并不一致，本课的学习难点是对一个一语双关的句子的理解。

以往说课中的"说"这一部分，往往只关注知识的传授，较少考虑训练学生的哪些技能，更少见到要培养学生的情操素养。但按整体论观点来看，知识、能力和情感是构成智能不可缺少的元素。获得知识和实践的能力比知识更重要；同智商相比，情商对人的发展更有益。因此，在谈学习目的、学习重点和学习难点的设置时应从知识、技能和情操三个方面分别展开。

例如，《中文》（修订版）第六册第六课《成语故事》（亡羊补牢、拔苗助长），两位教师设立的学习目标分别如下：

教师一设立的学习目标是：

让学生了解"亡羊补牢"和"拔苗助长"两个成语的意思。

教师二设立的学习目标是：

（1）引导学生通过分析人物动作理解这两个成语的意思。

（2）通过联系现实生活中的事例，使学生懂得人应及时补正失误和按规律行事，并培养学生由此及彼、举一反三的联想能力。

（3）培养学生根据文章推测词语意思的能力（主要是通过《亡羊补牢》一文）。

了解成语的意思是知识层面的目标，推测词义的阅读能力和举一反三的联想能力则是能力层面的目标，在举一反三中体会成语所蕴涵的道理则属于情感层面的目标。相比之下，后一位教师列出的学习目标是多维度的。

再如，一位教师将《中文》（初中版）第四册第五课《做事巧安排》（由华罗庚《统筹方法》改编而成）的学习目标设置如下：

（1）初步了解统筹方法及其运用的好处，培养学生实际运用统筹方法解决问题的能力。

（2）能较为流利地朗读课文，语音、语调基本正确。对课文中出现的多音字、形似字能准确发音。

（3）熟练掌握重点词语和句式，能用这些词语和句式造句或回答问题。

（4）能够辨析本课所学的近义词的不同意义和用法。

上述学习目标的设定也是从词语用法到句式表达、从语言运用能力到解决问题的生活能力，反映了教师思考的多维角度。

4．课时安排和教具安排

介绍该专题内容计划安排几个课时完成，每个课时大概完成哪些内容，各有哪些重点和难点，以及为了实现教学目标、解决教学难点，具体会采用哪些教学用具。

二、说学情

学情即学生情况。学生是学习的主体，教师在设立教学目标、教学重难点，以及选择教学方法和引导实施学习方法时，都必须考虑学生情况。介绍学情包括介绍学生的年龄、认知程度和认知特点、学习特点和学习习惯，已有的知识框架以及家庭背景概况。

例如，下面是关于作文写作的说课中"说学情"部分的内容：

因为面对的是初一刚进校的学生，学生的社会阅历和知识面都有限，所以，我们选择了最贴近学生生活的材料——"拆闹钟"这一则，让学生有话可写。如果我们不在选材上设置太大的障碍，那么，就可以使得学生的注意力集中到想象上来，也保证了写作的速度。选择练习一作为课外作业，也是出于同样的考虑。

这段学情分析用简洁的语言介绍了学生所处的学段、认知程度，分析了选择作文材料与课外作业的依据。

三、说教法和学法

讲授知识、实现教学目标、掌握重点、突破难点等过程都伴随着相应的教学方法和学习方法。教学方法是指教师采取何种方法进行教学、组织课堂活动。学习方法是指学生通过什么样的方法达到掌握知识、形成技能、陶冶情操的目的。

针对不同的学习内容，教师可能需要采取不同的教学方法。例如，同样是词语教学，但面对不同的词语，其教学方法可能有异，有些可使用借助图片或动作的直观教学法，如词语"摇晃、秀美"等，有些可使用情境法，如词语"祝福、适合"，有些可使用典型举例法，如词语"威望"，还有些可使用对比归纳法，如词语"极其/极"的辨析。因此，教师需要讲清针对什么内容将采取什么样的教学方法。

例如，《中文》（修订版）第十册第三课《时间就是生命》的"说教法和学法"部分如下：

●说教法：

（1）汉字教学中采用小组竞赛方式，通过卡片组字，帮助学生记忆汉字。

（2）词语教学中采用举例替换法、情境法、比较法。

（3）课文教学中采用分组讨论并完成表格，以理解课文通过哪些事例证明什么观点。

（4）拓展能力教学方面采用分组讨论，自由发言竞赛。

●说学法：

因学生已是五年级的学生，具备一定的自主学习能力和汉语表达能力，因此，本课学习时主要发挥学生的能动性，进行小组学习和讨论。为了提高讨论的效率，分别组织竞赛和填写表格的方式。

说教法部分，教师分别根据教学内容特点指出了汉字教学、词语教学、课文教学、技能训练方面应用的教学方法；说学法部分，教师根据学生的年龄及认知特点，确定了有针对性的学习方法。

四、说教学过程

教学过程是课堂教学的步骤。说课时要介绍具体的课堂教学步骤，哪些内容先讲，哪些内容后讲，分别采取哪些练习活动，每一步达到哪些学习目的或解决哪个重难点，其理论依据是什么。

讲解教学过程一般包括：

（1）以何种方式导入新课，大概需要多少时间。

（2）如何讲授新课。这包括如何展现知识点，怎样开展练习以帮助学生获得知识，形成技能，以及各项讲授练习需要分配的时间。

（3）如何进行课堂小结，帮助学生形成知识或技能上的认知框架。

（4）板书设计。板书设计既要简洁直观，又要能体现学习的重点。好的板书可以在学生回家复习时起到提纲挈领、总览全课的作用。说课时介绍板书设计的形式要灵活多样，既可提前写好，也可边介绍边写，或最后通过幻灯展示。

（5）如何布置作业。布置哪些作业，为什么布置这样的作业。

以下是《中文》（修订版）编写者之一常芳清老师设计的第一册第三课《识字（三）》的"说教学过程"部分：

（一）导入新课

复习旧课导入新课。教师出示第二课生字卡片："人"、"口"、"手"、"足"、"头"、"耳"……检查学生复习情况。

（二）学习生字

1. 教生字

（1）看图教字音。

教师出示第三课的生字图片，让学生听老师读生字，熟悉本课生词的汉语发音。

学生看生字图片，教师领读生字，让学生记住字音。

教师出示生字图片，让学生抢答，牢记字音。

（2）看字教笔画笔顺。

教师出示生字卡片，一笔一画地板书生字，让学生了解生字的笔画笔顺。

教师再次书写每个生字，边写边带领学生读出笔画名称。

教师设计生字的笔画填空，请学生按正确的笔画顺序补充完整。可分组比赛，做得又快又好的奖励贴纸。

（3）看演变教字义。

出示生字图片，看右下角的字形演变，让学生了解字义。

给图说字，给字找图，让学生把本课的图片和生字对应起来。

（4）做活动记住字的音形义。

老师把图、字贴在黑板上，请学生找对应的字、图来贴。

分组比赛，让学生之间互相配合，给图说字，给字找图，奖励优胜者。

2. 课堂练习，巩固生字，奖励贴纸

（1）教师把生字的图片和卡片打乱顺序贴在黑板上，让学生把对应的图和字用线连接起来。

（2）做课后练习2、3（第14页）。

3．教学小结

本课重点学了生字"日"、"月"、"山"、"石"、"水"、"火"，大声带读，让学生会认会读会写。

（三）布置课后练习

（1）做课后练习1。

（2）把生字大声读给爸爸妈妈听。

附：三份不同学习阶段的完整说课稿

《中文》（修订版）第二册第六课《我会做的事》说课稿

一、说教学内容

1．课文简析

《我会做的事》是《中文》（修订版）第二册第二单元最后一篇课文。《中文》第二册一共有4个单元，其中，第一单元是关于儿童学校生活的，而第二单元的课文都是以儿童家庭生活为内容。第六课课文表现的是儿童对自身所具有的能力的认识，旨在培养学生自己动手做事的好习惯。

从体裁上讲，该课文是一首儿歌。学生在前面第一册和第二册第四课中已经接触过儿歌这种体裁，但儿歌押韵的特点在本课非常典型，可为第七课儿歌《人有两件宝》做好铺垫。

2．学习目的和学习重难点

本课的学习目的可从字、词、句和儿歌体裁几方面展开：

（1）学会本课的11个生字，要求会读会写。学生已经学过一些偏旁部首，这课需要重点学习的是"扌、户、亻"。

（2）会读会写本课的4个词语，其中，"可是、不少"要会造句，还要掌握能与"收拾"搭配的宾语。

（3）学会生成句子：我会……。

（4）能流利地朗读并背诵课文，体会儿歌押韵的特点。

上述四个学习目的中前三个是本课的学习重点。

本课的学习难点是"背诵课文，体会儿歌押韵的特点"。

3．课时安排

本课内容计划安排两课时。

第一课时的学习重点是：

（1）会读会写本课的11个生字，并通过"扌、户、亻"识别汉字意义。

（2）会读会写本课的4个词语，其中"可是、不少"要会造句，还要掌握能与

"收拾"搭配的宾语。

第二课时的学习重点是学会生成句子："我会……"。第二课时的学习难点是"背诵课文，并体会儿歌押韵的特点"。

二、说教法、学法和教学过程

（一）课堂导入

先举行课前小活动，让学生分组表演洗衣服，然后请学生介绍自己会做哪些事情，由此集中学生注意力、调动学生兴趣。

（二）新课学习

1. 字音教学

"房"（fáng）是后鼻音韵母。"事"（shì）、"收"（shōu）、"拾"（shi）的声母是翘舌音，要读准。

"收拾"的"拾"（shi）是轻声，不标声调。

注意区别读音相同或相近的字：

事（shì）——是（shì）——室（shì）

房（fáng）——方（fāng）

洗（xǐ）——喜（xǐ）

衣（yī）——一（yī）

2. 偏旁教学

扌（提手旁）：拾、抬、扛

饣（食字旁）：饿、饺、饭

户（户字头）：房、所、启

比较区别"讠、口、氵、扌、户、饣"，由此了解意符。

3. 词语教学

[可是]（连词）表示转折。例如，①我的房间很小，可是很干净。②我的小猫很淘气，可是，我很喜欢它。教师在讲解该词时通过设置情境，让学生完成句子，体会转折的语气。

[收拾]（动词）整顿、整理。例如，收拾小房间、收拾桌子。讲解时，教师可设置情境，然后通过动作展示该词的意义。学生明白词的意义后，重点在让学生使用该词说短语。

[房间]（名词）房子内隔成的各个部分。例如，爸爸的房间很大，我的房间很小。讲解时，教师可出示图片让学生明白即可。该词先于"收拾"讲解。

[不少]（形容词）表示数量比较多。例如，①我们班有不少同学。②我学了不少汉字。

[别]（副词）表示禁止或劝阻，跟"不要"的意思相同，例如，别说、别看、别走、别去、别玩。

〔喂〕（动词）给动物东西吃，饲养。例如，①我会给小猫喂饭。②我每天喂我的小狗。

课堂练习第2题可在讲解练习词语时，分别引出。然后再来朗读。

4．句子教学

本课重点学习的句子是："我会收拾小房间。""会"是助动词，表示懂得怎样做或有能力做某事。句子的结构形式是：主语＋"会"＋动词＋宾语

例如：①明明会洗衣服。②我们会说汉语。

在进行句子教学时，首先教师可通过设问让学生回答，或通过图片（结合课堂练习第3题）创设使用该句的情境，要注意从词语逐步扩展到句子的练习，还要注意词语替换练习。除了练习说"会……"，还可练习说"不会……"。

5．课文教学

教学时可以通过图片引导学生背诵儿歌，并通过师生问答，引导学生认识自己的能力。

通过下面的练习引导学生体会儿歌押韵的特点。

我是一个小学生，

可是你别说我_____（不大、小、晚）。

我会收拾小房间，

还会洗衣和洗_____（澡、裤、手）。

小猫饿了我会喂，

我会做的事真_____（不大、不少、不轻）。

三、说课堂小结和作业

这是一首儿歌，介绍了自己会做的事，（教师请学生回顾"我"会做哪些事）读时要强调带有自豪感。在这首儿歌中重点学习了词语"可是、收拾、不少、房间"，其中前三个词语学生要学会造句。

第一课时作业：

(1) 熟读课堂练习第2题的词语。

(2) 分别用"可是、收拾、不少"造一个句子。

(3) 熟读并抄写一遍本课儿歌。

第二课时作业：

用自己的话完成下面的儿歌。

我会做的事

我是一个小学生，

可是，你别说我小。

我会_____，

还会_____。

_____ 了我会_____，
我会做的事真不少。

四、说板书

我会做的事 { 我会收拾小房间 / 还会洗衣和洗澡 / 小猫饿了我会喂 } 我会做的事真不少

（设计者：郭楚江）

《中文》（修订版）第六册第三课《海洋世界》说课稿

一、说教学内容

1. 说教材

该课是第六册第一单元的最后一篇课文。本单元的几篇课文都是带有说明介绍性质的游记短文。第一课描写了公园的景物，第二课介绍了邮票的用途，而本课主要描述了海洋世界形形色色的动物。因此，如何抓住动物的特点描写动物是本课的重点，也是难点。

2. 说学习目的和学习重难点

学习目的：

（1）会读会写本课的 15 个生字，下列字要求会认读，但不要求会写：豚、狮、熊、鲨、馆、鲸、溅。

（2）掌握本课的词语，能理解，其中"吸引、担心、生活"会运用于表达。

（3）重点学习的句子：

①令人惊奇的是聪明的海豚会唱歌跳舞。

②它们有时跳出水面，有时钻入水下，有时在水面用尾巴拍打着海水。

第一个句子较难，难在它要让学生学会以"的"字短语作主语的语法知识。第二个句子较易，重点学的是"有时……有时……有时……"。

（4）流利地朗读课文，学会抓住特点描述。

学习重点：

（1）学会运用"吸引、担心、生活"表达。

（2）流利地朗读课文，学会抓住特点描述。

3. 说课时安排

本课安排两课时完成。第一课时的重点在于要学会运用"吸引、担心、生活"表达，第二课时的重点在于学会抓住特点描述。

二、说教法、学法和教学过程

（一）课堂导入

由学生介绍自己去动物园或海洋世界的经历导入，吸引学生参与。然后教师出示如海豚、北极熊等动物的图片给学生，尽可能创设一个学习情境。

（二）新课学习

1. 字音教学

"引"的读音是 yǐn，不要读成 yǐng。

"神"的声母是 sh，不要读成 s；韵母是 en，要读准。

"演"的读音是 yǎn，不要读成 yǎng。

"巴"的声调是阴平，在词语"尾巴"中要读轻声。

注意区别读音相同或相近的字：

xī	xī	xī		kè	kè	kè		shén	shén
吸 —— 西 —— 希				客 —— 课 —— 刻				神 —— 什	

wěi	wěi	dān	dān	yǎn	yǎn	tài	tài	dù	dù
尾 —— 伟		担 —— 耽		演 —— 眼		态 —— 太		肚 —— 度	

2. 字形教学

注意区别形近字：

吸——极——级　　引——张　　担——但　　与——写

3. 词语教学

（1）要求学生掌握的词语。

［与］（连词）和。连接名词、动词或形容词。用于书面。例如：

　　　　排球与足球，他都非常喜欢。

　　　　去与不去，由你选择。

　　　　我喜欢大海的神奇与美丽。

［吸引］（动词）把物体、力量或人的注意力引到另一方面。可带名词、代词宾语。例如：

　　　　长城吸引了中外许多游客。

　　　　这部小说吸引了许多读者。

　　　　只有这样的电视节目能吸引我。

［担心］（动词）放心不下。可带名词、代词和双宾语。例如：

　　　　孩子第一次出门，她担心了很多天。

　　　　我一直担心奶奶的身体。

　　　　孩子游泳游得那么好，你担心什么？

　　　　他一直担心自己学不好。

［表演］（名词）演出的情况。例如：

我最爱看鲸鱼的表演。

她表演的内容是回答各地的电话号码。

（动词）戏剧、舞蹈、杂技、魔术、体育等演出，把情节或技艺表现出来。可接名词、代词宾语。例如：

小朋友们为客人表演节目。

他表演了什么？

在本课中，"表演"是名词。

[节目]（名词）文艺演出或广播电台、电视播送的项目。作主语、宾语、定语。

可作单音节名词的定语。例如：

今天晚上的节目怎么样？

下面该谁表演节目了？

今天晚会的节目单已经准备好了。

（2）教学中需要讲解的词语。

[神奇]（形容词）非常美妙。例如：

这一古代传说被人们加上了一层神奇的色彩。

[神态]（名词）神情态度。例如：神态自若。

[五光十色]（形容词）形容色彩鲜艳，式样繁多。例如：

商店里的商品五光十色，琳琅满目。

我喜欢五光十色的海洋世界。

4. 句子教学（这部分可穿插在课文学习中）

（1）令人惊奇的是聪明的海豚会唱歌跳舞。

在这个句子中，重点学习"的"字结构作主语的情况。这里"的"不带后置成分，与它前面的词语或句法结构形成"的"字结构，这种结构能作主语，还可以作宾语。例如：

最努力的是他。（主语）

我喜欢的是黑面包。（主语）

你看到的不是莉莉。（主语）

他是吃苦最多的。（宾语）

我看的是成龙主演的。（宾语）

但本课重点学习"的"字短语作主语。教学时，教师可先通过提问引导学生说例句，并板书出例句，板书时将"的"字后面省略的成分写出，以便学生体会"的"字短语的形成。

（2）它们有时跳出水面，有时钻入水下，有时在水面用尾巴拍打着海水。

在这个句子中，重点学习"有时……有时……有时……"这一常用句型。如果句子叙述的是同一人或事物的情况，一般只要在首个分句出现动作的主体就行。

这种句子的基本格式是：A 有时……有时……有时……；或者有时 A……有时

第六章　华文教学的说课

B······有时 C······。例如：

星期天我有时打球，有时看电影，有时看书。

她对我有时好，有时坏，有时非常热情，有时非常冷漠。

我们家有时姐姐做饭，有时妈妈做饭，有时我做饭。

这个语言点不难，重点在于学生运用，教师通过设置情境提问和图片，多给学生练习的机会。

5. 课文教学

（1）教师可先让学生听读一遍课文，然后从给出的动物图片中选出课文提到的动物。

（2）教师带学生朗读一遍课文，重点学习第2和第4段。

学习第2段时可出示下面的范文，让学生将范文与课文第2段比较，说一说哪个写得更好，为什么？

"海洋世界"里，可爱的海洋动物可多了。海洋世界是多么神奇和美丽啊！

通过比较，让学生体会列举说明法（有······有······有······）的运用。然后请学生修改下面的范例。

上个星期日，我和爸爸去了动物园。动物园里的动物可多了，数也数不清。

学习第4段，教师通过提问一"海豚和鲸鱼的表演是什么样的"，让学生看着提示词和图片（有时······有时······有时······）复述内容，然后请学生发挥想象，完成下面的文段：

我最喜欢看猴子表演了，那些猴子非常活泼好动。＿＿＿＿＿＿＿＿

教师通过提问二"海豚和鲸鱼各有什么不同的特点"，引导学生注意抓住动物的不同特点展开描述，然后要求学生介绍一种自己喜欢的动物。

我最喜欢＿＿＿＿＿＿ ，它可＿＿＿＿＿＿ 了。······

熟悉了课文以后，再让学生说一说自己去"海洋世界"看到的海洋动物，自己最喜欢的海洋动物有哪些？（如果有的学生没有去过海洋公园，也可以说说动物园）

6. 课堂小结和作业

本课描述了海洋世界神奇可爱的动物（教师可请学生回顾课文中写到了哪些海洋动物，重点写了哪些动物），接着写了动物的表演（教师可请学生回顾课文中主要写了什么动物的表演），最后还写了"我"的心情和愿望。学习中可以提醒学生爱护动物，把动物看作人类的朋友并且关心它们。

三、说板书

海洋世界	有……有……有……
可爱	有时……有时……有时……
神奇	令人惊奇的是……
美丽	多么……啊！
五光十色	如果……，那该多好啊！

（设计者：郭楚江）

《中文》（修订版）第十一册第十课《日记两则》说课稿

一、说教学内容

1. 说教材

《日记两则》是第十一册第四单元的第一篇课文。该单元收编的 3 篇课文都是应用文，第十课是日记，第十一课是读后感，第十二课是演讲稿。第十课《日记两则》收入了《一次难忘的演出》（记事）和《迷人的星空》（写景）两则日记。第一则日记写了"我"因紧张而参赛失败的事情；第二则日记写了"我"观察天空中的星星一事。两则日记对人物心情、景色的描写都很细腻。要让学生通过对这篇课文的学习而了解日记的基本特点，学会日记的写法，初步训练学生用汉语写日记的能力。

日记是人们根据个人的需要和兴趣，将生活的经历及对生活的感受随时记下来的一种应用文体。日记的内容包罗万象，可以写每天所遇到的事和所做的事以及对这些事情的感受；可以记录重要社会事件及个人的思想发展；在某种特定情境中，还可以宣泄情感、抒发抱负。日记写作笔法自如，叙述、议论、描写、抒情、说明等各种表达手段都可使用。经常记日记是提高写作能力的有效手段。写日记要求：①内容要真实；②格式要正确；③表达要简练。

2. 说学习目的、学习重点和学习难点

学习目的：

（1）会读会写本课的 16 个生字。

（2）掌握本课的词语，能理解，会运用。

（3）流利地朗读课文，并学会写日记的方法。

学习重点：

（1）会读会写本课的 16 个生字。

（2）掌握本课的词语，能理解，会运用。

（3）流利地朗读课文，并学会写叙事和写景日记。

学习难点：

学会写叙事和写景日记。

3．说课时安排

本课计划安排三课时。第一课时重点学习本课的字词，会读会写本课生字，能理解并会运用本课的词语；第二课时重点学习如何写叙事日记；第三课时重点学习如何写写景的日记。

二、说教法、学法和教学过程

（一）新课导入

本课可采用谈话导入的方式，教师问学生还记不记得以前发生的一些事情以及自己对这些事情的感受。教师事先准备一本日记，根据日记准确地说出以前发生的一些事情，在学生惊讶的感叹声中导入要学习的内容——日记。

（二）新课教学

1．字音教学

"腾"的韵母是 eng，不要读成 en。

"奏"的声母是 z，不要读成 zh。

"蜂"的韵母是 eng，不要读成 en。

"倾"的韵母是 ing，不要读成 in。

注意区别本课的多音字：

diào　调——跑调

tiáo　调——调皮

注意区别读音相同或相近的字：

zòu	zǒu	zhòu		yōng	yǒng	yòng
奏	走	宙		拥	勇	用

jù	jù	jū	jǔ		qiàn	qiàn	qiān	qián	qiǎn
俱	句	居	举		欠	歉	千	前	浅

gōng	gōng	gòng		qīng	qīng	qíng	qǐng	qīn
弓	公	共		倾	清	晴	请	亲

xiōng	xiōng	xióng	xióng		mài	mài	mái	mǎi
凶	胸	雄	熊		麦	卖	埋	买

2．字形教学

注意区别形近字：

奏——春　　　　俱——具　　　　　　欠——文——久

吊——呆　　　　麦——表

拥——用　　　　讽——风

棋——其——旗　　弓——引——张

凶——区——匹　　蜂——峰——逢——缝

3. 词语教学

（1）要求学生掌握的词语。

[责备]（动词）批评指责。例如：

        警察严厉地责备闯红灯的那个人。

        对孩子也不能责备得太过分了。

        奶奶责备我们半天了。

[讽刺]（动词）用批评、夸张等手法对人或事进行揭露、批评或嘲笑。例如：

        你这样说，不是讽刺我吗？

[批评]（动词）对缺点、错误提出意见。例如：

        老师批评他不按时上课。

        爸爸批评我学习不认真。

        父亲批评过他好几次了，他都没听进去。

        我接受你的批评。

[难受]（形容词）身体不舒服；心里不痛快。作定语、谓语、补语。例如：

        难受的时刻已经过去了。

        让我一个人安静地待一会儿，我心里很难受。

        他浑身痛得难受。

        你吃东西总不注意，现在也该让你难受难受了。

[享受]（动词）物质上或精神上得到满足。例如：

        他退休后来到儿女身边，享受着家庭的温暖。

        他上大学时享受过奖学金。

        把房子好好装修装修，我们也该享受享受了。

[丰收]（名词）收成好。例如：

        今年又是一个丰收年。

        今年的粮食丰收了。

        今年的水稻获得了丰收。

[晓得]（动词）知道。例如：

        我不晓得这里的情况，不能随便表态。

        人人都晓得你，你是电影明星。

        你晓得他是谁吗？

        你别说了，我晓得了。

（2）教学中需要讲解的词语。

[争光]（动词）争取光荣。例如：

        运动员们努力拼搏，为国争光。

        他得了第一名，为全班争了光。

［咚咚］（象声词）形容敲鼓或敲门等的声音。

［腾云驾雾］传说中指利用法术乘云雾飞行。形容奔驰迅速或头脑迷糊，感到身子轻飘飘的。

［伴奏］（动词）歌唱、跳舞或独奏时用器乐配合。例如：

　　　　你唱吧，我给你伴奏。

　　　　伴奏的音乐一响，他们就跳起舞来。

［万事俱备，只欠东风］三国时周瑜计划火攻曹操，一切都准备好了，只差东风还没有刮起来，不能顺风放火。（事见《三国演义》第四十九回）后比喻样样都准备好了，只差最后一个重要条件。

［跑调］（动词）唱戏、唱歌、演奏乐器不合调子。也说"走调"。例如：

　　　　他唱歌爱跑调。

［丢脸］（形容词）丧失体面。例如：

　　　　他没表演好，觉得自己太丢脸了。

［白］　（副词）①没有效果。例如：

　　　　老远去看他，他不在家，我白跑了一趟。

　　　　听完报告以后，我们很有收获，没白来。

　　　　（副词）②不付出代价；无报偿地得到好处。例如：

　　　　白吃、白拿、白给。

　　　　"白"与"白白"比较：

　　　　①"白"表示第一种意思时，可重叠为"白白"，语气比"白"重，常修
　　　　　饰双音节动词。"白白"修饰单音节动词时，动词必带补语。

　　　　②"白"后不能加助词"地"，"白白"可以。

［蜂拥］（副词）像蜂群似的拥挤着（走）。例如：

　　　　他们蜂拥而上，场面一下子混乱起来。

　　　　欢呼着的人群向广场蜂拥而来。

［争气］（动词）发愤图强，不甘落后或示弱。例如：

　　　　他的孩子真争气，考上了一所名牌大学。

　　　　他就不相信我不能为自己争气。

［万万］（副词）绝对；无论如何。作状语，只用于否定句。例如：

　　　　我们万万没想到，他居然做出了这种事。

　　　　这么大的工程，每个细节都要注意，万万不可掉以轻心。

［刷刷］（象声词）形容迅速擦过去的声音。例如：

　　　　风刮得树叶刷刷地响。

　　　　不一会儿，刷刷地下起雨来。

［中用］（形容词）顶事，有用（多用于否定）。例如：

这点事情都办不好，真不中用。

[陶醉]（动词）很满意地沉浸在某种境界或思想活动中。例如：

取得成绩决不能自我陶醉。

看到这么美的景色，我不禁陶醉于山川景色之中了。

[凶猛]（形容词）（气势、力量）凶恶强大。例如：

山火来势凶猛。

虎豹都是凶猛的野兽。

[眉清目秀] 形容容貌俊秀。

4. 课文教学

本课是两则日记。教师在教学中应告诉学生仔细观察，讲解写日记的方法，课后要求学生模仿课文写一则日记。

第一则日记：《一次难忘的演出》

(1) 朗读课文，了解课文内容。

①教师带读课文《一次难忘的演出》。

②请学生自由朗读课文。

要求：把生字词读正确，语句读通顺；声音响亮、清楚。

③读完后教师提问（在学生读课文之前出示问题）：

"我"的演唱效果怎么样？为什么会这样？

回到教室后，同学们对"我"怎么样？

老师对"我"怎么样？

(2) 分段细读课文，学习课文中的重要词句。

①学习第 1 自然段。

首先指定学生读课文第 1 自然段，师生集体正音。

然后提问："我"为什么会这么紧张、激动？

（引导学生用"由于……"这一句式来回答。）

接着教师分析第 1 自然段描写心情的词句。

a. 我的心激动得像大海一样不能平静。

b. 由于过分紧张，我的心"咚咚"地直跳。

最后教师分析第 1 自然段的作用——介绍事情的起因。

②学习第 2～3 自然段。

首先安排学生分组读第 2～3 自然段，师生集体正音。

然后思考下面的问题：

a. "我"上台时，有什么感觉？

（教师板书要点：腾云驾雾、轻飘飘的）

b. 为什么说"我真是给三班的同学丢尽了脸"？

（教师板书要点：敬礼、点头、跑调、流泪，引导学生说出事情的经过。）

　　c．走下舞台后，"我"有什么表现？

（教师板书要点：脸吊得比平时更长、坐在最后一排、头低得几乎要挨到地上，引导学生进行复述，注意说话时的语气。）

　　最后教师分析第2、3自然段的作用——介绍事情的经过。

　　③学习第4自然段。

　　首先安排学生读第4自然段，师生集体正音。

　　然后请学生默读第4自然段，思考下面的问题。

　　a．同学们是怎么责备"我"的？

（引导学生使用"有的……有的……有的……"句式表达，并提醒学生注意描写时对近义词的恰当使用：怨、不争气；责备、不中用；讽刺、本事不大。）

　　b．老师来了，"我"为什么更加紧张了？"我"为什么眼泪"刷刷"地流下来？

（引导学生体会"……可我万万没想到……"这种对比表达方式的效果。）

　　c．你喜欢这位老师吗？为什么？

（引导学生自由表达。）

　　最后教师分析第4自然段的作用——介绍事情的结果。

　　④课文小结。

　　《一次难忘的演出》的写作特点：

　　a．这是一篇记事的日记。

　　b．对事情的起因、经过、结果都进行了细致的描写。

　　c．对人物心理感受的描写非常形象。

　　小结时可让学生用上述词语复述课文。

第二则日记：《迷人的星空》

　　课文第二则日记是一篇观察日记，写了"我"观察天空时所见所想。本课文中涉及星座知识，所以，可事先请学生收集一些关于星座的知识。

　　（1）导入新课。

　　请学生说一说：你们喜欢星星吗？为什么喜欢？

　　（2）学习第1自然段。

　　教师首先请学生朗读第1自然段，并思考：

　　"我"是什么时候在哪里观看星空的？

　　然后归纳第1自然段的作用——交代观察的时间和地点。

　　（3）学习第2、3自然段。

　　首先教师请学生朗读第2自然段，并思考：

　　总体来说，星星是什么样的？

　　（教师板书词语"像……、巨大、棋盘、棋子、孩子、挤眼睛"引导学生描述星空，然后请学生发散思维，说一说自己觉得星空还像什么。）

接着教师请学生朗读第3自然段，并思考：

具体来说，星星是什么样的？

（教师板书词语"北边天空的猎户星座、东边那几颗星星、有的像……有的像……有的像……"提示学生描述，并请学生讲一讲自己所知道的星座在哪个位置，像什么。）

最后归纳第2、3自然段的作用——分别从整体和局部两个角度描述星空。

（4）学习第4自然段。

首先教师请学生朗读第4自然段，并思考：

第4自然段还是描述自己的所见吗？

（教师引导学生思考："我"望着美丽的星空想到了什么？教师板书词语"多少……多少……、心地善良的人……、心眼儿坏的人……、一定要……、闪闪发亮、无私"。）

（5）课文小结。

本文首先介绍了观察星空的时间和地点，接着从总体上描述了星空的样子，然后举了一些例子，具体描写了星空的迷人，最后由星空引发联想，表达了自己希望做一个无私善良的好人的愿望。

小结完后，可让学生说说自己观察天空想到了什么。

三、说作业

在布置作业以前要帮助学生分析日记的特点。

1. 格式要求

在第一行写明日记写作的时间"×月×日"（刚开始写或新的一年的第一篇日记还要写上哪一年），"星期×"和天气情况。还可以加上标题，使中心更加明确。

2. 内容要求

（1）使学生明白日记的内容必须客观真实。

（2）引导学生先练习写生活中的事，对当天发生的事情进行描述，这些事可以是看到的、听到的或亲身经历的，让学生表达自身的感受和看法。

（3）写日记必须对所写的事项进行客观的观察，只有耐心细致地去观察、体验生活，才能写好日记。

（4）日记内容要充实，不能记成流水账。教师可举一些案例进行讲解。

布置作业：写一篇300字左右的日记。

（设计者：郭楚江、蔡丽）

第三节　说课的基本技巧

为了提高说课效果，在说课时要注意一些问题、掌握一些方法。下面按构成说课的几个环节分别介绍一些基本技巧。

一、说教学内容的基本技巧

1. 吃透教材

教材是上课的依据，教师吃透教材是上好课的前提。所有环节，如学习目标的确定、教学方法和学习方法的选择都必须建立在钻研教材的基础上。在读教材、说教材时，既要从微观上剖析要说的专题内容的构架和特点，还要从宏观上把握整个教材的编排特点和规律，该专题内容如何体现这种编排特点，该专题内容在前后内容中的联系，该专题内容在整个目标体系中的地位和作用。也就是说，要依据教学大纲，对教材进行纵横两个维度的考察。这里的纵向维度即册与册、学年与学年之间的递进关联，而横向维度则是指一册内课文与课文、知识点与知识点之间的联系。

例如，分析《中文》（修订版）第三册第十一课《小猫钓鱼》。

第一步，明确本课的内容和体裁。本课是一篇童话故事，讲述了一只小猫因不专心而钓不到鱼，后来小猫改掉了坏毛病，变得非常专心，因此，钓到了大鱼。

第二步，结合本课在教材体系中的位置和作用确定学习目的与学习重点。本课是第三册第四单元的第二篇课文，是学生接触到的第二篇童话故事，后面几册也将继续学习类似的寓言和成语故事。作为童话，其拟人化的写法孩子并不陌生，前面第二册《春雨》也是很好的例子，因此不是难点。如果将第三册与第四册联系起来看，可以看到教材的两条线，一是引导学生学会叙述（如第三、第四册的第一单元），二是引导学生学会如何描写（如第三册第四单元、第四册第二单元）。而《小猫钓鱼》是处于第二条线，即学习如何描写上的。那么，本课是引导学生学会哪种描写方法呢？联系前一篇课文《龟兔赛跑》和后一篇课文《狼来了》，我们可以发现《狼来了》重点在训练学生语言描写，《龟兔赛跑》重点在于训练心理描写和动作描写，而《小猫钓鱼》的重点也在于小猫的动作描写上，因此，我们可以从表达和写作训练的角度确定本课的学习重点是如何通过动作描写表现人物特点。

第三步，结合学生实际确定学习难点。语言方面，疑问句"我怎么钓不到鱼呢"和反问句"（你）怎么能钓到鱼呢"表意上有不同，作为刚上二年级的学生，不一定能体会，要通过创设多个语境让学生体会。如何捕捉并描写动作以体现人物特点，对于二年级的孩子来说，是一种观察训练与语言训练的综合运用，也是本课的难点。

这样，《小猫钓鱼》的学习目的和重点难点在纵横两个维度的分析中便确立了下来。

2. 学习目的和学习重点要精

任何一个专题内容都可设立许多学习目的，然而学习目的设立得多并不意味着学习收获就一定大，尤其是学习重点，学习重点是需要花费较多课堂时间去完成的。如果多个学习重点设立了却不能实现，或设定的目的在现实生活中用处不大，反而容易使学生疲于应付、学而无功。因此，要依据教学大纲和教材体系的编排特点，以及学生的认知程度和知识的实用意义，选择适当的学习目的和重点。

例如，对于《中文》（修订版）第九册第七课《桂林山水》，有教师设定了8个学习重点，详情如下：

（1）会读会写本课的16个生字。

（2）掌握本课的词语，能理解，会运用。

（3）流利地朗读课文。

（4）通过学习本课，学会欣赏美丽的山水。

（5）学习作比较、打比方的说明方法。

（6）学习排比的修辞手法。

（7）了解汉语的俗语。

（8）学习几个句式"有的……有的……还有的……"、"从没……"、"令人……"。

首先，从数量上说，8个学习重点有点多，课堂上不一定都能充分展开。其次，从设立的学习重点在课文中的地位来看，第（4）点美学欣赏可在朗读和分析中体会；第（5）点"作比较"的说明方法在本课并不具有典型性，且第八册第8课学过这种说明方法，因此，本课不需再将其列入学习重点；第（6）点排比修辞手法可在学习其他重点时带出，不需要单独列出；第（7）点是关于汉语俗语的，但俗语在本课只出现了一个，即"眼见为实"，因此而列入重点，也不太适宜；第（8）点中句式"有的……有的……还有的……"前面也已经学过，所以，句式也可减少一个。这样学习重点就可精减如下：

（1）会读会写本课的16个生字。

（2）掌握本课的词语，能理解，会运用。

（3）学会运用句式"从没……"、"令人……"。

（4）学习打比方的说明方法。

（5）学习从不同角度观察事物。

3. 学习目的和学习重难点要清晰明确

介绍学习目的和学习重难点时，语言要明确突出，才能有的放矢。一般来说，学习要求分输入型和输出型两种，输入型如认读、理解，输出型如写、口头或书面表达等。对不同的学习内容会有不同程度的学习要求，学习难度、教学方法和学习方法、学习时间也会因此而各异。这在介绍学习目的和学习重难点时应明确说明。

例如，《中文》（修订版）第二册第十课《春雨》的学习目的：

（1）能准确地认读课文中的生字词，能流利地朗读课文。

（2）了解课文的主要内容，能回答老师提出的相关问题。

（3）能熟练运用课文中的重点句子"我要……"。

该课中教师对各项学习内容的要求非常明确，例如，对生字词的要求是"准确地认读"，对课文的要求是"流利地朗读"，对课文内容的要求是"能回答老师提出的相关问题"，对句子"我要……"的表达要求是"能熟练运用"。

此外，如果该专题内容需要2个以上课时完成，则教学目标、重点难点需要细化到每个课时，这样才能使教学有规划性，而不是随意安排的。

二、说学情的基本技巧

学情是教学目标和重难点确定、教学方法和学习方法择取以及教学过程安排的基础。学情介绍包括的内容较多，但并非每项都要说，可针对影响教学目标或教学重难点确立、教学方法选择的内容要求加以描述。

真实课堂上，一个班的学生的汉语水平不可能整齐划一，他们相互间是存在差异的。介绍时应在"抓大"的同时兼顾"两小"，即从班上大多数学生的普遍特点出发，同时考虑到某些特殊学生的情况，给出补偿性的建议。

下面是一位中国小学语文老师在第二册课文《小猴子下山》说课稿中的学情分析：

从学生的知识掌握和能力体系来看，这些学生经过一学期的学习及本学期前两个单元的教学活动，有了一定的语言积累和口语表达能力，学习了图文结合理解课文内容的基本方法，并初步学习了结合词句的意义来理解课文内容的一些方法，具有初步的思维理解能力和口头表达能力。

从年龄结构和心理特点来分析，此时的学生大多六七岁，还处于一个好动的阶段，他们的有意注意维持不了多久，只有在老师的指导下，通过师生间民主、协作、自主、活动的实践激起学生的兴趣，发挥其主动性，学习效率才会高。

这位教师主要以班级为视点分析了学生知识和能力体系、年龄结构与心理特点，为后面设定本课教学目标和教学方法奠定了基础。

下面是一位印度尼西亚籍华文教师在《中文》（修订版）第五册第二单元第一篇课文《狼和小羊》说课稿中所写的学情分析：

学生在二年级的时候学过一些寓言故事，如"龟兔赛跑"、"小猫钓鱼"、"猴子捞月亮"等，大部分同学对这类故事比较感兴趣，叫同学思考的时候，多数学生能比较积极表达自己的感受，一部分同学还能够很好地把自己的观点写下来，这样，教师就更容易引导学生深入理解和思考课文当中所蕴涵的道理。所以，在进行本课教学时，可以把思考课文寓意的主动权交给学生，给学生充分的机会来表达自己的想法，更多地训练学生的表达能力与观察思维能力。

这位教师主要分析了学生之前在学习同类体裁课文时的总体表现情况，并以此为依据确定了当课课文教学的训练侧重点。

三、说教法和学法的基本技巧

所谓"说课有科学性"，其实是表现在说课的每一个环节的设计都是建立在一定的教育学和语言学理论基础之上的。为了突出说课的理性色彩，在介绍每个环节所运用的教学方法和学习方法时，都要注意理论联系实际，不仅要讲解教师怎么教和学生怎么学，还要阐明教师这样教和学生这样学的原理。例如，说《中文》（修订版）第二册第三课《放学了》的教法和学法。

教法：

根据现代教学理论，学生是学习的主体，教学要贯彻"以人为本"的思想，突出学生的主体地位，努力引导学生形成积极主动的学习态度。因此，本课采用情境法，通过创设放学情境，让学生身临其境，分角色表演。学生在表演过程中学会并练习了本课的知识点，同时使语言不再局限于书本学习，而成为真实生活中交际的工具。

学法：

合作探究法的理论基础是人本主义心理学和建构主义学习理论，以及主张"以学生为中心"的学习观。它认为学习不是由教师向学生传递知识，而是学生建构自己的知识的过程，教师要做的是促进学生自己去构建知识结构。考虑到本课的学习重点是训练学生在真实语境中进行交际的能力，因此，本文采用合作探究法，引导学生分组探究在"放学了"这个语境下可能会出现的对话，然后以话剧形式表演出来。学生在分组讨论过程中形成良性互动，取长补短，既能给水平高的学生提供发挥的空间，也能帮助水平低的学生掌握语言点。

所选择的教学方法和学习方法，一方面要始终结合学生认知特点和认知需求，能真正实现教学目标，突出重点，突破难点；另一方面要富有创新性，体现勇于改革的实践精神。

四、说教学过程的基本技巧

说课的教学过程具有假设性，是在假设某种学生状况下讲解开展教与学的策略。这与真实的课堂教学不同，真实的课堂教学过程中常会出现"意外事件"，而教师如何应对这些"意外"，引导这些"意外"到正轨上，正能体现教师的机智和良好的教师素养。但说课是不会自动出现这些"意外"的，因此，如果要真正提高说课效果，就需要教师在备课、说课时尽可能多地预见到各种"意外"，并提供出相应的措施。

以上按照说课的四个环节分别介绍了一些技巧。此外，说课还要注意以下一些问题：

（1）说课时语言要准确简洁。

（2）不论"说"哪个环节，都必须理论联系实际，也就是说，不仅要介绍教什么、怎么教，还要讲清楚为什么教这些、为什么这样教的理论依据，以及按照这种理论学生可达到什么样的效果。

（3）合理安排说课每个环节的时间，做到重点突出，介绍详略得当。

（4）为了使听者有整体感，可在说基本环节前先总体介绍自己的说课提纲。

第七章　华文教学的评课

第一节　评课的基本内涵

一、什么是评课

"评"指评定、评价，是根据一定的标准确定价值高低与效果好坏。"评"也提供了修改、完善评价对象的依据。在教育领域，评价的概念用得比较多，如教育评价、教学评价、课程评价等，各种概念之间界限并不清晰。这里所说的"评课"主要针对的是对华文课堂教学的评价，包括对华文课堂教学过程、课堂中的各要素（教师、学生、教学内容、教学方法和教学环境等）以及课堂教学效果的评价。

二、评课的功能

评课的功能主要表现在以下三方面：

首先，评课是促进教师个体成长的手段，它能调动教师的教学积极性和主动性。教师通过自我反思及听取专家同行建议等，可以更清晰、深入地了解自身的教学情况，从而提高教学效果以及教育素养。

其次，评课是学校管理者了解教师、学生和教学情况的有效途径。这有利于促进学校整体教学质量的提升，对学校的管理，如对教师的培养、学生的分班以及讲评政策等也会起到一定的借鉴作用。

再次，评课还是教育研究者分析、总结教学规律，完善教育理论不可缺少的环节。

第二节　听课的基本内容与方法

听课是一个对课堂进行全方位观察、了解的过程，是评课的主要依据。受时间所限，听课很难频繁进行，所以，如何更有效地听课是我们要认真思考的问题。听课通常可以分为听课前、听课中、听课后三个基本阶段，下面详细介绍每个阶段的要点。

一、听课的准备工作

听课之前应把自己设定为教学活动的参与者，从教师、学生和教材编写者三个角色去思考整堂课怎么上会取得较为理想的效果。从某种程度上说，听课者也要"备课"。这就要求听课者在听课前先要了解任课老师所要讲的课程内容，包括教学目标、重点、难点等；还要熟悉教材体例和特点；清楚该班级和学生的大致情况；对任课教师的教学经历、教学特点等也应有一定的了解。特别是年轻教师为了学习观摩而听课的时候，了解任课教师的业务水平、教学风格和班级特点以后可以更有效地分配有限的听课时间。多角色地去设想，有利于更全面地思考课堂情况，提出恰当的评价和建议。

听课前，听课者应主动与任课教师联系、沟通。这一方面是对任课教师的尊重，一方面也是了解听课对象的好办法。听课者和任课者在课前课后的良好沟通是双方学习、进步的机会。对于任课教师来说，这可以使他在心理上有所准备，避免发挥失常，也便于他安排前后的教学内容。同时，这种沟通对建立和谐融洽的同事关系也有帮助。在课前的几分钟，听课者还可以通过和学生聊天、向他们提问等方式了解学习进度及学生情况等。

听课活动有的是自发的，有的是单位统一安排的。听课者要明确自己听课的目的，如果是集体听课，事先要协调分工好各人的听课任务，如观察位置、观察角度、听课重点等，也可以根据听评课表格上的项目进行分工。如果有统一的听课表格，听课者要熟悉表格的内容，了解其构成和目标，据此准备听课的一些细节和注意事项。

"工欲善其事，必先利其器。"听课前的物质准备也是必不可少的，这通常包括所听课程的教科书、听课表、笔、笔记本、参考材料、计时工具等。随着科技的进步，现在听课者有了更多记录课堂的设备，像录音笔、照相机、摄像机等，如果使用这些设备一般应该先征求任课教师的意见，课前就调试好，而且要尽可能减少对课堂的影响。

听课前充分准备，听课时才能从容顺利地抓住重点，获得需要的材料，避免盲目接受或排斥任课教师的某些做法，在课后的评价、讨论阶段也才能做到有的放矢。

二、听课的基本内容与注意事项

（一）听课的基本内容

听课过程中，听课者需要从不同角度观察课堂教学方方面面的情况，主要包括以下内容：

1. 观察教师的综合素质

"素质"是个抽象概括的概念，涉及范围很广。这里主要是说作为教师所展现出来的一些能力、特质。具体来说，要看教师的仪态是否大方得体，语言表达是否流畅准确，板书是否有序巧妙得当，精神是否饱满自信，指导学生是否及时得法，教师对学生出现问题的处理是否巧妙。讲课导入是否巧妙，是不是讲到了关键之处，表达是否清楚明白，对问题的设计和处理是否有启发性，这些都是了解教师水平和教学特点的着眼点。

2. 观察教师的教学行为

要弄清楚教学内容的选取、教学环节的设计，了解课堂的教学结构。课堂教学是一个富有个性的过程。在完成教学大纲要求的基础上，每个老师对教学内容会有所选择，教学环节的设计和教学手段的使用也不尽相同。听课教师要注意这些方面的内容，对照反思自己或相关教师的设计和可能的做法，并思考不同设计的原因和设计效果。听课者要清楚该次课的教学目标是否准确、具体；教学环节的设计是否合理；教学重点和难点是否得到了适当的强调和处理。

3. 观察教学成效

要观察学生、了解学生的学习状态与效果。一堂成功的公开课要由教师与学生双方来实现。一节课成功与否，最终还是要看学生学会了多少。所以，"听学生"是听课过程中非常重要的一方面。要注重观察课前学生的状态和水平，以及课堂上他们对教师的态度和反应。通过学生举手发言、思考问题的表情可以了解学生是否在和老师、同学进行平等、融洽的交流；通过学生的阅读书写情况可以了解他们在学习过程中是否抱有兴趣，是否积极主动地参与，是否建立了较好的学习习惯；通过观察学生练习、答问、作业的情况，了解其是否真正领会了教学内容，掌握了其中的技能，并获得了学习能力的提高。

(二) 听课的注意事项

(1) 名为"听课"，其实不止是听，听课者在课堂上要做的工作有很多，包括看、思考、记录等。听课要做听课记录，不只要记录听到的、看到的，而且要记录想到的。

(2) 在心态上，听课者不是"审判者"，也不是"考官"，要尊重任课教师，尊重课堂。听课的态度要端正，目的应该明确，既要避免盲目崇拜名师，盲从模仿的心理，也要舍弃批判挑刺的态度，不能自以为是地拿自己的优势和长处或者某些标准、模式去"套"。这样封闭的态度不利于自己的学习，对任课教师也不公平。听课是要学习而不是膜拜，要有批评但不是批判，听课者应该有颗"平常心"。

对新教师来说，听课是学习的好机会，要多发现任课教师的优点，为我所用。在形式上，要注意教师的仪态、板书、教具、语言水平等；在内容上，要多思考任课教师的备课方法，体会其对教材处理的技巧等。虚心和同行交流，为自己的专业提升和事业发展打好基础。

（3）听课者一般也是教师，须注意"为人师表"，听课时的仪表言行要得体。进入教室应该和教师微笑示意，把手机等随身携带的电子设备调成静音；听课过程中，应该用对学生的要求来要求自己，认真专心，不做与听课无关的事，比如，和旁边的学生说话或者听课教师之间窃窃私语等，更不能中途离开。这些行为都会分散学生的注意力，也会影响授课教师的情绪。

三、听课记录的写作方法及示例

一般说来，学校或教研室应制定统一的听课记录表，听课教师按照表格要求填写即可。如果是教师自发的听课，记录形式则相对自由。总的来看，听课记录中通常都应该包括情况简介、教学流程和点评三个方面。

情况简介指的是听课时间、学科、班级、课程名称、授课教师、班级人数、课室等关于所听课程的基本情况。

教学流程是听课记录的主要部分，有的听课表这部分由听课教师自主填写，有的会大致给出主要内容。这部分的记录可简可繁。简单的听课记录只需概括教学步骤、方法和板书；详细的听课记录则会包括教学环节、教学内容、主要教学手段和方法、师生的重点语句、学生活动情况等方面；还有一种"写实式"的记录，即把从开始上课直到下课师生的全部言行活动都记录下来——要注意的是，这不是说听课者要做摄像机，什么都记，还是要有重有轻、有所选择的。

点评是听课的价值所在，只记不评就失去了听课的意义。点评的内容一般有两种形式：一种是听课过程中随时记录，随时点评，这种点评一般把记录分两栏，左边是教学实录，右边是点评；一种是在教学流程综合分析后统一点评，这种点评常常是总体性评价。根据这两种形式，听课记录表也有两种设计：一种是两栏式，左边是教学流程记录，右边是点评；一种是上下栏式，上边是实录，下边是点评。关于点评的具体技巧可以参看本章的第三节。

以上三部分是听课者在听课过程中即时记录，听课后整理、填写的内容。

有的听课评价表不光要求有课堂记录的内容，还会列出评价的指标。比如下表：

表7-1　××大学听课记录表

课程名称：＿＿＿＿＿＿＿＿＿＿　　　　授课教师：＿＿＿＿＿＿＿＿＿＿

星期＿＿＿＿第＿＿＿＿节　　　　　　听课地点：＿＿＿＿＿＿＿＿＿＿

教师到达教室时间：＿＿＿＿＿＿＿＿　开始授课时间：＿＿＿＿＿＿＿＿

学生应到人数：＿＿＿＿＿＿＿＿　　　实到人数：＿＿＿＿＿＿＿＿

迟到5分钟以内人数：＿＿＿＿＿＿　　迟到5分钟以上人数：＿＿＿＿＿＿

教师是否对迟到学生提出批评：＿＿＿＿＿

授课内容摘要（不够可附页）：

在教学改革方面的特色（教学内容、方法、手段、教材使用等）：

学生对授课的反映：

意见和建议（对课堂情况及对本节课的改进意见）：

类别	评价项目 （请在选定的评价等级上打"✓"）	A 10 分	B 8 分	C 6 分	D 4 分	E 2 分
教师授课情况	上课认真负责，讲课精神饱满，耐心辅导答疑					
	严格学生考勤，注意维持课堂秩序，关注学风养成					
	讲述内容充实，重点讲解突出，难点分析透彻					
	概念准确，体系严密，注意联系学科最新动态					
	理论联系实际，材料（案例）新颖，有代表性					
	教学方法灵活多样，能够产生较好的教学效果					

（续上表）

		优	良	中	差
教师授课情况	教学进度安排适当，适合学生的学习能力				
	能给予学生思考、联想、创新的启迪				
	师生交流好，课堂气氛活跃，学生学习兴趣浓厚				
	通过教学明确课程教学目标，并能够达到教学目标的要求				
	您对教师上课的总体评价				
学生上课情况	遵守学习纪律，不迟到、不早退				
	认真听课，积极思考				
	尊敬老师，举止文明				
	您对学生上课的总体评价				

听课人：＿＿＿＿＿＿＿　　　　单位：＿＿＿＿＿＿＿　　　　听课日期：＿＿＿＿＿＿＿

也有的听课记录表格上没有给出教学流程这一部分的空间，而是分解为具体的评价指标，如表7-2：

表7-2　××大学听课记录表

课程名称：＿＿＿＿＿＿＿＿＿　　　　开课院系：＿＿＿＿＿＿＿＿＿

任课教师：＿＿＿＿＿＿＿＿＿　　　　教学对象：＿＿＿＿＿＿＿＿＿

上课地点：＿＿＿＿＿＿＿＿＿　　　　学生出勤情况：＿＿＿＿＿＿＿＿＿

上课时间：＿＿＿＿＿＿＿＿＿　　　　任课教师签字：＿＿＿＿＿＿＿＿＿

	评价指标	优	良	中	差
1	有教案，备课充分				
2	教学内容充实，信息量大				
3	阐述问题深入浅出，有启发性				
4	教学重点突出，表述简练准确，有条理				
5	板书工整，设计合理				
6	对课堂讲授内容掌握娴熟，运用自如				
7	教学内容能反映或联系学科发展的新成果				
8	教学富有启发性，能给予学生启迪				
9	课堂控制和应变能力强				
10	课堂气氛活跃				
11	教师教态大方，精神饱满				

（续上表）

	评价指标	优	良	中	差
12	学生衣着得体，仪态自然				
13	课堂纪律良好				
14	教学媒体使用得当				
15	总体评价				
意见和建议：					

听课人签字：_____

（××大学教务处制）

不管听课表格是何形式，教学流程的记录都应该是必不可少的，不管简繁，听课者都要有所记录，如果表格上没有就写在本子上，以便于评课的客观可查。

下面是几篇华语教学课堂听课记录与评价的实例。听课记录是在听课过程中完成的，可详可略，下面的几份听课报告的教学实录都比较详尽。详尽的听课实录能为听课评价的完成提供有力的保障，对听课者也是一种有益的促进。三份听课报告中的评价表是听课人根据听课评价指标体系自行设计的，从中可看出不同听课者对评价指标体系的不同认识。

实例1

听课报告

一、教学实录

课程名称：汉语精读 I

听课内容：第六课《谈爱好》

使用教材：周健主编"快捷汉语系列教材"之《基础汉语》（第一册上）

听课时间：××××年9月28日星期二08：30—10：10（2课时，90分钟）

任课教师：陈老师

听课班级：初级班（14人）

教学对象：来自印度尼西亚巴布亚省的学生，汉语水平是零起点，来中国之前在雅加达曾受过3个星期的汉语培训，听课时他们在中国刚学习了1个月的汉语。根据培养计划，要求全班在1年的学习之后通过汉语水平考试6级，由此取得中国大学的专业学位，所以，与其他对外汉语班不同，这个班是属于快速班。

教学重点：

（1）语法点：疑问句①……什么……？②……怎么样？

（2）运用课文中的句子互问爱好。

教学难点：疑问句、谈爱好

教学工具：黑板、粉笔

教学环节：

准备上课（上课之前）：发作业本；在黑板上写新生词。

1．组织教学（2分钟）

（1）教师点名，学生集中注意力。

（2）评价学生的作业。

2．学习新课（60分钟）

（1）学习生词。（12分钟）

（2）讲解生词，学习语法点（疑问句）。（38分钟）

（3）学习课文。（10分钟）

3．交际练习

口语表达，学生分组谈朋友或家人的爱好。（26分钟）

4．布置作业（2分钟）

教学过程：

（一）组织教学（2分钟）

（1）教师点名，检查学生出席情况，让学生集中注意力（1分钟）。

（2）评价学生的作业。（1分钟）

（二）学习新课（60分钟）

1．朗读生词（12分钟）

（1）老师随机指名学生读所指的生词，纠正学生的读音并且示范读出正确的读音。之后评价学生的发音，以鼓励的态度为主。（10分钟）

（2）老师让学生把黑板上的生词一起再读一遍。（1分钟）

（3）老师带读一遍（不按顺序），学生跟着读，以比较快的速度来读，偶尔老师会把几个可以组合的词语组成短语来读，让学生跟着重复。（1分钟）

2．讲解生词，学习语法点（38分钟）

老师开始以对话方式引导学生学习课文中的句子，并且尽量让学生使用黑板上的生词回答问题，纠正学生的语法错误以及发音错误。同时，老师把每一个问题和答案写在黑板上，以便学生抄笔记。而且，在问答完每道题之后，老师或者再叫个别学生重复老师的问题和答案，或者让学生一起读一遍，或者让其他学生判断答案是否正确。这使其他学生在老师与个别学生进行对话时，注意力集中，有利于训练学生的听力。

老师的问题与学生的答案如下：

（1）你有什么爱好？

我的爱好是＿＿＿＿＿＿。（"爱好"在这里是名词）

我爱好＿＿＿＿＿＿。（"爱好"在这里是动词）

（2）你的兴趣是什么？

我的兴趣是＿＿＿＿＿＿。✓（"兴趣"是名词，回忆旧知识点）

我兴趣＿＿＿＿＿＿。✗（"兴趣"不能成为动词）

（3）你喜欢流行歌曲吗？
你最爱听谁的歌？ ｝（指定学生回答）

（4）问：你们喜欢＿＿（动词＋名词）＿＿？

答：我喜欢＿＿＿＿＿、＿＿＿＿＿和＿＿＿＿＿。

例：我喜欢看电视、唱歌和逛街。

（老师让学生根据自己个人的爱好回答问题）

（5）今天下午逛街 怎么样？
行不行？（复习旧知识）
好不好？（之后让学生一起读一遍）

（6）你 为什么 不逛街？

"为什么"可以放在主语前或者主语后或者句尾，如：

为什么你不逛街？

你不逛街，为什么？

因为今天下午我们有课。

（7）你有男／女朋友吗？
你有男／女的朋友吗？ （学生答）

"朋友"的量词：一位／个朋友。

可以与"朋友"搭配的词：找朋友（复习旧知识）／好朋友。

3．学习课文（10分钟）

（1）老师领读课文（读一遍），学生跟着读。（课本第61页）

（2）讲解并板书课文中的重要句子。

你有什么爱好？ ≈ 你的爱好是什么？

你喜欢流行歌曲吗？最爱听谁的歌？

我喜欢唱歌、踢足球和看电视。

孙小红的兴趣是逛商店。

今天下午逛街，怎么样？

你为什么不喜欢跳舞？ ≈ 为什么你不喜欢跳舞？ ≈ 你不喜欢跳舞，为什么？

你平常都看什么电视？

她找了一个男朋友，是巴西人。

你的女朋友肯定很漂亮。

我还没有女朋友呢。

老师让学生一起读黑板上刚刚学过的句子，之后让个别学生自己读一遍。

注：可能是因为课文内容与刚学的语法点句子内容基本重合，因此，老师没有再讲解课文。

（三）交际练习（26分钟）

口语练习，以家人或者朋友的爱好为题目，让学生练习表达。首先，老师让学生分组，3~4人一组，根据已定的练习题目，由两个同学互说出对方家人或朋友的爱好，另外一个同学说出这两位同学的爱好。在练习期间，老师要求学生尽量不用自己国家的语言，多用汉语说话，可以参考课文中的内容说话。每组分别练习准备，时间定为15分钟。接着，每组轮流说话，每一个学生都要说话，老师直接评价，并且纠正学生的错误。

（四）布置作业（2分钟）

老师把作业写在黑板上：主课本的第66页，第3、第4题。

提醒学生复习今天学过的生词和句子。

二、听课评价

课堂教学质量评价表

课程名称	汉语精读Ⅰ	专业班级		初级班		人数	14人
教师姓名	陈老师	听课时间	××××年9月28日星期二（08：30—10：10）		听课地点	教学楼108	
讲授主要内容	第6课《谈爱好》						
使用教材	周健主编"快捷汉语系列教材"之《基础汉语》（第一册上）						
教学评价							
一级指标		二级指标	A 优	B 良	C 中	D 差	E 较差
教学内容	1	基本概念和知识讲解准确清楚，重视科学思维方法的培养		✓			
	2	善于联系实际，适当补充实例，内容丰富、信息量大	✓				
	3	善于结合本课程介绍有关的学术进展		✓			
	4	少运用专业词语，以免学生听不懂			✓		

（续上表）

				✓			
教学方法	5	教学方法、手段、形式的选择和运用有利于激发学生的学习兴趣		✓			
	6	对问题的阐述深入浅出，有启发性	✓				
	7	讲课有感染力，能吸引学生的注意力		✓			
	8	对问题的阐述简练准确，重点突出，难点讲清楚，思路清晰	✓				
	9	语言生动、精练、准确，逻辑性强，能给予学生思考、联想、创新的启迪		✓			
	10	讲课多用汉语，少用英语	✓				
教学态度	11	上课有充分准备，对课程内容掌握娴熟，运用自如	✓				
	12	讲课有热情，精神饱满		✓			
	13	治学严谨，为人师表		✓			
	14	能调动学生情绪，课堂气氛活跃		✓			
学生情况	15	学生听课认真		✓			
	16	学生写作业的情况		✓			
总体印象评价等级			B（良）				

总体评语

比较好的地方：

本次教学总体效果良好。主要表现在：教学内容丰富，课堂秩序比较好，在教学时间的分配上也比较适当，而且使用充分。老师声音洪亮，发音清晰，语速较慢，一字一词说出来，使学生容易听得懂。板书使用好，老师用不同颜色的粉笔来显示重点词或者补充信息，使其更加明显。因为这个班比较特殊，要达到的学习目标和教学任务比较重，所以，在教学方法上，老师将汉字、词汇、语法和课文的教学融在一起，不仅节省教学和学习时间，也让学生快学快用，符合所使用的教材重点，也适合在日常生活中运用。另外，教材中每一课的生词都比较多，以此方法能避免学生一次学习太多生词。最后，老师在教学过程中重点突出，在练习过程中使用学生互评的方法，能集中学生的注意力，同时也锻炼学生的听力和说话能力。

应注意的地方：

首先，老师对学生的学习进步不够大似乎不太满意，虽然不是很明显地表现出来，但是，台下的学生可以感觉到，这可能会使学生产生紧张的情绪和压力。其次，当学生在组里合作时，应尽量让每个人都说话。虽然这样做花的时间比较长，但是，也是学生进行口语锻炼的一个好机会。看得出来部分学生还是有一点心理障碍，尤其是男学生。还有，上课的时候，老师在讲语法点的时候有时会冒出一些专业词语，这样会影响学生的学习效果。最后，虽然老师的方法已经很好了，但是，还是感觉课堂教学的气氛多少有一点沉闷。

（根据暨南大学华文学院汉语国际教育专业印度尼西亚籍硕士研究生秦仙霞听课报告改写。指导教师：蔡丽）

实例 2

听课报告

一、听课实录

第一节课

（一）第一步：评价作业（约 8 分钟，8：30—8：38）

教师在上课前 5 分钟到课堂，在黑板上把学生作业中的典型错误板书出来。

教师准时上课，发作业本，讲解作业的主要问题。教师先问全班学生，是否有问题，然后解释学生所提问题并纠正错误。

（二）第二步：复习上节课内容（约 11 分钟，8：38—8：49）

教师在上节课已经讲解了部分课文内容（第 1—3 自然段），并布置了让学生回家阅读的任务，因此，教师在本次课上让学生试着回答课文后面的几个问题。

教师问问题，学生回答，教师以讨论的方式点评问题。教师点名问问题，引导学生用完整句子回答问题，并以点名的方式向多个学生提出相同的问题，以引导学生回答完整的答案。每个学生答完后，教师暂时不作点评，直到问第二个问题之前，她才对学生的回答进行总结，并说出理想答案。教师指出回答问题时要把代词还原，并说明每个答案中的关键词语，如"将错就错"等。

有几个学生没有完成教师布置的作业、回答不出问题来，教师让没有做作业的学生举手，并用幽默的语言提醒学生下次做作业。

（三）第三步：讲解生词（约 26 分钟，8：49—9：15）

教师让学生读生词 28—61，教师注意听学生的发音，遇到较难的发音，及时给予纠正，例如，软。

教师先解释不太重要或不太难的生词。因为该类词较多，除了跳过一些重要生词（例如，悄悄、关于、渐渐等），基本按课本生词顺序讲解。

教师讲解生词时，基本采用组词组和举例句的方式。较直观的生词教师用简单的动作讲解，例如，摇头。教师在讲解生词时，注意生词在词义上与已学生词的联系，注意词语的扩展，如反义词"摇头（生词）、点头"，"错误（生词）、正确"，"软（生词）、硬"等。讲解名词时不忘指出量词，例如，讲解"消息"时，指出"一条消息"的搭配。

教师解释词汇时还采用了制造语境的方式，重视词语之间的联系。例如，将"半夜"和"醒"放在一起讲解。

教师：半夜是几点啊？

学生：12 点。

（教师进一步扩展"上半夜"和"下半夜"等词语）

教师：睡觉到半夜会怎样？

学生：会醒来，还会喝水、上洗手间等。

又如，讲解"神秘"时，教师板书"神秘的地方"，并解释说"神秘的地方"就是让人没有办法了解的地方。教师问："你们认为哪里是神秘的地方呢？什么样的人是神秘的人呢？"学生回答，教师反馈。

教师很善于用两个意思较近或较容易混淆的词语放在一起对比讲解。例如，神秘与秘密（已学过），记得与记忆（已学过）。另外，讲解"表露"时，教师又将其与"显出"（上节课学过）放在一起讲解。

整个生词教学中，教师明确提示口语和书面语词及其运用。例如，讲解"叹息"时，明确表示是"叹气"（已学过）的书面语。讲解"跟随"时，明确表示是用于书面语，并举例子"某同学跟随她的丈夫来中国学习汉语"，这句话与"A 跟着 B"，是一样的。

讲解助词时，教师采用搭配的方法，让学生可以更加直观地理解。例如，讲解"所"时，教师在黑板上写出：

所——你所说的话

你所吃的东西

你所唱的歌

你所走的路

教师指出以上句子没有"所"意思也不变。那么，这个"所"是怎样用的呢？"所"没有特别意思，就是强调你做的全部动作。学生问："跟'全部、所有'一样吗？"教师答："不一样，这里的'所'是强调你做的那个动作，一般用在书面语，口语里有时也说。"

本环节讲解生词共 15 个（生词 28—30、34—40、42、45、46、47、49）。

第二节课

（一）第一步：听写生词（约 7 分钟，9：25—9：32）

教师组织学生听写前一天学过的生词（生词 1—27）。生词听写时教师要求学生在每个生词旁边注上拼音。教师一共听写了 13 个生词，教师选择听写的生词均为本课文的重点、难点生词。生词旁注拼音，有助于学生学习词汇，也达到音、形同步测试的效果。

（二）第二步：继续讲解生词（约 35 分钟，9：32—10：07）

教师继续讲解本课生词。在这一环节，教师重点讲解本段生词中的重点生词，均采用对比讲解、举例说明以及生词反复练习等手段。

教师继续讲上节课没讲完的不太重要的生词，并明确告知学生"悄悄、渐渐、关于、好、开口、所谓"等生词为本课重点、难点生词。

教师多半采用对比的形式解释剩下的不太重要的生词。讲解"特有"时，采用对比的方法，与"特色、特点"作了比较。解释"甜蜜"时，教师强调它是 AABB 式的形容词，选用了"甜蜜的生活、新婚很甜蜜"等例子。解释"责怪"时，将其与学生学过的"埋怨"对比解释。其余生词基本用学过的生词代替解释，例如，"未来"就是将来，"深深"就是很深刻，"预知"就是事情发生前就已预见到了这个事情等。

教师讲解重点生词时，会明确提出下面要讲的生词是本课的重点生词。教师在黑板上板书：

悄悄：他～进来了。

偷偷：他～进来了。

教师指出，"悄悄"就是没有声音或者声音很小，"偷偷"是不让人知道。接着，教师设置不同语境，引导学生体会这两个词的不同。

教师：你们在家里半夜醒来（采用了刚学过的生词，有复习作用）肚子饿了要去厨房，怎么去？是悄悄还是偷偷？

学生回答。

教师："悄悄"是不出声音，不是不让家人知道，"偷偷"是不让家人知道。

教师：A（班里的某位同学）同学知道 B 同学家有好吃的东西。半夜，A 同学饿了，悄悄去还是偷偷去吃 B 同学家的东西？

学生反馈，教师点评、指正。

学生问：跟"默默"有什么不同？

教师："默默"是强调不说话，而不是动作，"悄悄"是描写动作或行动。同学们，晚上妈妈不在家，你偷偷饿。不去学校，你偷偷生病，可以吗？

学生回答，教师引导，让学生说句子，训练学生对"悄悄"、"偷偷"和"默默"的运用。

教师板书：

渐渐：①书面语；②慢慢（过程时间长）。

慢慢：动作慢，小心（该词学过，学生说出，教师总结并板书）。

教师解释"渐渐"是书面语，是慢慢的意思，时间一般比较长的过程。教师举小孩长大、汉语水平进步等许多例子，并强调"渐渐"是过程，时间一般比较长；"慢慢"是动作，不是过程，时间一般比"渐渐"短。教师在讲解过程中，一边创设情境，一边板书。其板书如下：

渐渐：小孩～长大了。

　　　他的汉语水平～提高了。

　　　他的身体～好起来了。(～+形容词)

　　　太阳～落下去了。

　　　我～忘了这件事。

来中国以后~地习惯了。(~ + 动词)

渐渐+ 动词 + 着/过（×）

教师问："'渐渐'把饭吃完了，可以吗?"学生回答："不可以。"教师说："这是因为吃饭的过程不长，所以，不能用'渐渐'，长大的过程就比较长，所以用'渐渐'，也可以用'慢慢'。"教师问："你们来中国习惯了吗?"学生回答，教师跟学生一起说，并板书。"来中国以后（'慢慢'还是'渐渐'）地习惯了。"教师说："'地'可以不要。"教师总结"渐渐"后面可以跟形容词也可以跟动词，动词后面不加"着/过"，但可以加"地"，边说边板书（如上）。

教师的解释，大部分学生都能听明白。为了加深学生对"渐渐"一词的印象，教师先让学生齐读3遍黑板上的例句，再让学生背记。接下来，教师把黑板上的第一个例子擦掉，让几个学生（教师点名）单独各说1遍，以使他们真正掌握此知识点。其他例子也使用相同的方法，直到黑板上的例子全部擦完为止。

（三）第三步：解答问题（约2分钟，10：07—10：09）

由于剩下的时间不多了，所以，教师把后面的重点生词和对课文的讲解留在下次课进行。教师问学生有什么不明白的。教师巡堂，并为学生解释一些他们还不明白的生词和意思。

（四）第四步：布置作业（约1分钟，10：09—10：10）

教师布置课后练习中的第4、第5、第6题为作业，让学生认真完成，明日检查。

本课基本讲解方式：生词＋课文＋生词＋课文。同时，将课后练习题布置为作业，第二天点评作业。另外，教师还会在讲解课文时穿插重要的知识点和文化点（本人询问，任课老师回答）。

二、听课评价

听课评价表
××××学年第1学期

开课单位：　××大学　　　　　课程名称：初级汉语精读课

授课教师：　××老师　　　　　教师职称：　讲师

授课班级：　初级A班　　　　　班级人数：　27人

出勤情况：到课23人，迟到2人，早退0人，无故缺席0人，请假4人

授课时间：××××年12月23日，星期二，第1-2节，地点：教学楼103

授课内容：《汉语教程》第三册（下）第18课生词和课文教学

听课后的分项评价：请在下列各题之后的相应评分位置填入您的选项，只限单选。

选项标准：A. 优，B. 良，C. 中，D. 较差，E. 差

	评价项目	A	B	C	D	E
1	教书育人，为人师表，爱护学生	✓				
2	教态端正，仪表端庄，讲课热情，精神饱满		✓			
3	思路清晰、逻辑性强，注重启迪学生思维，注重学生能力培养			✓		
4	适度把握进度，按时上下课，课堂时间的利用全面且有效			✓		
5	课前准备充分，内容熟练，上课不照本宣科		✓			
6	讲课有感染力，能吸引学生的注意力			✓		
7	认真、及时批改作业，认真辅导，耐心答疑		✓			
8	对问题的阐述深入浅出，有启发性		✓			
9	对问题的阐述简练准确，重点突出，思路清晰			✓		
10	能调动学生情绪，课堂气氛活跃			✓		
总体印象评价（分为优、良、中、及格、不及格）				良		

综合评价：

　　授课教师着装整洁大方，教态好，符合教师的仪态仪表标准。普通话相对较标准，表达较清楚，多用简单句或学生学过的词语，语速适中，适合初级阶段的学生。教学步骤清晰、正确，适当控制单调的教学环节，教学重点、难点均能把握，讲解清楚，对教学内容较娴熟，能做到深入浅出，讲练结合。板书相当漂亮，能娴熟运用黑板教学，板书起到引导学生记忆的作用。

　　不足之处主要在于基本没有导入，生词讲解时衔接性不强，师生互动较少，课堂练习方式不够多样化，课堂气氛较沉闷，教师不够幽默风趣。教学过程中较少融入趣味性、情意性。

听课人（签字）＿＿＿＿＿＿　　　　　　　　　　　　　　2010 年 11 月 24 日

（根据暨南大学华文学院汉语国际教育专业缅甸籍硕士研究生高天龙听课报告改写。指导教师：蔡丽）

实例 3

听课记录表

课程名称	初级汉语听说 II			授课人	张老师
授课日期	××××年 10 月 14 日	节次	3、4 节	班级	206 室
使用教材	聆听与说话（下）				
教学内容	第 10 课《中国饮食》				
项目	主要观察点			分值	评分
教学内容（30 分）	1. 基本理论、知识、概念、观点正确，无疏漏、无错误			8	7（-1）
	2. 对课堂教授内容掌握娴熟，运用自如			5	4（-1）
	3. 信息量大，材料熟悉，融会贯通，符合大纲要求			6	6
	4. 重点、难点突出，理论联系实际			6	6
	5. 有条理、逻辑性强			5	5
教学态度（20 分）	1. 课前准备充分，上课认真负责			4	4
	2. 有教材、教案或讲稿；或有图文并茂、融知识趣味于一体的电子课件			5	5
	3. 按时上、下课，讲课专注投入、不闲聊与课题无关内容			3	3
	4. 注意教书育人，维持课堂纪律			5	4（-1）
	5. 衣着得体，从容大方，仪态端庄，为人师表			3	3
教学方法（25 分）	1. 上课有激情，充满活力，善于调动学生积极性，课堂气氛活跃			10	10
	2. 教学方法灵活得当，注重启发思维，重视学生智力和能力的培养			6	6
	3. 能恰当运用现代技术手段及教具、模型、多媒体进行教学			3	3
	4. 教学环节时间分配恰当			6	5（-1）
语言表达（25 分）	1. 用比较标准的普通话讲课			6	6
	2. 声音洪亮，口齿清楚，表达清晰			5	4（-1）
	3. 语言准确、生动、流畅，阐述问题深入浅出			5	5
	4. 语速快慢适中			4	4
	5. 板书工整，层次分明，字图清晰，无错别字			5	5
总分	95		综合评定等级		优秀

注：等级分为四等：优秀（90—100），良好（80—89），一般（65—79），差（65 以下）。

	一、听音练习 （1）教师指示学生做听音节写声母的练习，同时选出两位学生在白板前做。一共有18道题。 （2）教师与学生一同检查白板上的答案。（10：32a.m.） （3）教师针对学生的语音偏误进行声母辨析，重点训练几组成对的难音，例如，送气音和不送气音（d—t、g—h、zh—ch）、卷舌音和不卷舌音（sh—s）以及前鼻韵母和后鼻韵母（en—eng）。（10：38a.m.） 二、听句子练习 （1）在练习开始前，教师先把全班学生分组，并明确要求各组学生讨论。（第6—10题时的教学活动，学生讨论的形式比较明显。） （2）学生听了录音后（第1—2题是句子，第3—10题是对话），根据书上的提问回答问题。 （3）对答案时，教师展示句子中的语言点，并一同讨论讲解。 （4）对于第6—10题的录音学生听得不是很清晰，教师及时重播一遍让学生重听，但教师在寻找第6题的录音播放点时浪费了一些时间。 （5）教师使用情境法并给出例句，让学生理解"过不去"的另一层意义。（11：02a.m.） 三、课文教学 （一）《松鼠鱼》 1. 导入 教师利用菜肴——松鼠鱼的图片来向学生提一些问题。 问题1：有谁吃过这道菜？（学生回答：没有） 问题2：菜肴的材料有哪些？（番茄、鱼等） 问题3：这道菜的味道应该是……（酸酸的、甜甜的） 2. 教师再向学生提另外两个问题，并要求学生带着问题去理解课文的内容 3. 词汇教学 （1）教师领读生词一遍，然后学生跟着读生词。 （2）教师让学生做词汇填空练习，然后一起讨论答案。（11：15a.m.） 4. 听课文的录音 （1）教师再次向学生说问题的提示。 （2）教师播放《松鼠鱼》的录音。 （3）教师提一些问题，检查学生是否已掌握和理解课文。（11：21a.m.） （4）教师播放"判断正误"的录音。学生听录音后作答，然后讨论答案。 5. 说话练习 （1）教师指示学生根据书中的提示语说出一件有趣的事。（此题是复述课文的某一段落的句子） （2）教师让一位学生复述文章中的段落。 （3）教师根据书上的第2道问题向全班同学提问：你怎么知道女的想要吃松鼠鱼？（她说："我的口水就快流出来了。"）（11：33a.m.） （二）《你喜欢喝什么茶？》 1. 导入 （1）过渡语：此课题目是"中国饮食"，因此，与吃的和喝的有关。
听 课 实 录	

（续上表）

听课实录	（2）教师展示各种茶的图片，并与提问相结合。 2. 教师使用图片初步讲解课文的背景与内容 3. 教师展示 5 道提示性的问题，让学生带着问题去学习课文内容（11：38a. m.） （本次课教学内容至此）
评价及建议	（1）从整体上来说，教师对教学内容把握得很好，教学步骤也很清晰，整个教学环节都很流畅。唯一欠缺的地方就是，在让学生听《松鼠鱼》的录音前，教师向学生重复了两次关于听课文的提示性问题，第一次出现在生词教学前，而第二次则出现在听录音前。个人认为，第一次的提示问题可以省去。 （2）教师在教授新课时应设计一些导入的教学活动。 （3）在第一个教学环节（听音练习）中，教师只选出两位学生在白板上写下 18 组音节的声母。建议：教师可让每组学生（1 组为两位学生）只在白板上作答 6 题，那么，18 道题就可以让 3 组学生（6 位学生）在白板上作答，一来可以增加学生的参与面，二来教师可以知道并有效指导全班学生通常在辨音上普遍犯的错误。 （4）教师对于学生容易产生混淆的声母进行辨别并及时给予纠正、操练，这种做法让人赞赏。但对于这个环节，本人有三点意见：第一，教师不应只让一位学生在白板上作答，而应是让全班学生同时在本子上作答，并全面考察全班学生的答案，便于诊断出关于学生的声母辨别的听音偏误。第二，声母 l 和 m 的辨音练习不是辨别声母的重点训练。第三，g 和 h 不应作为一组送气和弱送气的辨音练习，而应以 g 和 k 为一组。 （5）教师花了 7 分钟与学生讨论"听音练习"中的 18 道问题，此步骤有点儿拖慢了。对于错的答案，教师只需要其他学生说出正确答案，然后教师在白板上纠正就可以了。 （6）对于喜欢回答问题的学生，教师不应该直接压制学生答题的欲望，而是应委婉地告诉学生回答的机会应该是公平的，应该给予班上每一位同学回答问题的机会。 （7）教师应使用正常的音调来说话，其音调有点儿高，因此，听起来有点儿刺耳。同时，句末不宜出现太多无关的"语气助词"。

听课老师签名	郭联福	教导处签阅
听课日期	2011 年 10 月 14 日	

（根据暨南大学华文学院汉语国际教育专业马来西亚籍硕士研究生郭联福听课报告改写。指导教师：蔡丽）

第三节　评课的基本内容

一、评课标准的制定

既然是评价就一定离不开评价的标准。评价的标准是评价目标的体现，反映着评价的水平，对评价对象有很强的指导作用。评课标准的制定是评课过程中极其重要的一环。

　　一般进行规范的、有组织的评课，要先选择合适的人员组成评课专家组，包括教学能手、教学研究专家等，统一和明确评课的目标、原则、方法、对象、内容等，然后对评价标准进行量化，制定出评价量表，实施评课。量表往往要根据具体情况进行修改、完善。

　　制定评课标准应遵循以下四个基本原则：

　　1．以人为本

　　这里的"人"指的是教师和学生两方面。评课应该以教师和学生的发展为目标。既强调学生在教学过程中的主体地位，强调尊重学生人格和个性，激发他们的学习兴趣，培养其良好的思维习惯；也要体现出对教师职业发展的指导作用。每次评课都是一次对被评价教师进行指导、培养的机会，在给予专业的、经验的普遍性建议外，应该鼓励教师建立起自己的教学风格。

　　2．评课的目标要明确，重点要突出

　　课堂教学涉及很多方面，比如，课前准备、班级特点、课堂细节等。评课很难面面俱到，而且也没有必要面面俱到。每次评价，应该有重有轻，重的是突出性的问题、关键环节、教学理念等，让教师抓住这些主要问题，以便更加实际、有效地改进教学。

　　3．评价的标准要现实可行，有操作性

　　理想总是美好的，人们对课堂教学也会有很多期待。但是，具体的评课标准要符合当时当地的条件和师生的情况。标准既要有指导、吸引的作用，也要有激励的效果。这要求制定标准时，全面了解被评价者的情况。评价的标准还应该易于操作，标准不能过于抽象，而是要可观测、可具体评价。比如，在一定的教学理论指导下，把评课的标准细化为量表，使评课的标准清晰具体，教学者也更容易了解应该注意的地方。

　　4．评课标准要与时俱进

　　人们对教育、教学的理解是不断加深的，通过评课本身的实践，评价者对评价的标准也要不断审视反思，看所用标准是否科学，是否符合实际，是否取得了理想的效果，有哪些新问题。

二、评课的形式

　　评课的形式多种多样，常见的有以下几组分类：

　　（一）个别面谈式—小组评议式

　　个别面谈式以一对一的探讨、指导为主，可以是相熟的同行、同事面谈，也可以是资历较深的教学、评课专家对普通教师的特别指导。个别面谈的形式由于涉及的人少，时间、空间较自由，评价者和被评对象的压力都小些，参与者可以更轻松、更深入地探讨。

小组评议的组成人员一般是同行、同事，甚至是同课头的同事。在大家对教学内容和教学目标都比较熟悉的情况下，小组评议人员往往可以给出比较具体可行的建议。这种形式的参与者多，优势在于可以给出更多、更全面的意见，不足之处在于可能产生一些不同甚至矛盾的看法，评价者和被评对象的压力相对较大，需要更加注重评价的表达方式。

（二）面谈式—书面材料式

面谈就是当面谈论和评价，这样的形式方便评价者和被评对象即时了解和沟通，避免猜测或者想当然的情况，利于把评价和探讨引向深入。

使用书面材料的形式一般是评价者根据听课情况填写评价表格或评价量表，或者是写出自己的听课体会。这种形式还包括使用调查问卷，上课教师本人也可以设计和发放调查问卷，调查的对象可以是听课教师、专家，也可以是学生。由于少了当面质疑可能带来的尴尬，所以，书面材料的评价往往更加直接和清晰。

（三）他人评价式—自我剖析式

前面提到的方式基本都是他人评课，除他人评价，上课教师自己的反思、分析也是非常重要的。有人说"教学是遗憾的艺术"，因为不管课前如何准备和设计，课堂的情况总是无法完全预料和掌控的，每次课都是"现场直播"，这对教师的应急反应要求非常高，常常在结束一堂课之后，教师放松下来，一些更合适、更巧妙的讲解方式才出现在脑中。教师要想获得更好的掌控课堂的技巧，离不开经常性的反思，从总的教学过程，到细微的语句表达、形体语言等，都是课后自我剖析的内容。这种反思与摸索既有利于提高教学水平，也有利于教师的专业发展。

（四）量表评价式—陈述式

量表评价式就是事先制定一个关于课堂评价的量表，听课教师根据表上的各项教学要求对所听的课进行评分。这种方法中最关键的当然是量表的设计，它的质量直接决定了评价的水平。

陈述式则是听课者对课程总体或部分情况进行定性评价，主要表现为综合评价语。

（五）定点式—综合比较式

所谓"定点式评课"，是指针对具体某位教师某堂课的评价，有时候也指专门针对某种教学方法、教学现象进行的评课。比如，领导和专家一般会对新教师或者有提高职称需要的教师进行评课，目的是了解业务水平，给予指导或评级。当集体研究或学习某种教学方法的时候，为实地了解其效果，发现其问题，也会进行定点式评课，指定一位或几位教师按照指定方式进行教学，大家根据上课情况进行分析，通过这样的评课完善教学方法，提高集体教学水平。

综合比较式评课是把几堂课放在一起进行对比和评价。比较的对象一般是不同教师讲授的同样或相关的教学内容，容易看出各自教学特点和优缺点。有时候也有同一教师的几堂课的比较式评课，这种情况一般用于考评或"诊断"某位教师的教学。

三、评课的内容

评价一堂课，总的来说，可以从教师、教学、学生三个方面入手。

（一）评教师

评教师，主要是教师展示出的对教学基本功的掌握情况。比如，对学习内容、重点与难点的选择和处理是不是科学合理；教学设计是不是详略得当、生动有趣；相关教学材料是不是充足；教师的仪表举止是否大方得体，语言是否清晰有感染力，板书是否科学、合理、美观，使用必要的教学媒体是否熟练；在课堂上能不能根据学生反应适当调整教学进程，设计的问题和情景激励性和启发性如何，教师有没有为每个学生提供平等参与的机会，对学生的学习活动进行有效指导，采用积极、多样的方式评价学生表现，机智地处理临时出现的各种情况，等等。

对教师的评价，还包括教师的教学态度和教育理念。"态度决定一切"，爱是把工作做好的最大的动力。热爱教育的老师备课细心充分，课堂上总是精神饱满、充满活力的；愿意亲近学生、关心学生、了解学生。当这样的老师上课时，学生会表现得自然而积极，课堂气氛会亲切而热烈，表现出和谐融洽的师生关系。在教学理念上，随着人们对教育实践、教育理论的认识发展，现在不管什么课程，一般都要求教师避免单纯灌输的方式，而是通过种种手段激发学生兴趣，引导启发他们思考，培养学生发现问题、解决问题的能力和习惯。

（二）评教学

评课的最主要内容是教学，它包括教学目标、教学程序、教学方法、教学效果。

制定合理的教学目标并实现它，这是教学活动的核心任务。除了知识的学习，语言教育重视提高学生运用所学知识的能力和学习的能力。评华文教师的教学目标就要看其中是否包含了知识和能力两方面的内容。这些内容应该适应学生年龄、教材内容和大纲总体要求，明确而有主次。根据学科的特点，华文教学还要注意对学生品德情操的培养目标。

教学目标是通过教学程序来完成的。一堂课的教学是由很多个教学环节构成的，比如复习、引入新课、讲解、问答、讨论、实践、练习或游戏环节等等。评课者要观察教师如何选用和设计这些环节，它们是否必要，各环节之间如何连接，时间的分配是不是合理。当有多位评课人的时候，可以分工观察和评价。

每个教学环节都要使用适合的教学方法。在语言文化课上常见的教学方法有讲授法、问答法、讨论法、演示法、练习法、指导自学法、实践法等。教无定法，教学方法的选用最关键的是要看是否适合学生的特点和所涉及的教材内容。教师的教学方法要灵活多样，贵在得当，贵在创新。

评价教学效果既要看课堂，也要看课下。课堂上可以观察到学生的参与情况、课堂气氛、练习、使用的效果；作为旁观者，评价者往往可以更细致地了解到学生的反应。课下查看学生的笔记、听他们聊天或者调查询问、了解学生做作业的情况等，都可以使评课者更准确地评价教学效果。

（三）评学生

评课不等于"评师"，明确这一观念非常重要。教师往往是评课者最直接和最常见的沟通对象，评价的最终结果最能影响到或者最能产生作用的往往也是任课教师，但是，评课的关注点绝不应该只放在教师身上。一堂课是否成功，学生的参与和表现是不可缺少的考量因素，教学效果更是基本上就是看学生的反应。评课者有更多精力和更有利的角度去观察学生的课堂反应和表现，这些观察和评价有利于任课教师全面客观地了解自己的课堂，调控课堂，改善教学行为，改进师生在课堂上的合作关系。

评价课堂上学生的情况，一要看学生的参与程度。是否全员参与学习，而不是有的积极活跃，有的被动漠然甚至如旁观者一般。如果一堂课上常常是一些固定的学生在发言，或者很多学生有时候专心学习，有时候无所事事甚至开小差，评课者就要认真观察和分析，帮助任课教师认识这种状况了。

二要看课堂气氛。教师和学生之间、学生和学生之间的关系是否融洽和谐，学生的主动性怎样。是兴趣浓厚地探寻问题和答案，还是消极被动地应对教师的各种问题和要求，学生敢不敢平等自由地提出自己的想法或者意见，教师能不能平等亲切地面对学生的疑问，学生之间有没有友好协作解决问题，学习过程是否愉悦，学习兴趣是增强还是减弱。良好的课堂气氛是日积月累才有的成果，相比其他项目而言，课堂气氛更能反映师生相处的真实情况。

三要看学习效果。学习效果不仅是指学生掌握了教学目标所包括的知识并获得了相关的技能，还包括这次的学习是否让学生有满足、成功和喜悦等积极的心理体验，是否保持或者提升了学习兴趣，或者体验到了协作、尊重、勇敢等品质带来的乐趣，学习到了一些发现问题、分析问题、解决问题的方法。成功的课堂带给学生的不光是知识，而是全方位的收获。评课者也应该从多角度去观察和分析。

学生的课堂表现和很多因素有关，家庭氛围、性格特点、个人能力甚至当时的身体心理状况都会是影响因素。对学生的观察和评价，最终还是要通过任课教师来发生作用。作为教学主导因素的教师要注意的就是教学目标应该明确、具体，适应学生的心理特征、认知水平，了解学生、关心学生。

评价学生的表现，我们可以从表 7-3 中获得参考。

表 7 - 3　评课中对学生表现的评价

项目		内容
学生参与	参与广度	·学生参与学习活动的人数较多 ·学生参与学习活动的方式多样 ·学生参与学习活动的时间充分
	参与深度	·能提出有意义的问题或能发表个人见解 ·能按要求独立思考，多角度分析问题 ·学生间能主动倾听、合作、分享
	参与态度	·对问题情景能很好关注 ·参与教学活动积极、主动
学习气氛	宽松程度	·学生的人格受到尊重。 ·学生对问题的回答得到鼓励，质疑问难得到赞许 ·学习进程张弛有度
	融洽程度	·课堂气氛活跃、有序，师生精神饱满 ·师生、生生交流平等、积极、有效
	目标达成度	·构建良好的认知结构，能灵活解决学习中的问题 ·每个学生都有不同程度的收获 ·多数学生能完成学习任务
学习效果	成功体验	·学生体验到学习和成功的愉悦 ·学生有进一步学习的愿望

（本表作者系浙江省嘉兴市秀洲区教研室施福荣，有删改）

第四节　评课的技巧

　　评课是一项技术含量很高的工作。课，人人都可以看，可以听，可是要进行科学合理的评价，需要评课者对课程特点、课堂教学等理论和实践有较好的基础。可以说，评课既是对任课教师的考验，更是对评课者的考验。

　　理想的评课是对被评教师有帮助，也对所有相关的教师、管理者有启发和教育作用。

一、评课的基本技巧

（一）建设轻松的评课气氛

被评教师很容易觉得评课有压力，特别是一位教师面对多位评课者的时候，甚至会有好像被"考试"、被"审判"的感觉。在紧张的气氛中，不管是任课教师还是评课教师都容易失去本来的水准，影响表达的能力。可能有些不足和问题会不好意思说出来，也可能有的小问题表述出来却显得刺耳。

要使评课气氛轻松一些，首先是给参与者民主、平等的发言机会。特别是在有资深的或者"专家"级的评课者在场的情况下，民主、平等的发言和探讨尤其重要，每个问题都有很多面，大家观察和分析的角度总有不同，要避免按照所谓"权威"的标准程式去评论一堂课。不管是发言的时间还是关注程度，评课的组织者都应该注意使尽可能多的评课者参与其中，发表看法。

其次是互动。评课的教师总是可以从听课过程中获得不少可以学习、借鉴的东西，因此，作为回报，把自己的思考、建议告诉任课教师也是理所应当的。明确这一点，可以调动大家发言的积极性。同时，一般而言，任课教师会为上好这节课而做很多的准备工作，有很多思考和理解，因此，在评课过程中，要给任课教师时间简短介绍自己的想法和感受，这样便于评课者整体把握课堂情况，修正一些"想当然"的看法，也会让任课教师获得被尊重的感觉，创造更和谐的评课氛围。

（二）多鼓励

在现在的教育领域，人们普遍重视对学生的表扬和激励，其实教师也一样需要。"良言一句三冬暖，恶言一声暑天寒。"教学是一项富有挑战性的工作，教师面对的是性格、品行、心智各异的孩子，他们的思维和想法也常常和大人迥然不同。教师要上好每一堂课，除了梳理知识外，还要了解学生情况，准备迎接各种"突发问题"。也许任课教师的表现不尽如人意，也许和评课者的期望不同，但是，无论如何都要先看是教学态度有问题，还是教学方法不得当，或者是有偶然因素。很多成功的教师也是从不断的摸索、改进中成长起来的。评课者要以友好、帮助的态度，善于发现教学过程中的亮点，了解任课教师对各教学环节设计的用意所在，帮助任课教师分析经验和教训。评课要使任课教师真正得到尊重和收获。

（三）指出问题要有技巧

一是要有重点。评课的角度很多，如教师语言、环节设置、课堂管理等。每位评课者不必面面俱到地评，甚至不必面面俱到地去看。多人听课时，听课前大家可以分工，有针对性地听课、看课；个别听课的时候，也应该抓主要问题。不管哪种情况，一堂课不可能解决所有问题，如果通过一次评课，任课教师能发现和修正一两个方面的问题就已经算是很有价值了。

二是表述要明确而艺术。问题在哪儿，原因是什么，怎样改进等都要说得清晰明确。另外，评问题和不足的时候不能敷衍了事、模棱两可。这是因为只有在说清楚后大家才可以商讨、解决。但评课者的表达方式不宜直截了当、劈头盖脸，特别是对不是很熟悉或者内向敏感的任课教师，评课者可以通过描述重现的方式先让任课教师自己意识到自身在教学上存在的问题，再由评课者提供自己的观察和思考供其参考。任课教师忽略的情况，评课者点到为止；当对问题有不同看法时，要谨记这一点：这只是我的看法，是否准确、合适要靠实践来检验。评课者应尽量使用轻松幽默的语言，让所提建议更易于被任课教师接受。

二、评价语的写作方法

这里主要指的是陈述式综合评价语的写作方法。通常有两种写法：

1. 先写优点，再写建议

在综合评价语中，先呈现优点可以舒缓任课教师的紧张情绪，创造比较轻松的气氛。不管是优点还是建议，最重要的是真实、中肯、切合实际。言过其实的赞扬和批评都失去了评课本身的意义。所提建议应该符合教学条件和班级实际情况，有具体实施的可行性，如果只是一味地空谈理想的教学效果、硬套一些标准和模式，那么，不但对任课教师的实际帮助不会有多大，反而有可能会引起反感。

下面提供一些评价语的案例：

【案例1】

××老师在教学过程中总体教学效果较好，主要表现在：教态大方自然；语言表达流畅，音量适中；教学思路清晰，教学步骤正确；对教学重点的把握很准确；重视对教具、模型、表格等教学手段的运用。

不足之处主要体现在：导入语不够生动形象；和学生交流时缺少激励语，课堂气氛不够生动活泼；课堂练习方法可以更多样些，可鼓励学生积极参与。

【案例2】

××老师在教学中教态大方、端庄，具有较强的亲和力。教学思路清楚，设计合理，在课前为教学的某些环节准备了小道具，可见其用心程度。在师生互动环节处理得较好，课堂学习气氛活跃、不呆板。

不足之处在于教师语速较快，学生反应速度难以跟上。一些环节可交由学生开口练习，比如，认读生词和句子，以增加学生开口的机会。

【案例3】

一、主要优点

1. 教师的基本功好

作为一位汉语听说课的教师，××老师的基本功扎实。这一堂课，在听写声母上，教师对学生常犯偏误的处理方式很好。如对错误的地方使用不同颜色的笔进行修改，这样，学生就能够很明显地看出错误所在；针对学生容易混淆的声母，教师会再次听写及带读，以此来加深学生的印象。教师的语言表达生动（在讲解短文部分），能吸引学生的注意力。音量与语速适合学生的水平，体态语言恰当，不会太夸张，看起来比较自然大方。

2. 教学技巧运用恰当

本课教学，在对生词和短文的讲解上，教师以递进、语境及连接的方法来引入所学的词语和短文，学生在无形中就已接触了本课要学习的内容，这样，学生学起来感觉比较轻松。在完成第一部分听录音练习上，教师采用了游戏方式，看哪一组做对的题多，这种方法能调动学生的积极性，学生会比较认真地去完成。

3. 教学工具灵活多样

教师利用了几种教学工具，如板书、图片、多媒体录音。教师做得比较好的在于：① PPT课件的字体与版式设计刚好，学生看起来不会感到枯燥；②选图比较恰当，接近学生的日常生活（绿茶的图片）。

二、意见和建议

（1）听写部分。教师让学生到白板上听写前，可以先分好板书区域，这样看起来就不会很拥挤；检查刚听过的词的形式可以更多样，有的可以让学生去改，有的也可以教师自己改；学生一起检查后的听写，教师可再检查一遍，因为对初级班的学生来说，有时候还不一定能改对。

（2）组织游戏环节。教师分组的时候，每一组的人数相差不要太大（如有的组6个人、有的组4个人、有的组2个人）；另一方面，教师也可以把汉语水平比较好的和比较差的分成一组，不一定要按照座位，这样，各组之间的差距就不会很明显，同学之间也可以互相学习。

（3）听短文录音环节。听录音完成练习后，教师可以挑选一个比较有意思的短文，让学生朗读，训练学生朗读课文的语气、语调。

2. 按评价指标逐点陈述，利弊结合

一般各个学校或教研组会有自己的听课表格、评课标准，如果是这样的话，那么，评课者只需根据这些表格所列项目逐一评价即可。当然，这需要在听课时就充分注意到所列项目对应的教学表现。这种写法也要注意兼顾优点和不足，提出建议。任课教师有的项目可能优缺点兼具，有的项目表现好，有的项目表现差，评价者应根据实际情况给予评价。

【案例4】

（1）备课认真，但不够充分，课件准备不足；教材熟悉，但钻研不够；编写教案时对本课教学目标、教学重点的理解不够；教法不够新颖多样。

（2）教态亲切，但不够自然大方。心理准备不足，师生间配合不到位；表情不能起到辅助表达作用。

（3）口语表达能做到面向学生，不照本宣科。

（4）导入方法恰当，但语言平淡无奇，表述不够连贯，不能体现知识性、趣味性和情意性。

（5）讲授线索清晰，过程完整。但节奏拖沓（学习生字、词）、重点不突出，没有高潮和亮点。

（6）评价不及时，评价语单一且不够具体。

【案例5】

（1）在仪态仪表上：着装整洁大方，教态好，符合教师的仪态仪表标准。

（2）在语言表达上：普通话标准，表达清楚，但是，语速有点儿快，有些语言不太符合教师用语要求。

（3）在教学内容上：内容比较充实，重点比较突出，难点也讲得比较清楚。

（4）在教学环节上：教师先用打招呼的方式导入新课，之后是朗读课文，接着是相应练习，最后布置作业。在教学环节安排上，能做到前后自然衔接。

（5）在板书上：讲课过程中，基本上全部靠PPT演示，没有板书。

（6）在灵活性上：虽然与学生之间有互动，在灵活性上还有待加强。比如，每当学生回答完问题，不管回答得对不对，都说"坐下"，没有给学生任何评价；每当课堂有点儿乱，教师总是说："想早点儿下课吗？"

（7）在课堂气氛上：教师注意关注课堂，关注学生，师生互动多，课堂气氛活跃。教师讲课有激情，注意调动学生的学习积极性和参与意识。

（案例1—5由暨南大学华文学院蔡丽老师提供）

第八章　教学手段在华文教学中的运用

为完成一定的目的目标所采用的方法、技巧称为"手段"。所谓"教学手段"，就是为使教学顺利、有效地进行而设计、使用的工具、技巧。教学手段包括各种媒体、工具、设备，如书、笔、黑板、录音机、电视机、幻灯机、计算机以及教师在教学过程中使用的语言，也包括对它们的选择和使用技巧。

人们的认知不断更新，科技不断发展，教学手段随之不断演进。从单纯口授到有教科书、辅导书，有粉笔，到幻灯机、录音机等电子设备的使用，再到今天的交互式设备（像计算机、电子白板）的日益普及，可供选择的教学手段越来越多。然而，不论教育技术如何随科技发展，教学者本身才是教学效果好坏的最终决定者。一方面，他们是各种教学工具和教学媒体的选用者；另一方面，在所有的教学手段中，教学语言始终是最基础、最关键的。

第一节　教学语言的运用

教学是一项科学性很高的活动，而语言是一门艺术，因此，教学语言是科学性和艺术性的结合体。课堂上教师交流的对象是所有的学生，这种一对多的情况使教师处在更加引人注目的位置，教师的语言水平不但影响整个课程的进展，还会对大量的学生产生潜移默化的影响。

一名优秀的专业知识人员和一名好教师之间没有必然联系。一位专业领域的高手，不一定能把自己所知清晰准确地告诉外行人。同样的教学内容，有些人讲出来鲜活有趣，学习者兴致盎然；有些人却讲得枯燥乏味，令学习者昏昏欲睡。这就是教学语言的魔力。教师语言修养的高低能在很大程度上决定课堂教学效率的高低。

语言是沟通的桥梁，教学语言就是教师把知识技能引入学生心里的桥。好的教师往往是语言运用的高手，他们的教学语言既体现了本身良好的知识技能基础，也体现了良好的语言表达能力和语言艺术修养，是科学性和艺术性的完美结合。如果要提高学生的学习兴趣，激发他们的思维，推倒疑惑和明晰之间的那道墙，优良的教学语言是必备的工具。因此，要成为优秀的华文教师，必须重视对教学语言的运用。

一、教学语言的基本要求

（一）准确规范

准确规范是教学语言的最基本要求。其实不管是教学还是平时的交际，准确的表达都是人们正常交流的重要条件。而作为教师，如果语言不规范，除了可能造成学生的疑惑，还可能使学生对知识产生误解。在中国，根据国家及有关部委的要求，语文教师一般要达到普通话二级甲等（比较标准的普通话）以上水平。要成为一名合格的华文教师，一口标准规范的普通话是必需的。准确的吐字归音是汉语之美的重要体现，同时也极富吸引力。

教学语言的准确和规范除了指一般意义上的语音正确清晰，词语恰当、语句通畅等要求外，还包括所讲知识内容的准确，比如，术语的准确使用和对规则等的讲解符合事实等。可以说，前者的准确是以后者为基础的，如果教学者语言准确，却讲错了内容，那和教学目的、教学要求都是南辕北辙的。

（二）清晰易懂

华文学习者还处在学习目的语言的阶段，水平有限。就一个教学班级而言，学习者水平也常常参差不齐。所以，对教学语言的要求更高、更细致。教学者的语速、词语的选用都要充分考虑到学生的水平。特别是在讲解新知识点的时候，所用的词语、句式应该是学生熟悉的。比如，在讲解一些比较抽象的词句时，可以通过创设具体的场景情境，来让学生产生切实的感受、体会。

教学语言的清晰易懂还体现在教学者的思路清晰明了、符合逻辑、合乎常理常情等方面。一位思维活跃的人可能习惯跳跃性思维，可是，在课堂之上，教师的思维要适应大部分学生的情况。在这个意义上，教师不是演员，而是一位引领者。他要有清晰的思路，并把思路用通俗可懂的语言描述出来，而且所用语言应该是精练的、不冗长啰嗦的。因为过度的解释有时候会把学生带回到迷惑中，或者把他们的兴趣消耗尽。

（三）鲜活有趣

教学语言的鲜活是指语言生动、有趣、幽默，带有真情实感。生动鲜活的教学语言，可以让学生沉浸在知识的海洋中乐享其趣。虽然汉语及其承载的文化内容历史悠久、内容丰富、五彩缤纷，可是，如果教学者语言贫乏、枯燥无味，或者只会照本宣科，一样无法吸引学生，甚至可能把学生的兴趣扫荡得不留片尘。

人们喜欢有趣的人、有趣的话，在各种规则约束下的学生更是如此。语言的习得常常需要大量的重复操练，教学者的生动幽默会极大程度地消除学生的疲劳感。和其他课程相比，语言文化课其实更容易找到"幽默点"，因为语言的使用是那么丰富、灵活。普普通通的一个词语在特定的情景中，搭配一定的语调语速就可能产生"笑果"。而文化的内容充满了故事和神秘，各种各样的人物、生活、事件本身都是活生生的，不同语言文化的对比也总是能让人睁大眼睛，教学者自身只有深入体会，才能把这感受带给学生。

从教学对象来说，每个学生都是充满特色的个体，有自己独特的故事和丰富多面的性格。教学者细心观察、充分了解他们后，会发现很多有趣的地方。把这些学生身边的趣味引入课堂，也会使教学语言更加亲切而生动。

如果华文教学者抱有对华语言文化的真挚感情，对学生、对教育有真诚的热爱，那么，他的教学语言总是会鲜活有趣的。

（四）有启发性

孔子说："不愤不启，不悱不发。"意思是不到学生真的想弄明白但仍然想不透的时候不要去开导他；不到学生心里明白却不能表达出来的程度不要去启发他。亚里士多德说："思维是从疑问和惊奇开始的。"他的老师苏格拉底则很喜欢用层层设问、不停追问启发和帮助对方理清思路。苏格拉底喜欢说自己一无所知，把问题提出来向别人请教。当别人回答时，他总能从各个方面进行反驳，最后诱导别人把他的观点说出来，但苏格拉底却说这个观点其实是对方心灵中本来就有的，他不过是通过提问帮助对方发现这一点而已。苏格拉底将这个过程形象地称为"精神助产术"。显然，先贤们对启发的意义早就有了深入透彻的认识。虽然时代变换，但是，这一洞察人性的教育理念从未过时。

从语言本身来说，要使教学语言富有启发性，可以通过语调的转换、语速的变化、使用设问句、轻点即止等手段；比喻、对比、反语等修辞手段也可以起到激起学生疑问、启发其思考的作用。对所讲的内容，有时教师需要整理概括，有时需要让学生自己体会、梳理。这些都是让教学语言更有启发性的途径。

二、提高教学语言水平的方法

语言在我们的一生中都占有重要地位，对教师来说更是如此。影响语言水平的因素很多，如性格、身体、信心、当时的情绪、表达的内容等等。应该承认，语言水平有先天的因素，少儿时期是后天锻炼的关键时期，对成年人来说，要提高语言水平不是一件容易的事。但是，对教师来说，这又是一件非做不可的事情。华文教师作为华语言文化的使者，自身的语言应该是富有美感且具有吸引力的。

要提高教学语言的水平，第一，要重视语言表达技能，有意识地进行语言表达训练，了解和学习语言的艺术。可以阅读一些交际与口才方面的书刊杂志，参加这方面的讲座、培训，养成良好的语言表达习惯，比如，常常自己检查或向身边的人了解自己有没有无意义的口头禅，说话是不是啰嗦或者不清楚。现代科技也为人们审视自己提供了工具，教师可以通过听自己的录音或者观看课堂录像更客观、更立体地了解自己的情况，有针对性地改进。

第二，要提高思维的灵敏度。在日常生活中多观察思考各种现象、问题，试着在脑中练习表述，注意准确性和逻辑性，并要有核心的意思。

第三，增加自己的词汇量，平时多积累一些成语、俗语、名言名句等。教师要知道当下一些流行的词语，知道了当下流行的词语也就知道了新的社会现象，增加了交谈的内容。另外，如果教师知道很多幽默趣闻、小故事、笑话、谜语，并能在适当的时候运用，会大大提升学生的听课兴趣和对教师的好感。

第四，学习一些实用的表达技巧，多看一些咨询或访谈类节目，分析和模仿其中的交谈技巧。多与人交谈，增加说话机会，同时增强倾听和判断力。比如，注意用数字说话，可以使语言更加科学可信，更有说服力；说话语气要自信，目标要明确，避免较多的"可能"、"也许"、"好像"、"差不多"、"我猜"之类的模糊不确定的表述。

第五，语言表达受到身体条件的限制，就是说，要想表述清晰，要有饱满的底气、圆润的嗓音、开合自如的口腔和灵活的舌头。这些条件都可以通过平时的练习来取得。比如，锻炼身体，训练对呼吸的控制能力，特别是腹式呼吸的方法对保护嗓子、提升声音魅力有很明显的帮助。通过练习唱歌，了解一些保护声带、打开口腔的方法，对教师的清晰表述非常有用，还有像练习绕口令，朗读或背诵、模仿各种语气、语调等，都是提高语言水平的常用方法。

说到底，言为心声，教学语言是语言技能的体现，更是教学者心智的体现。同样的意思，有的人说出来绘声绘色，如对目前，直达人心底，听者兴趣盎然，爱听愿信；有的人说出来却像笨拙的演员念蹩脚的台词，磕磕巴巴甚至词不达意，说者听者都痛苦，这明显是个人魅力、个人心智的显著差别。一个各方面都优秀的人，大家喜欢的人，人们愿意听他说话，甚至乐意帮他表述完整。如果我们要让自己的语言越来越有魅力，就要让自己的心灵和思维更有魅力。这魅力来自对教学对象的关怀、对教学内容的热爱与熟悉，来自对教育规律的充分了解，来自能站在对方立场思考、理解听众、为对方考虑的思维习惯。

三、课堂教学语言的主要类型与技巧例说

教学活动的中心在课堂。根据课堂教学的内容，可以将课堂教学语言分为导入语、讲授语、提问语、结束语、应变语等类型。关于讲授语的要求我们在教学语言的基本要求中已经说过不少，这里主要结合《中文》教材例说一下导入语、提问语和结束语的使用技巧。

（一）导入语

导入语是一堂课的开场白。在一节课开始之初，导入语有安定教学秩序，进入学

习气氛的作用；更重要的是，导入语可以吸引学生对所学内容的兴趣和关注，也可以使他们对即将要学习的内容有大致的了解。

下面介绍几种常用的语言课导入方法：

1. 直接导入

教师使用得较多的是直接导入，即一开始便直接说明本课要学习的内容。例如：

今天我们要学习第 9 课，请大家翻开书本第 79 页，我们先来学习一下这一课的生词。

2. 提问导入

提问是引起学生注意的重要手段。特别是讲课之初提问可以让学生尽快把注意力转移到学习上来。提问的角度非常丰富，比如，提问上次课的重点内容，问学生对新课课文题目的理解，或者对相关内容的了解等。

例如，《中文》第四册第九课是《数星星的孩子》，教师课前可这样开头：

在差不多两千年前，中国有个像你们这么大的孩子，很喜欢数星星，后来，他终于发现了星星之间的一些秘密，你们想知道这个孩子是谁，他发现了什么吗？

这样的问题也是对学生预习的一种鼓励，因为通过简单预习他们很容易就可以回答出来。对没有准备的学生来说，通过这个问题也可以让他们对课文内容有大致的了解。

提问的角度有很多，可以根据课文的特点、学生的情况以及教育目的来设置问题。同样是这一课，教师也可以这样提问：

大家注意过晚上的天空吗？你们观察过星星吗？有没有人数过一共有多少颗星星？

这一系列的问题既和课文相关，同时也提醒学生注意观察，养成思考自然现象的好习惯。

3. 展示视听材料导入

展示视听材料导入包括图片导入、实物导入、歌曲导入等，即一开始就把与该课相关的实物、图片、视频或音频等材料展示给学生，加深学生的直观印象，引起对所学内容的兴趣。

比如，《中文》第五册第九课《"神舟"飞天》，教师可以搜集神舟飞船的图片或者火箭发射的短片。这一课有一些专业术语学生不易理解，这些视听材料能降低理解的难度。

4. 故事导入

人人都爱听故事。听故事的时候，人们容易把自己代入角色，比学习更加投入。教师可以把课文的内容编成简短的故事，也可以用其他的小故事吸引学生对即将学习的新内容的注意，有时候讲一讲自己或身边人的经历也是不错的选择。

《中文》第五册中的不少篇目都适合用这种方法：《狼和小羊》、《成语故事》、

《曹冲称象》、《李时珍》等。讲的时候不需要把故事讲完，让学生思考或疑惑好奇正是导入语要达到的理想目标。比如，对于《曹冲称象》，教师就不必把称象的方法说出来，而是让学生先自己思考一下，再说说自己的办法。

如学习世界名著《渔夫的故事》，教师可以把这篇故事的来源和背景作为故事，导入方式如下：

相传古代萨桑王国的国王山鲁亚尔生性残暴，他每天娶一名少女，第二天天亮就把她杀死。丞相的女儿山鲁佐德聪明善良，为了救无辜的女孩，便自愿嫁给国王。她很会讲故事，每天晚上讲一个故事，讲到最精彩的地方就刚好天亮。国王想听完故事于是就一直没有杀她。就这样过了一千零一夜，国王终于被感动，与她白头偕老。这些故事就是《一千零一夜》。书中的故事丰富多彩，有冒险故事、爱情故事、寓言、童话等等，显示了高度的智慧和丰富的想象力。几百年来，这本故事集一直受到世界各国人民的喜爱。今天我们学习的《渔夫的故事》就是其中的一篇，它生动地叙述了渔夫遇见魔鬼，用智慧战胜魔鬼的经过。

也可以把文章本身的概要介绍一下，例如：

今天我们要学的这篇课文写了这样一个故事：一位渔夫在捕鱼时捞起来一个瓶子，听到里面有声音便打开了瓶子，一个魔鬼跑了出来。魔鬼要杀死渔夫，渔夫听了他的故事以后，镇静地想到了一个办法，使魔鬼自己回到了瓶子里。这个魔鬼究竟是怎么到瓶子里的，渔夫又是怎么救自己的呢？下面我们一起来学习这一课。

5. 知识导入

当课文内容较复杂或者难度较大的时候，教师先把内容用简单清晰的语言介绍一下会降低学习难度。比如，《中文》第八册中有关孙中山、上海外滩、虎门销烟的内容，对于学生来说有一定的难度，所以，在正式学习之前，教师有必要把相关的背景资料和课文的主要内容讲解一下。

6. 表演、游戏导入

例如，在学习《中文》第七册《乌鸦喝水》这一课的时候，有的教师是这样引入的：

在讲台上准备3支长口瓶，每个瓶子里装了大约三分之一的水，有一包短吸管，每支短吸管只能伸到瓶口下约四分之一处，台上还有一大盘小石子。教师请三位同学上台表演，要求不能移动瓶子，看谁能喝到水。有的学生采用了和乌鸦一样的方法，也有学生把吸管套嵌起来连接成长吸管喝水。

这样的导入方法，教师不需要太多的语言，就把学生的注意力吸引过来了，而且把课文的内容也展示出来了。

7. 温故知新导入

温故知新导入是结合以前学过的内容，让学生延伸思考或者对比思考，以引入新内容的导入方式。

例如，《中文》第七册先有万里长城的内容，接着就是卢浮宫的介绍，两篇课文分别是中国、法国的标志性建筑遗产，教师可以通过提问让学生温故知新：

上次课我们了解了中国的一个著名古迹长城，谁知道法国著名的古迹有哪些？

教师还可以让学生回忆一下更早学习的关于故宫、天坛的内容。

再如，一位老师在教《中文》第六册第三课阅读课文《海龟下蛋》时，使用了下面这段导入语：

同学们好！大家还记得上节课我们学过的《海洋世界》吗？现在，我们先来复习一下（展示图片，让学生说出海洋动物的名字）。除了这些，大家还知不知道其他的海洋动物？有一种动物，它可以活很久很久，很长寿，大家知道是什么动物吗？（乌龟/海龟）你们知道海龟的孩子是怎么来的吗？

这段导入语先引导学生复习上节课学过的内容，再利用其与本次教学内容的关联性引入本课要学习的内容，起到了温故知新、承上启下的作用。

8. 歌谣导入

歌谣，特别是儿歌，是中小学生喜闻乐唱的一种艺术形式。课堂教学中根据教学内容有针对性地引入一些儿歌，可激发学生的学习兴趣。

如有位教师讲词语的正确搭配，开始时先念了下面这首儿歌：

苹果树，结香蕉，杨柳树上结辣椒；吹着鼓，打着号，抬着大车拉大轿；木头沉了底，石头水上漂，你说可笑不可笑？

随着儿歌的结束，同学们放声大笑，在笑声中，已初步体会到正确搭配词语的重要性。接下去教师再讲词语搭配的相关内容，效果自然好了。使用这种形式，要注意难度的控制和内容的相关，不能让学生一上课就被难住或觉得莫名其妙。

9. 谜语导入

猜谜也是学生喜闻乐见的一种活动。有时所讲课文的课题适合用谜语来引入，下面是一位老师教《春雨》的导入语：

今天上课前老师先请同学们来猜一个谜语。这个谜语的谜面是："千根线，万根线，落在水里看不见。"

教师引导同学说出谜底"雨"，然后引入课题"春雨"。

下面是《中文》第四册第十课《问答》的一段导入语：

各位同学，晚上好！上课之前，老师先问你们一个问题，你们喜不喜欢猜谜语啊？那老师现在给你们出两个谜语，你们看一下：（展示图片）

什么白白天上飘？（雪花白白天上飘。）

什么长长湖中过？（石桥长长湖中过。）

好的，同学们都很聪明，回答得很正确。那你们想不想学更多的谜语呢？好，今天我们要学的课文是《问答》，里面也有很多很多好玩的谜语。

10. 讨论导入

讨论导入是教师提出一个与所教内容相关的话题，组织学生先展开小型讨论，发表自己的观点，然后再进入到新课学习。例如，下面这段《小马过河》的导入：

同学们好！上课之前老师想问你们一个问题。如果让你们过一条从来没过过的小溪，这时候旁边有两个人给你不同的建议，一个说你过得去，另一个又说你过不去。这时候你会怎么办呢？

（请同学们讨论，自由发表意见。）

嗯，有的同学说听那个说能过的，有的说听那个说不能过的，有的说放弃不过了，有的说自己试试看。同学们都能积极发表意见，很好，但到底谁的想法最合理呢？我们今天要上的课文《小马过河》就可以帮同学们找出答案。

课堂导入语的角度多种多样，采用何种方式取决于教材和学生的实际情况，要遵循启发性、趣味性、知识性的原则。灵活变换多种导入方式是教师语言能力的重要体现。

（二）提问语

学问学问，要学会问。好的问题能激发兴趣，引人思考。课堂上教师常常是通过提问引导学习方向、检查学习情况的。而学生则通过一个一个的问题寻找解决方式，获得答案和进步。

华文课堂的提问语要注意以下几个方面：

1. 提问的对象

可以个别提问，也可以面向全体学生提问。个别点名提问可以激发学生个体思维的积极性，吸引注意力。面向全体提问有利于活跃课堂气氛，引导学生思维。提问要尽量面向全体，即使是个别提问，也应该面向全体发布，然后点名个别学生回答。

一般而言，一堂课的提问要做到点面结合。既有面向全体学生、学生集体作答的问题，也有请学生单独回答的问题。如果整堂课都有"面"无"点"，都是集体作答，那么就可能会出现"南郭先生吹竽"的情况，即有的学生不懂装懂，不太积极主动的学生则基本上不参与思考。相反，如果整堂课有"点"无"面"，则会让学生过于紧张，此外，课堂气氛也会比较冷清。

提问要因人设问，所提问题在难度上要注意以下两方面：一是大部分的问题应该是中等难度的，是多数学生可以回答的；二是不同程度的学生都有可以回答的适合自己水平的问题。教师要对问题难度和学生情况做到心中有数，而不能随便指定学生回答。对于难度较高的问题，如果一般学生能回答出一部分，那么，教师可以借助他的回答，进一步启发同学们讨论和深入思考，然后叫学习较好、善于思考的学生归纳补充，教师最后帮助概括。对于复杂的问题，学生一时回答不上或回答不全，教师可将问题分解成几个小问题，或者提供一些答题思路，让学生从中受到启发，这样问有所获，容易发挥学生的积极性，使课堂教学生动活泼。

教师应尽量让每个学生都有回答提问的机会，尤其要注意学习被动的学生，要设法为他们创造条件，启发他们思考，鼓励他们不断进步。切忌提问后只叫好的学生回答，忽略差的同学。

2. 提问的时机

上课之初提问可以起到稳定气氛，进入学习状态的作用，这时候的问题可以根据当天当时学生的活动来设计。比如，有学生请病假，新课是《在医院里》。教师可以这样提问："谁知道×××今天为什么没来上课吗？"熟悉他的同学就会有人回答："他生病了。"然后教师再问："生病了怎么办？要去看医生，对不对？今天我们来学习一下生病和看病的词语。"

教师通过学习过程中的提问可以了解学生的理解情况，确认学生是否已经跟上了教学步伐。随着时间的推移，学生的注意力又会慢慢涣散，偶然出现的课堂内外的事物也可能会分散学生的注意力，这时候，教师要注意观察，并通过个别提问把学生的注意力引回来。

一堂课结束之际的提问也是很重要的，这时候提问的内容应该是明确重点知识和要让学生概括总结的问题。这时候的提问有的需要当堂明确答案，有的则可以让学生课下思考，延伸学习时空。

3. 提问的内容

课堂上教师提的问题应该是经过精心筛选的，而不是随意发问的。首先，问题应该是和教学内容紧密相关的，要有利于引导学生掌握所学内容的要点；其次，问题要明确清晰；再次，问题要让学生能回答并愿意回答。

比如，在学习"笨鸟先飞"这个故事时，一位教师问学生："你觉得自己笨不笨？"这个问题虽然和课文题目有一个字相同，但其实和学习目标没有关系，而且学生也可能不乐意回答甚至厌烦。

有的教师虽然也认为提问很重要，在课堂上提出了一些问题，但由于没有深入思考问题的价值，所以，导致提问流于一种形式，为问而问，对学生学习没有太大帮助。例如，一位教师在教《埋在地里的金子》这篇课文时，提出了以下问题：

（1）老农民有三个儿子，他们虽然都长大了，但是，个个都不喜欢做什么？

（2）老农民埋了什么东西在地里？

（3）最后他们有没有找到金子？

这三个问题都不需要动太多脑筋，只需读一遍课文就能找到答案（干活儿、没有埋什么、没有找到），无法从遣词造句、深入把握文章大意等角度帮助学生深化理解。

下面列举两位教师在教《大自然的语言》时所使用的不同的提问方式，请大家通过对比，思考如何通过有效提问真正发挥教师的引导作用。该课课文如下：

人有语言，大自然也有语言吗？有的，大自然的语言可丰富了。

你看，白云飘在高高的蓝天上，明天一定是个晴天，你可以去公园游玩了。

你看，地上的蚂蚁正在忙着搬家呢，天很快就要下雨了，你出门可要带上雨伞啊。

你再看，河里的冰化了，地上的草绿了，树叶长出来了，这是春天来了。

大自然的语言多么丰富、多么奇妙啊！只有认真学习，细心观察，你才能看得见，听得懂。让我们做个爱学习、爱思考的好学生吧。

第一位教师在带读、学生齐读、分组读课文之后，先请学生读课文填空，内容如下：

人有语言，大自然也有语言吗？有的，大自然的语言可<u>丰富</u>了。

你看，<u>白云</u>飘在高高的<u>蓝天</u>上，<u>明天</u>一定是个<u>晴天</u>，你可以去<u>公园</u>游玩了。

你看，地上的<u>蚂蚁</u>正在忙着搬家呢，天很快就要下雨了，你出门可要带上<u>雨伞</u>啊。

你再看，<u>河里</u>的冰化了，地上的草绿了，<u>树叶</u>长出来了，这是<u>春天</u>来了。

大自然的语言<u>多么</u>丰富、多么<u>奇妙</u>啊！只有认真<u>学习</u>，<u>细心</u>观察，你才能看得见，听得懂。让我们做个爱学习、爱思考的好学生吧。

之后，再请学生根据课文判断下面句子的对错。

（1）人有语言，大自然没有语言。（×）

（2）河里的冰化了，地上的草绿了，树叶长出来了，这是夏天来了。（×）

（3）地上的蚂蚁正忙着搬家呢，天很快就下雨了。（✓）

（4）白云飘在高高的蓝天上，明天一定不是个晴天。（×）

（5）只有细心观察，我们才能看得见、听得懂大自然的语言。（✓）

（6）大自然的语言既丰富又奇妙。（✓）

至此，课文学习就结束了。由此我们可以看到，这位教师没有对课文进行细致的处理，仅仅是在表面上完成了一些教学行为。"读课文填空"如果仅仅就这样处理，其作用仍停留在朗读的层面，无法加深学生的理解；而在做"判断正误"这一题时，教师也只是简单地对了答案，并没有向学生问所以然，学生很有可能一知半解，并未读懂读透课文，无论在字词句，还是语篇层面，都没有明显收获。

第二位教师在带读、学生读课文之后，串讲了课文，串讲时让学生读一段，分析一段，提出了以下问题：

（1）大自然有没有语言？

（2）在课文中，提到了多少种大自然的语言？分别是哪些？你是怎么知道的？（你看、你看、你再看）

（3）怎么样才能看得见、听得懂大自然的语言？

配合提问，教师引导学生回答，并在黑板上形成如下板书：

第一种：蓝天　　　　→晴天　　　　→去公园

第二种：搬家　　　　→下雨　　　　→带雨伞

第三种：冰化、草绿、树叶　　　　→春天

之后，带学生一起分析了课文的结构，板书如下：

开头：问答方式

主体：你看，你看，你再看

结尾：总结和建议

相比前一位教师，这位教师对课文进行了较细致的处理，例如，对篇章衔接性词语"你看，你看，你再看"的分析，对三种语言的梳理，以及对文章结构的分析总结。

4．提问的方式

根据答案的不同，我们可以把提问的方式分成以下几种：

（1）封闭式提问。封闭式提问用简短、确切的语言即可作出回答，如"是"或"不是"、"好"或"不好"、"5年"、"40岁"等，适用于检查学生对课文的熟悉程度。

（2）开放式提问。开放式提问的问题答案不唯一，往往没有现成的答案，需要结合知识和自己的经验感受进行思考分析，说出自己的看法、感受。这样的问题不但可以考查学生对知识的了解情况，也可以看出其分析、表达的能力。这样的问题更能加深对学习内容的感受和印象。

（3）引导式提问。这一类型的问题中包含了提问者的观点，往往是暗示对方作出提问者想要得到的回答，比如，"这只乌鸦是不是很聪明"。引导式提问有时候也是帮助学生回答，给予其信心的一种提问方式。

（4）复合式提问。复合式提问的问题不止一个，有联系性或者连续性，如"你是什么时候去那里的？你觉得那里怎么样"，"什么是绿色蔬菜？为什么叫绿色蔬菜？怎样检验蔬菜是不是'绿色'的"。此种提问很容易让学生紧张或者困惑，课堂上一般要避免多次使用。

5．对回答的反馈

教师提问之后要对学生的回答作出适当的评价。教师的评价极为重要。它能保持学生学习的积极性，让学生了解自己的学习情况，从而以积极主动的心态投入到学习中去。对一些并不完整或理想的回答，教师不要简单否定，而应该肯定其正确之处。此外，对于开放性的问题，要做到"答不封口"，不进行结论性评价，例如，对于一些没有形成公认看法的内容就不要说"你说出了正确的答案"。下面这些反馈语句可供教师们参考：

（1）回答得很快，真想不到。

（2）你们的想法太特别了，为你们高兴。

（3）你的表达能力很好。

（4）你能想出这么好的办法，真不简单，进步很大！相信下次会更好！

（5）这个想法很有创意，看来你是认真思考了。

（6）×××回答出了一部分，还有其他同学想补充的吗？

（7）这是×××的想法，还有其他答案吗？

（8）没关系，说得很好，再来一遍好吗？

（9）不用着急，慢慢说，相信你一定会说得很好。

（10）很多同学都会说错这个，没关系，再说一遍！

（11）你回答得非常好，如果……就更好了。

（12）你的声音很好听，可以再大点儿声吗？

（三）结束语

做事说话都要"有始有终"，因此，教师在设计教学环节和实际进行教学的过程中，要留出结束语的时间，避免在教学内容正在进行的时候忽然下课铃响，就匆匆收场。结束语可以给学生回味思考的机会，使学生对整堂课的重点和目标会理解得更准确清晰，有利于下一次学习活动的展开。

在结束一堂课时，我们常常用下面一些方式：

1. 总结式

通过教师引导或者集体讨论，共同回忆学过的重点知识或课文的主要内容。

比如，在学习完《八仙过海》这一课的时候，教师这样结尾：

师：现在课文全部讲完了，请同学们想一想，课文里一共提到哪些神仙？

生：……

师：他们为什么要过海？

生：……

师：过海的时候遇到了什么困难？

生：……

师：他们是怎么过海的？

（每个学生介绍一种方法）

师：同学们说得都不错。这篇故事在中国非常有名，很多地方都能看到听到八仙的故事。他们的故事还有很多很多，回去以后可以找一找，并向你的家人介绍一下这八仙，好吗？

这种结束语既加深了学生对教材的理解和记忆，也延伸了学习时空，给有余力的学生以扩充学习内容的提示。

2. 诵读式

完成讲课任务之后，让学生在理解、熟悉课文的基础上朗读或者背诵某些重点语句、段落。有时候教师可以提前准备好一些提示，比如，把一些重点词语或者连接词语展示出来，让学生根据这些提示把本课的重点内容复述出来。这种结束语也是一个进一步体会、使用知识点，提高表达能力的过程。

比如，讲解完了《我是谁》这一课，教师让学生根据下面的提示词语复述课文：

太阳　　变成

天上　　飘

冷风　　掉下来

冬天　　一朵朵　　飘

提示词语常常就是板书的内容，也可以提前准备提示卡。一般教师先带领学生复述一遍，然后给学生练习的时间，最后检查个别学生的掌握情况。

3. 表演式

很多故事性强的课文都适合用表演的形式来结束。像一些成语故事、童话故事、寓言故事，如《狼来了》、《白雪公主》等都可以让学生分角色带感情地表演式朗读或者表演。

教师要注意的是，首先一定要给学生充分的准备机会，避免上台后表演者难堪、观看者聊天的尴尬。对较长的故事，可以让学生提前几天就开始准备，教师要给予一定的指导和监督，在确保表演成型的情况下登台。其次，有时候可以分组轮流表演，这自然需要较多的时间，有时候可以采用各次课由不同组的学生表演的方法。教师在分组的时候应注意不同水平学生的搭配。

4. 讨论式

华文课堂不仅要学习语言文化知识，也应该注意培养学生品行，锻炼其思考、分析问题的能力。在学习了一些人物故事之后，教师可以引导学生品味其中的事理。比如，学完了《狼来了》这个故事后教师可以听听学生对这个故事里人物的看法。学生思考问题的角度常常出乎成人意料，所以，千万不要想当然地认为学生一定明白了其中的哲理。当然，也不必把成人的教育强加给学生。比如，有的人学了"愚公移山"的故事，会感慨愚公不怕困难解决困难的恒心和毅力，有的人会不解甚至嘲笑其不懂变通：搬家不是更容易吗？通过这样的讨论，学生对文章的理解加深了，教师也会了解到学生的不同思维角度，是一种"教学相长"。

5. 延伸式

延伸式结束语是通过结束语形成由这节课的教学内容向下节课的教学内容的延伸，或者由课内向课外的延伸。例如：

当周朴园知道眼前这位老太太就是自己"怀念"了多年的侍萍之后，他将会有什么样的举动呢？他们会再续前缘吗？下节课我们接着学习。（《雷雨》结语）

"同学们，你们想不想知道三十年后的闰土是怎样的？"学生响亮地回答："想。"于是，教师向他们推荐了鲁迅先生的《故乡》一文，告诉学生看了《故乡》之后就会明白。（《少年闰土》结语）

这样的结束语，可以有效诱发学生课外阅读的兴致。

6. 质疑式

在一堂课结束时，请学生就本次课所学的内容发问，看看还有什么不明白的地方，如"这篇课文我们就讲到这儿了，请同学们想想，还有没有什么不明白的地方"。

质疑式结课可以是学生向教师提问，也可以是教师向学生提问，还可以是学生之间相互提问。

第二节　板书设计

板书是课堂教学的重要手段，它可以突出教学的重点与难点，引起学生注意，也可以使课堂教学内容更具条理性，板书也是一种书写规则和条理性的示范。对华文教学而言，它还可以为学生提供更多的认读和学习汉字的机会。因此，华文教师应重视对板书的利用。

一、板书设计的原则

板书的设计和具体的教学设计是密不可分的，板书设计服务于教学设计，是教学设计的体现之一。

1. 突出重点

对板书的内容，教师一定要有所取舍，不是所有的新语言点都需要板书，如果没有详略主次，一方面会耗费太多课堂时间，一方面满满当当的版面既无美感，更会降低学生的重视度。

2. 灵活多变

比如，教师处理生字生词的时候，可以按照教材上的顺序，也可以按照意思的相关度或者字形的相似性排列，还可以按照难易程度排列先后；在语法教学中，可以先展示例句引导学生归纳，也可以给出规则让学生演绎、练习；与此相应，板书字、生词或语法的时候，这些设计思路也会体现出来。

3. 美观整洁

在形式上，板书的字迹要工整、清楚，书写正确、规范，给学生作出示范；在内容上，板书的设计要科学、美观。

4. 直观形象

板书是对教师口头讲解的辅助说明和展示，一些口头难以解释的内容通过它可以让学生更清楚明白地了解，这很大程度上是因为板书可以用符号、图形等展示事物之间的关系，突出其特点。对低龄的学生来说，教师可以使用挂图、简笔画等增强趣味性，对较复杂的学习内容来说，教师使用图表式的板书，可以帮助学生整理思路，梳理结构，降低难度。

5. 科学准确

板书的内容往往比教师口头的表述更能引起学生注意，加上板书保留的时间比声音讲解保留的时间要长，如果学生忘记了讲过的就会以板书的内容为准，所以，教师一定要确保板书的科学和准确。版面的安排要清晰合理，书写要规范，不能有错别字，用语也要确保准确恰当，口头讲解的时候，一个意思可能用几个词语去表达，调整和补充也很方便，书面的板书受时间、面积所限，展示出来的只能是最准确、最重要的。

6. 整体有序

板书的设计形式有很多种，我们在后面会一一列举。不管是什么形式，整体上都要是统一的，也就是说，各部分的板书之间要有关联性，综合起来就可以看出整堂课的主要教学内容和教学重点。

二、华文教学板书设计的常见类型

（一）排列式

这是语言教学中非常常用的一种类型。比如，在学习生词的时候，教师根据一定的标准列出词语，或者顺序而列，或者成组而列。关键的是排列的标准，因为有启发性有新意的排列可以提高学生学习的兴趣，降低学习的难度。

在《中文》第三册《在医院里》一课中，课本中列出的词语有：

医院　感冒　发烧　护士　一点儿　放心　打针

学生常用的和医院看病有关的不止这些，教师可以少量补充一下常用的或者学生可能知道的，这样设计板书：

生病：感冒　发烧　头疼　　　　　　　担心
看病：医院　医生　护士
　　　检查　吃（一点儿）药　打针　　　放心

其中"头疼、担心、吃药"是增加的词语，可以用不同颜色或字体显示。

再如，四个季节是很多教材都涉及的学习内容，一般会提到气候和活动，课后的词语排列方式不一，教师可以让学生自己排列，然后板书，如：

春　　　暖和　　　爬山
夏　　　热　　　　游泳
秋　　　凉快　　　看红叶
冬　　　冷　　　　滑冰

（二）公式式

在学习语法点时，较多使用这种板书方式，即列出语法点的语法规则，下面对应相应的例句，使所教语法点的特点一目了然。例如：

$$\text{主语} + （\text{是}） + \left\{\begin{array}{l}\text{时间（什么时候）}\\\text{地方（在哪儿）}\\\text{方式（怎样）}\\\text{人（谁）}\end{array}\right\} + \text{动词（＋宾语）} + \text{的}$$

他	（是）	昨天		来	的。
这件衣服	（是）	在超市		买	的。
他	（是）	坐飞机		回国	的。

（三）对比式

将相近的语言点放在一起，形成相互对应的板书。这有利于学生对比相关知识的异同，加深印象。例如，一位教师在教学"除了……以外"时，采用了下面的方法展示例句：

（1）他晚上**除了**做作业**以外**，还预习新课。

（2）住在这儿**除了**方便**以外**，还很安静。

（3）**除了**小张**以外**，大家**都**去。

（4）**除了**这一间**以外**，所有的房间**都**住了人。

上面的板书，将两种不同用法的 4 个例子分成两组，并采用不同颜色的粉笔突出对比的部分，使"除了……以外，还……"与"除了……以外，都……"的区别清楚地呈现出来了。

（四）提问式

在引导进入新课的时候，可以把需要学生思考的问题进行板书；进入课文段落讲解时，通过板书问题也可以指引学生阅读、理解。

《中文》第二册第十课《春雨》，在讲解前教师可以板书：

看一看，想一想：春雨给大地带来了什么？

《中文》第三册《壶盖为什么会动》，教师在课前板书让学生思考：

（1）壶盖为什么会动？

（2）你知道哪些科学家的名字？听说过瓦特吗？

（五）图表式

这里的图表既包括常见的纵横表格，也包括树形图、环形图等。在讲解一些分类关系的时候，利用图表可以比较清晰地帮助学生整理思维，理清关系。比如，时间表格、家庭关系表格、对比表格等。

《中文》第九册第二课主课文和副课文都是关于中秋习俗的，教师可以把两篇课文结合起来，板书下面的表格，让学生边阅读边思考（如表 8-1 所示）。

表 8 - 1　关于中秋节的相关习俗

时间	农历八月十五
食品	月饼、桂花鸭（南京）、鸭子、麻饼、蜜饼（四川）
书上提到的活动	提灯笼、烧宝塔、赏月、圆月、走月、点橘灯、舞流星香球
我知道的其他习俗	拜月、舞火龙、赏花灯、买兔爷儿

　　该册的《桂林山水》一课也适用这种表格式的板书，这一课的重点是描写桂林的水和山的两段，而两段话的结构基本一样，可以这样板书（如表 8 - 2 所示）。

表 8 - 2　桂林的水和山

桂林的水	清	可以看见江底的沙石	
	静	感觉不到流动	
	绿	好像染过的一样	
桂林的山	奇	像、老人、巨象、骆驼、奔马	形态万千
	秀	像、画、诗	诗情画意
	险	像、刀削、斧砍	鬼斧神工

　　其中第二列提示学生用一个字概括特点，第三列则写入具体描述。
　　（六）箭头式
　　当要展示事情发展脉络或者心理变化过程时，利用箭头是最直观的。可以采用箭头的前后空出几个让学生补充的方法，师生协作完成。
　　比如，《渔夫和金鱼的故事》描写了渔夫的老婆因为贪婪最后一无所有的过程，一位教师就引导学生让学生紧紧围绕"贪"，按照事情发展的先后顺序和主要内容用箭头连接起来，形成下面的板书：

贪——→贪——→贪——→贪——→贪——→一无所有

（木盆）（木房）（贵妇人）（女皇）（女霸王）

　　还有《中文》第五册的《曹冲称象》一课，教师和学生一起完成称象的步骤，板书如下：

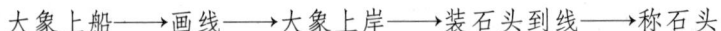

大象上船——→画线——→大象上岸——→装石头到线——→称石头

　　（七）连线式
　　不管是左右连线，还是跨"区"连线，这种展示显然是很能显示板书内容之间关系的。在学习词语的搭配、事物的联系的时候，简单的线条非常有用。

很多教材都有《小壁虎借尾巴》这篇课文，根据故事内容，教师可以这样设计板书：

鱼尾巴　　　掌握方向
牛尾巴　　　拨水
燕子尾巴　　赶蚊子

三、板书设计的注意事项

1. 在备课时应该根据教学内容设计好板书内容及排版形式

一般来说，黑板中间的部分主要用来书写新学的知识要点，两边的部分可用于临时性的板书内容；或者把黑板分为主版和副版，主版写主要知识点，副版写随机需要书写的内容或者用于学生听写。

2. 板书不一定完全由教师完成

教师可以根据学生的情况一起完成板书，并给予鼓励。比如，使用箭头式板书形式的时候，教师可以把箭头画出来，然后让学生自己阅读或讨论，之后把箭头两边的内容填上。为了检查学生书写汉字的情况，教师也可以在明确答案后让学生把内容写在黑板上的问题后或者表格中。

3. 板书要认真工整

不管是设计好的内容还是临时展示，教师的板书都应该是认真工整的。即使学生识字能力已经很高，教师也不宜使用龙飞凤舞的字体"扮潇洒"。这一方面是为了给学生树立认真书写、规整书写的榜样，另一方面也是为避免太过随意而造成黑板布局混乱，打乱整体结构。

4. 教师的板书可以善用不同颜色、不同字号字形或一些记号来突出重点

像有些生字带有相同或近似的部件、笔画，把这些近似处用同一颜色显示出来。不同类型的词语也可以用不同颜色来标记。

5. 注意板书的节奏与方式

板书是帮助学生明确知识、弄清结构的工具和手段，它应该是配合教师讲解的节奏的。虽然一般来说，教师在备课时就要设计好板书，但课堂上是要根据上课情况来演示的，不能为板书而板书。比如，一开始就把板书内容全部罗列在黑板上；有时候教师为了掩饰、舒缓紧张，长时间、大量地板书，这样会打乱教学节奏，让学生迷惑或发笑。还有一种情况是，教师"专心致志"地板书，或者对着黑板讲很长时间，让学生感觉老师是在"自说自话"，不顾他们的存在和反应。因此，板书时，教师尽量不要边写边讲，也不要一次板书较多内容，避免出现"下面是板书时间，学生此时可以休息"的情况。

第三节　华文教学媒体的运用

教学媒体是指承载传递教学信息的工具。讲义、黑板、挂图等是教学媒体，现代的各种电子设备一经用于教学也成为了教学媒体。

一、华文教学媒体的基本类型

（一）按历史先后分类

按历史先后分类，华文教学媒体可分为传统教学媒体和现代教学媒体。传统教学媒体指教科书、黑板、实物标本、模型、报刊图书资料、图表、照片、挂图等。现代教学媒体主要是指电子技术媒体。它由两部分构成：一是硬件，一是软件。硬件是指各种教学仪器，如幻灯机、投影器、录音机、电影机、录像机、电视机、计算机等。软件包括幻灯片、投影片、录音带、电影、录像带、计算机课件等。

（二）按教学组织形式的需要分类

按教学组织形式的需要分类，华文教学媒体可分为课堂展示媒体（投影、录像、黑板等）、个别化学习媒体（印刷品、录音带等）、小组教学媒体（图片、投影、白板等）和远程教育媒体（广播电视、计算机网络等）。

（三）按使用媒体作用的感觉器官分类

按使用媒体作用的感觉器官分类，华文教学媒体可分为以下几种：视觉媒体（如印刷品、图片、黑板、教科书、挂图、标本、幻灯、投影等）、听觉媒体（如口头语言、录音机、广播等）、视听觉媒体（电影、电视、计算机等）、交互多媒体（多媒体计算机等）。

（四）按媒体的物理性质分类

按媒体的物理性质分类，华文教学媒体可分为光学投影教学媒体、电声教学媒体、电视教学媒体和计算机教学媒体。

光学投影教学媒体包括幻灯机和幻灯片、投影机和投影片、电影和电影胶片等。这类媒体主要通过光学投影，把小的透明或不透明的图片、标本、实物投射到银幕上，呈现所需的教学信息，包括静止图像和活动图像。

电声教学媒体包括电唱机、扩音机、收音机、语言实验室以及唱片、磁带等。它将教学信息以声音的形式储存和播放传送。

电视教学媒体主要有电视机、录放像机、影碟机、CD机、微格教学训练系统等。它的主要特点是储存与传送的是活动的图像和声音信息。

计算机教学媒体包括计算机和计算机课件、网络等。它能集信息的存储、加工和传递于一身，可以进行远距离教学，还实现了教学者与学习者、学习者之间的互动。

当今时代，没有多媒体的现代华文教学几乎是难以想象的。现代电子教学媒体在呈现信息的时候，更加准确、直观和立体，可以形成"现场感"，容易提高学生注意力，调动学生情绪，提高其参与兴趣。从另一角度来说，和传统的语言表述为主的呈现方式相比，视听一体的资料减少了理解与想象的空间，降低了其立体思维的练习机会，而且往往只可以短时间集中透支学生注意力，不易持久。对教师来说，电子教学媒体一方面给他们提供了更多展现知识内容的方式，一方面也增加了教师负担——学习各种硬件、软件的使用方法、使用技巧，设计和制作各种课件。教师要学会平衡自身导引和使用各种现代教学媒体的比重，避免学生产生设备教学的印象，即电子设备、课件是老师，教师成了播映员。

二、华文教学媒体的常用方式

传统教学媒体主要涉及教材的选用、教学语言和板书的使用，这几点本章前两节已专门论述，本节主要讨论现代教学技术的使用方式。现代教学技术是现代科学技术成果在教学领域中的运用，它们的运用很大程度上降低了学习难度，提高了教学速度，并打破时空限制扩大了教学对象的范围。

（一）听觉媒体

常用的听觉设备如录音机、CD 机、MP3、广播等，可以为学生提供典型示范，包括正确示范，也包括和学生发音的对比。在学习语音、练习朗读的时候录音设备是非常好的帮手。在课堂上可以减轻教师示范的劳动量，还能避免因教师个人发音的不足造成的误差。教师还可以根据需要为教学创设情境，增强教学效果，比如为课文朗诵搭配音乐、提供背景声音等。

现在的听觉媒体已比较普及，轻巧方便，容易携带，教师应该指引学生培养听汉语的习惯，特别是海外的华文教学，通过录音设备可以营造身边的"小语言环境"。

现在有声读物也越来越多，听觉媒体和传统媒体的有机结合对降低汉字造成的阅读障碍无疑有很大的帮助。

（二）视觉媒体

视觉媒体主要指幻灯和投影。幻灯和投影的操控不受时间限制，可以事先制作好图片，节省传统板书的时间，也可以随写随擦，展示书写或思维的全过程。

比如，在汉字教学，特别是初级的汉字教学中，教师一笔一画的示范是非常必要的。要做到这一点，传统的黑板可以，但是，往往灰尘飞扬，用电脑软件动画演示则对教师的计算机水平要求较高，用水溶性笔在胶片上随写随擦是不错的选择。

当使用制作好的幻灯、投影图片教学时，教师在备课时要注意分析哪些内容需要课前写在胶片上，哪些适合边讲边写，哪些只需要教师讲解，方便学生整体把握知识的结构层次，分清主次。

（三）视听媒体

视听媒体包括电影、电视、摄像设备以及计算机等。

首先介绍使用视听设备播放影视作品时要注意的问题。播放影视作品不是一开一关那么简单，事先要充分设计步骤和节奏。教师选择节目要有明确的目标，熟悉节目内容，并根据时间和目的选择播放的片段。播放前，教师应向学生提示观看的目的和注意点。放映的时候可以根据学生情况和现场反应把节目分隔为几节或者重复播放，之间穿插提问和解释，随时了解学生的接受和理解情况。放映后要由教师或学生进行总结，回应播放前的提示。

视听媒体的作用在"微格教学"中得到最充分的体现和应用。微格教学是一种以少数的学生为对象，在较短的时间内模拟小型课堂教学的训练方式，它把课堂教学精简分解，时间一般控制在5—20分钟，训练者的教学过程被摄制成录像供大家包括训练者本人进行分析。这样训练者可以获得大量的反馈意见，可以更加客观、反复地审视自己在语言、教态等各方面的问题。在中国，微格教学被广泛地用来培训师范生和提高在职教师的教学技能。微格教学需要的设施包括主控室和微格教室两部分。主控室的主要设备包括计算机、主控机、摄像头、录像机、VCD、监视器、监控台等。微格教室中的设备主要包括分控机、摄像头及其他教学设备。视听媒体是开展微格教学的必备条件。随着科技的发展，现在已出现了数字化的微格教学系统，人们可以更方便地点播、测评与观摩。

（四）多媒体系统

广义的"多媒体"指能传播文字、声音、图形、图像、动画和电视等多种类型信息的手段、方式或载体，包括电影、电视、CD-ROM、VCD、DVD、电脑、网络等。狭义的"多媒体"专指融合两种以上传播手段、方式或载体的、人机交互式信息交流和传播的媒体，或者说是指在计算机控制下把文字、声音、图形、影像、动画和电视等多种类型的信息，混合在一起交流传播的手段、方式或载体，如多媒体电脑、因特网等。我们这里指的是后者。[1]

由于自身的优点以及掌握难度适中，课堂教学中应用最广泛的多媒体电脑软件当属PPT（PowerPoint）了。PPT原来设计的目标人群只是销售人员，但是，当它和Office捆绑到一起被广大用户认识后，接触到该软件的教师们无疑也发现它很适合用于课堂。它最适宜展示概要性的内容，简洁明了，通过纲要性的内容帮助学生理清各种关系和区别。这当然是指比较理想的PPT，事实上，由于使用频繁，很多人有时候会忘记这一点，把PPT当成文字软件，概要变成了讲义，这是教师要特别注意的。当你把讲义全部放在PPT上演示，那么人就容易成了放声设备，缺少了灵动和魅力。

---

[1] 参阅程栋：《实用网络新闻学》，北京：新华出版社2002年版。

与其他领域一样，因特网给华文教学带来了前所未有的改变。备课资源变得前所未有地丰富，不管是文字的还是图片、音频、视频的，不管是身边的还是天涯海角的，你所需要的都可以非常方便地呈现在眼前。因特网使学生有了极为方便的途径更多地接触华语言文化。通过因特网，学生可以浏览当地的各种媒体，可以和华语人群交朋友，或者更现实一点，可以在家里浏览所用教材的多媒体形式。对华文教育工作者来说，因特网意味着可以快捷地了解、借鉴各地的教育经验，如果需要，把千万里外的优秀教师请到自己教室的屏幕上也并非难事，像中国华文教育网、网络孔子学院、汉语普通话教学网、My EChinese（http://i. myechinese. com/）、人民教育出版社网站等都有许多华文教学相关的资源，华文教师在教学过程中可以经常浏览，获得有用的信息与资源。

三、常用华文教学媒体的运用技巧

面对日益繁多的教学媒体，学校和教师要依据什么原则来选择使用呢？一般来说，要考虑学生、教师和教学内容三个方面。教学媒体要适应学生的年龄和认知特点；教师对这种媒体应该是熟悉，并能熟练掌握的，而且教师不需要为了操作这种媒体技术而花费比设计教学内容更多的时间和精力；媒体手段还要能较好地体现教学内容，降低学习难度，不额外增加学习负担。

一般来说，教学媒体中的硬件设备都配有详细的说明书，关于软件的创作和使用，学校会对教师进行相关的技术培训。因此，这里我们简单介绍一些教学中常见的问题和注意事项。

（1）教师准备在不熟悉的授课环境使用 PPT 时，要确定当地电脑有没有 PPT 系统或者版本。在未安装 PowerPoint 的计算机上也是可以播放 PPT 文件的，可以转换文件格式，把文件整体打包等，具体方法教师要提前了解和熟悉。其中，比较简易的一种方法是把 PPT 文件保存为 PowerPoint Show（PPS，幻灯片放映）格式，就可以直接播放了。

（2）很多教室安装了投影仪和屏幕，如果写字板固定在屏幕后面，可以在 PPT 的播放模式下按 B 键，这时候，屏幕变黑，升起屏幕就可以了，不需要反复关闭昂贵的投影仪——开关一次的耗损往往非常大。

（3）如果准备使用在线网络资源，要在上课前确认网络的状况，以防上课过程中需要链接时发生无法打开的尴尬。如果网速不理想，应尽量提早打开增加缓冲时间，或者直接下载成离线文件（这样最为稳妥）。

（4）课件的安装要方便，注意容量大小。如果复制了大量图片，不要只修改面积不顾及所占容量，可以压缩图片或者转换图片格式，比如转化为 jpg 格式，尽量减小分辨率。如果使用一幅图片做多张幻灯片的背景，可以在 PPT 上点右键 → 背景 → 背景列表框中的"其他效果"→图片→选择图片→全部应用。这样处理不仅可以大大缩小PPT文件的体积，而且不影响图片品质。另外，在使用的时候，将相关课件拷贝到电脑硬盘上运行常常能提高运行速度。

（5）课件要简洁，使用课件时要注意课堂互动。如果上课时学生的视听都放在课件上，没有思考的余地，没有与教师的互动，很容易疲劳厌倦。课件的简洁体现在很多方面，比如，在视觉效果上，课件的背景可以根据教学内容进行变换，但一个课件的背景风格应该协调，尽量避免浓重花哨，喧宾夺主。如果画面背景不停转换，既影响学生注意力，也容易引起视觉疲劳。就每一个画面来说，内容不要太多，不管是纯文字还是搭配图片，都不要满满当当，使用课件的目的是突出主题、明确重点，而不是换一种展现教科书的形式或者直播讲义。课件制作中对声音的控制也很重要，课件转换可以设置声音效果，有时候这项功能可以提醒学生注意学习内容的转变，比如，一堂课分为几个环节，这些环节之间可以有声音的提示，可是，如果每张图片的变换都设置音效就没有必要甚至有些恼人了。

第九章　华文学习评价

第一节　华文学习评价的基本内涵

"评价"在汉语中既可作动词"衡量、评定其价值"之义解，也可作名词"评定的价值"之义解，一般指通过详尽细致的分析和比照，确定对象的意义、价值或状态。布卢姆认为评价是人类认知过程的等级结构模型中最基本的因素之一，"评价就是对一定的想法（ideas）、方法（methods）和材料（material）等作出价值判断的过程。它是一个运用标准（criteria）对事物的准确性、实效性、经济性以及满意度等方面进行评估的过程"[①]。

学习评价是教育评价的类型之一，是依据学生在掌握知识、获得能力以及学习情感、态度、价值观等方面的相关表现，对学生的学习过程、状况及其结果进行的评价。学习评价对于提高学生学习效果、改进教学都有着重要意义。学习评价能力是每个教育工作者必须具备的能力。

一、学习评价的发展历史

自 20 世纪 20 年代开始，评价被引入学习活动中，成为教学活动必不可少的一个组成部分。评价的内容、评价的方式、评价的目的和功能随着人们对教育和评价的认识而不断发展着，总的来看，评价内涵的演变大致经历了四个阶段：

（一）测量阶段

20 世纪初至 20 世纪 30 年代，是测量理论形成并广泛运用于教学的阶段。1897年，美国学者莱斯研制了第一个学习测量量表；1904 年，心理学家桑代克在《精神与社会测量学导论》中提出"凡存在东西都有数量，凡是有数量东西都可测量"[②]，成为"教育测验之父"。之后，桑代克的"书法量表"，斯东和克梯斯的"算术成绩测

---

① ［美］B. S. 布卢姆著，邱渊译：《教育评价》，上海：华东师范大学出版社 1998 年版。

② Edward L. Thorndike. *An Introduction of the Theory of Nental and social Measurements.* New York：Scince Press，1904.

量量表",拼字、作文、语文等方面的各种学习成绩量表以及后来如法国"比奈—西蒙智力量表"等智力测验和心理测验量表先后问世。

测量时期的评价理论认为评价就是测量,学生对知识技能的掌握情况是可以通过测量以数据形式反映出来的,评价者在评价中扮演的是测量员的角色,选择测量工具、组织测量并提供测量数据。以测量方式进行评价的目的在于"用科学的方法,求客观的标准,以矫正主观方法的弊端"①,在一定程度上克服了传统考试偏于事实性知识与死记硬背,但它试图用数字来反映学生的所有特征,在一定程度上会流于形式,因为学生的态度兴趣、情感因素等是难以全部量化的。而且测量也不等同于评价,测量是通过实施量表得到反映学生情况的各种分数,而如何分析这些分数,并从中发现问题,这才是评价。因此,测量是评价的前提基础,评价是测量的深化。

(二)描述阶段

描述性评价随着20世纪30年代"八年研究"而兴起,一直持续至20世纪50年代,其代表性研究成果是泰勒的评价原理和布卢姆的教育目标分类学。泰勒认为学习评价不仅是报告学生的成绩,还要通过比较学习结果与学习目标的一致性程度,从中发现问题,以改进教材和教学。因此,评价不等同于测验,测验只是评价的一部分。评价的本质在于"描述",比照着学习目标,对学习结果进行客观的描述。进行描述性评价的前提是要先确定清晰可行的学习目标,目标是评价的基础。

与测量时期的评价理论相比,描述时期评价理论用预期目标作为评价尺度,从而避免了评价的任意性和主观性,而且不像测量时期的评价理论那样只关心学生的成绩差异和位次问题,这一时期的评价通过实际结果与学习目标的比照,更有利于发现学习上的问题,促进教学目标的实现。

(三)判断阶段

判断时期是指20世纪50—70年代流行判断评价理论的时期。判断评价理论认为评价的本质是"判断",评价的过程是价值判断的过程。评价不只是根据预定目标对学习结果进行描述,预定目标本身也需要进行价值判断,评价是根据某些计划方案实施的结果进行价值评估。目标不再是评价的绝对不变的固定标准,评价从此走出预定目标的限制,开始关注评价过程本身。

这一时期出现了如行为目标评价、系统分析评价、阐释性评价、CSE评价、费用—效果分析评价等评价理论和类型。尤其是斯塔夫宾(D. L. Stufflebeam)提出的"CIPP(决策导向)"评价模式,将背景、输入、过程和结果综合起来评判,为决策提供全面的信息。CIPP评价模式突出了评价为决策服务的功用,提出的输入评价和过程评价丰富了评价的内容和角度。1967年,斯克里芬(M. Scriven)首次将评价分为形成性(formative)和总结性(summative)两类评价,启发了后来三大评价类型以

---

① [日]田中耕治著,高峡、田辉、项纯译:《教育评价》,北京:北京师范大学出版社2011年版。

及发展性评价、学习性评价理论的形成。此外，他提出的"目标游离"评价模式，认为教学活动除了产生预期效应外，还可能产生各种非预期效应，这种非预期效应的影响有时是非常重要的，但在目标评价中得不到反映。为此，他提出"目标游离"评价，促使评价者关注更广泛的可能结果。

与前两代评价理论相比，判断时期的评价理论开始关心那些预先确定的目标是否需要重新进行价值判断和调整，反映了评价更趋向多元化和科学性。

（四）建构阶段

建构时期指的是自 20 世纪 70 年代以来的评价理论时期。1972 年，英国剑桥大学丘吉尔学院主张采用文化人类学的质性研究范式，取代以前的心理测量范式，开始了质性评价。他们认为，教育现象是复杂的，包含多方面的因子，如果将之抽象为简单的数据，无疑会丢失或歪曲教育信息，因此，应该持"价值多元性"的信念，对评价对象的各种特质进行描述和解释。

20 世纪 80 年代以后出现了一些新的理论方法，推动了学习评价研究的发展。例如，"项目反应理论"使学习评价趋于计算机化和因人施测的方向；"模糊评价法"发展了学习评价的数据处理技术，而枯巴等人提出的"第四代教育评价"，突出了评价中的人文主义精神；阿莫纳什维利提出的"实质性评价理论"，则特别重视学生自我评价能力的形成以及教学评价的良好心理氛围的设计。

总的来说，建构时期的评价理论突破了过去学生只作为被评价者的思维限制，被评价者在被评价的同时，也是评价的主体和评价的参与者。学生在评价过程中参与评价目标的确定、评价方法的选择、评价的具体实施和分析。评价在本质上是一种评价者与被评价者之间通过"协商"而形成的"心理建构"。

纵观学习评价的发展阶段，从测量时期、描述时期到判断时期、建构时期，评价主体由单元走向多元，更加突出了人文精神和教育作用，评价内容涉及目标、过程和结果的综合判断，更加全面细致，评价模式和方法也趋向多样化，反映了学习评价的不断发展和完善。

二、学习评价的基本内涵

学习评价经历了测量、描述、判断和建构四个阶段的发展，其内涵不断得以充实和丰富。下面从学习评价的地位、学习评价所关注的要点以及评价过程的实质三个方面探讨学习评价的内涵。

（一）学习评价伴随着学习活动的每一个环节

学习评价贯穿于教与学的整个过程中，与学习目标、学习活动、学习结果形成循环互动的过程。学习评价的目的和任务是促进学生学习和学习目标的实现。学习评价是将学习结果与预定的学习目标相对照的过程，在对学习结果进行评估时，是以学习目标为评价尺度，学习结果的好和坏、优和劣，都是相对于预定的学习目标而言的。同时，对学习活动产生的非预期结果所进行的评价，反过来又促使教师和学生对学习目标进行反思和修订。学习过程也是学习评价的一个重要内容，学习过程的评价对于学习结果的评估有很好的解释作用。

（二）学习评价的立足点不是在于促成学生之间的竞争，而是关注每位学生个体的全面发展

现代评价观认为评价的目的不只是甄别和选拔，而是及时发现每位学生的特点和问题，采取相应的措施。如果说测量评价重视的是学生学习的统一性，而现代建构主义评价观认为学生的发展是多向度的，应注意学生学习过程中的各种非智力性表现，这些情感态度、学习策略等方面的表现对于学习结果有至关重要的作用，因此，需要持"多元价值观"，在"尊重补充评价者的个体差异"的基础上，"用积极的眼光，从多个角度或方面去审视被评价者，发现其优点和长处，使其体验成功的乐趣，让其在自尊、自信中不断发展"。[①]

（三）评价的过程是一个对评价对象的判断过程，也是一个学习过程

按建构主义评价理论看，学生既是被评价者，也是评价者，与教师一起共同参与评价目标的确定和评价活动的实施。学生参与评价的过程也是一个学习的过程。学生不仅可以将所学知识重新系统梳理，而且通过自评和互评，可以相互交流学习体会和体验，并学会公正地对待他人。

三、学习评价的功能

（一）激励功能

评价最初的目的是将不同的学生分类，给予不同的教学安排，即评价的甄别和选拔功能。而激励功能正是源于此。这种激励功能在教师和学生身上都有体现。学生为了得到理想的评价结果，必然会付出努力，尽可能做出好的学习表现；教师为了使学生得到理想的评价结果，也必然会调整教学设计，尽可能调动学生的学习能力，从而使教与学的效果都得到提高。

（二）诊断功能

所谓"诊断功能"，是指评价可以将学生的实际状况以各种方式展示出来，从而帮助评价者和被评价者作出决策。学习评价的诊断功能主要表现在两个方面：一是通过评价可以帮助教师熟悉学生的学习情况，了解学生已掌握哪些知识技能、有什么样的学习特点和习惯，以及已有的学习水平高低，从而指导并调整自己的教学方案；二是教师通过评价还可以检验自己的教学效果，教学计划设计是否合理，教学方法是否

---

① 董奇、赵德成：《发展性教育评价的理论与实践》，《中国教育学刊》2003 年第 8 期。

有效，教学活动是否符合学生实际，从而在此基础上改进教学。

（三）导向功能

学生会根据评价调整自己的学习方向和学习策略，教师也会根据评价来调整教学，通过评价反馈的信息完善自己，从而促进个人发展。因此，评价对学生下一步的学习、教师的下一阶段教学都有指导作用。川岛邦宏曾指出："评价只有在下一步的计划制订中发挥作用，并且与改善教学相联系，才开始具有（真正的）意义。"[①] 因此，学习评价是一种指向"未来"学习的评价，是一种"外展性评价"。

第二节　华文学习评价的常见类型

随着人们对评价内涵认识的不断深入，教育评价专家提出了一系列评价方式或方法，如目标评价、形成性评价、终结性评价、发展性评价、过程性评价、表现性评价等。这些评价方式或方法有其产生的背景和各自特点，其使用范围、实施时间、发挥的作用以及与学习过程之间的关系也不尽相同。如果要真正发挥评价的功能，就必须准确理解这些评价方式或方法的实质和基本特点。

一、按在教学过程中实施的时间分类

评价作为教学活动的一个组成环节，根据其在教学过程中实施的时间可分为诊断性评价、形成性评价和总结性评价三类。它们实施的目的和方式也会因其实施的时间不同而各异。

（一）诊断性评价

诊断性评价，顾名思义，是在进行教学活动之前，为了了解学习前情况，以便教师进行有针对性的教学而进行的评价。诊断性评价通常是通过作业分析、测试、访谈调查、观察等方法实现的。诊断性评价有两个功用：

1. 了解学生学习前的准备情况

通过诊断性评价，了解学生学习新课前的准备程度，分析他们可能存在的学习困难，对不同特点和层次的学生作出恰当的安置。

2. 确保教学计划能够指导教学进程

通过评价的反馈信息，检查教学计划是否恰当，并及时作出调整。

[①] 转引自张德伟：《日本中小学教学与评价一体化原则及其对我国的启示》，教育部中小学教师继续教育网，http://www.teacher.com.cn。

（二）形成性评价

形成性评价是指在教学过程中，为检查学生学习的进展情况，以便及时修正教学进程而进行的评价。它是相对于传统的总结性评价而言的。形成性评价的主要目的是对学生的学习过程进行评价，确定学生在一个学习单元中已经掌握和为顺利进行下一阶段的学习应当掌握的内容和能力，了解学生日常学习过程中的表现，所取得的成绩以及所反映出的情感、态度、策略方面的发展，目的在于发现学生的潜力，改进和发展学生的学习，侧重于教与学活动的调整与完善。这类评价也通常是采用测试、随堂考查、作业分析、观察等方法。

但与总结性评价不同的是，形成性评价是基于对学生学习过程的持续观察记录和反思而作出的发展性评价，更关注从被评价者的需要出发，重视学习过程中的学习体验，因此，可帮助学生有效掌控自己的学习过程，促使学生从被动地接受评价变为学习评价的主体之一和积极参与者。

（三）总结性评价

总结性评价一般指在一个学习阶段结束后，结合学习目标对学生的学习结果作出的评定。这类评价的主要目的是评定学生达到学习目标的程度。为了评定标准更客观，评定结果更直观，多采用测试的方法。与形成性评价相比，总结性评价重视的是结果，考查的是学生学习语言的整体水平，因此，测试的内容范围较广，评价更为概括。

三类评价的实施时间、目的和方法见表9-1。

表9-1　三类评价的实施时间、目的和方法

	诊断性评价	形成性评价	总结性评价
实施时间	一个阶段的学习活动开展之前	学习过程中	一个学习阶段结束以后
评价目的	了解学习前的情况，以便合理安排学习活动	了解学习进程，以便随时调整教学设计	评定学习结果
评价方法	作业分析、测试、观察访谈等	测试或考查、作业分析、观察	测试或考查

二、按评价的表现形式分类

任何事物都表现为"质"和"量"的结合，评价结果也如此。因此，可以从"量"的角度衡量学习效果，也可以对学习效果进行"质"的分析，从而有定量评价和定性评价两种评价方式。

（一）定量评价

定量评价是将评价内容和对象量化，以数据说话。当然，定量评价并非只是罗列数据，还需要通过统计分析等方法，从纷繁复杂的数据中归纳规律性的结论，发现各因子之间的潜在联系。定量评价以其客观和直观性而被经常运用于各种评价中。

进行语言学习效果定量评价时，首先，要确定知识和能力等方面的基本评价要素，并将这些评价要素量化后形成评价指标；其次，以评价要素和评价指标的重要程度为依据确定评价权重，采用分制方法进行评审和比较。例如，"汉语普通话水平测试"中通过"命题说话"测试项评定应试人在无文字凭借的情况下说普通话的水平。为了能反映应试人的普通话水平，该测试项主要设置了语音标准程度、词汇语法规范程度和自然流畅程度三个评价要素，每个评价要素针对不同水平分别设有不同分值的分档。如语音标准程度的分档如下：

一档　语音标准，或极少有失误，扣 0 分、1 分、2 分。

二档　语音错误在 10 次以下，有方音但不明显，扣 3 分、4 分。

三档　语音错误在 10 次以下，但方音比较明显，或语音错误在 10—15 次之间，有方音但不明显，扣 5 分、6 分。

四档　语音错误在 10—15 次之间，方音比较明显，扣 7 分、8 分。

五档　语音错误超过 15 次，方音明显，扣 9 分、10 分、11 分。

六档　语音错误多，方音重，扣 12 分、13 分、14 分。

（二）定性评价

定性评价是运用比较与分类、描述与归纳或演绎等方法对评价内容或评价对象进行"质"的分析。与定量评价用数据说话不同的是，定性评价通常使用描述性语言，通过观察分析评价对象的表征或状态，进行价值判断。每个学期期末教师写的学生评语就是一种定性评价。表 9-2 是汉语水平考试（高级）写作水平评分标准（1995）。

表 9-2　《大纲》规定的（汉语水平考试）写作评分标准

5 级	内容充实，条理清楚，语法正确，语言通顺，能使用较复杂的句式和一定的修辞手法，词汇丰富，遣词造句恰当，表达得体。汉字及标点书写正确。有极个别语法、词汇及汉字书写上的错误，但不影响文章思想内容的表达。
4 级	内容较充实，较有条理。语法结构清楚，语言尚通顺，能使用较复杂的句式清楚地表达思想。词汇较丰富，使用正确，表达基本得体。有个别语法、词汇及汉字书写错误，但不影响交际。
3 级	内容较完整，能用基本通顺的语言表达思想，语法结构尚清楚，词汇较丰富，但有时词不达意，有语法、词汇及汉字书写方面的错误，基本上不影响交际。

（续上表）

2级	基本能表达思想，但内容不充实。有一定的词汇量，但使用时往往词不达意。语言欠通顺，语法、词汇及汉字书写错误较多，影响文章的通顺和思想的表达。
1级	能表达一定的思想，但较零乱。语法及汉字书写错误很多，以致严重影响交际。

比较普通话水平测试中"命题说话"的评分标准与汉语水平考试写作评价标准，可以看到，普通话水平测试在评分时定性的基础上也有量的规定，是定性与定量评价相结合；而汉语水平考试写作由于写作能力无法量化地界定能力差距，因此，评分时主要采取定性评价，级差界限缺少"量"的明确规定，大都采用语义相对模糊的程度副词或体现程度差异的词句来反映。

定量与定性评价各有利弊。定量评价强调量化，因而在选拔甄别功能方面更具有客观性、标准化、简便直观性，同时也因此强调共性和统一性，但忽略了个体特征，忽略了一些难以量化的重要品质与行为，把丰富的个性心理发展和行为表现简单化为抽象的分数，有些评价内容勉强量化后，只会流于形式，并不能真实反映学习效果。定性评价则更关注对个体特征作"质"的分析与解释，强调对学习效果与学习目标之间的一致性作具体系统的调查判断。如果说定量评价因关注"量"而走向抽象概括，那么，定性评价则是侧重"质"而走向具体描述。当然，定性评价的级差界限不够精确，弹性较大，在选择甄别功能上不如定量评价易操作。

三、按评价与学习活动相互作用的方式分类

根据评价与学习活动相互作用的方式，可以把学习评价分为学习外评价和学习内评价。

（一）学习外评价

所谓"学习外评价"，是指评价外在于学习活动，即评价过程与学习过程不是同步的，而是相互独立的。学习外评价注重的是学生经过一段时间的学习后所取得的结果，学生所达到的学习水平和行为表现，而不关注学生学习活动过程中心理、情感、态度方面的变化，即忽略学生的内部变化。

学习外评价在评价学生的学习结果时，所依据的尺度是预先设定的各种学习目标，评价的方式以测验考查或记录行为表现为主，评价所依赖的材料是学习内容和学习结果，也就是学习的起点和终点。泰勒的目标评价、中国的中高考都是学习外评价。

学习外评价所依赖的内容材料一般是客观性、结构规律性强的知识，体现的是评价者的价值取向，而非被评价者的价值取向，为了评价直观和便于分出等级，评价常常表现为测试分数，然而单纯以分数来显示评价结果，学生的语文素养、创新精神和探究意识都不能得到凸显。

（二）学习内评价

学习内评价是学习活动本身所固有的评价。因为学习本身就具有评价的性质与要求。皮亚杰曾说："学习是一种通过反复思考招致错误的缘由，逐渐消除错误的过程。"① 加涅也说："学习的每一个动作，如果要完成，就需要反馈。"② 皮亚杰和加涅所说的意思都是评价是学习活动中的评价，它伴随学习活动过程而产生和进行，是学习活动的有机组成部分。例如，在"合作探究式"学习中，学生在小组内发表自己的看法，在相互讨论评析中，学生原有的正确认识得到巩固，错误的认识得到矫正。因此，在学习内评价中，学习与评价是相互渗透、融为一体的，学习者是被评价者，也是评价者，学习活动是评价活动，评价活动也是学习活动。正如美国《国家科学教育标准》中所言："评价和学习是一枚硬币的正反两面……当学生参与评价时，他们应能从这些评价中学到新东西。"

第三节　华文学习评价的主要方法

一、华文学习评价的主要方法

随着学习评价的新理论不断出现，各种评价方法也应运而生。其实，在上两节所谈到的评价理论和评价类型中，就已包含了评价方法，这里不赘多言。下面从评价主体、评价的表述形式、评价所依赖的材料、给予评价的时间和评价内容五个角度介绍一些常用的评价方法。

（一）按评价主体分类

1. 自我评价

自我评价主要是学生对自己的学习策略、努力程度和学习效果以及它们之间的关系进行评价。学生对自己学习过程的评价是形成学习责任感、形成个人有效的学习方法，提高学习效果的重要途径。因为进行自我评价必须依赖清晰客观的目标标尺，而基础知识的掌握通常相对标准化，因此，在华文学习中自我评价一般围绕语言基本知识和课文内容而展开。

例如，在学完一课后可以根据学习目标让学生进行自我评价，填写如下表格（如表9-3所示）。

---

① 转引自施良方：《学习论》，北京：人民教育出版社2003年版。
② ［美］加涅著，皮连生等译：《学习的条件和教学论》，上海：华东师范大学出版社1999年版。

表9-3　第九册第一课自我评价

学习目标	自我评价
本课有 19 个汉字，我学会了哪些汉字？	
本课的 12 个词语要求会认读能理解，我学会了哪些词语？	
要求会运用词语"普通、充满、差不多、传统、不由得"，我学会了运用哪些词语？	
课文内容 1："我"为什么想学剪纸？	
课文内容 2："我"在叔叔结婚时剪了什么？这个剪纸怎么样？	
课文内容 3："我"在手工制作比赛中剪了什么？这个剪纸怎么样？	

2．学生互评

在学习过程中，通常是学习完一个单元或一个阶段后，以小组为单位，依据评价标准，在小组内学生之间进行评价。为了提高评价效果，可以让被评学生根据其他同学的评语写一个自我总结，发现自己的优点和需改进之处。通过互评，学生可以交流学习体会和学习经验，吸收他人优点，明确自己努力的方向，还能学会诚实公正地看待他人。在进行学生间互评前同样需要教师指导学生确定评价标准，以避免评价陷于盲目宽泛。例如，表9-4是学生互评表。

表9-4　学生互评表

小组成员	我可以向他（她）学习的地方	他（她）还需要改正的地方
学生 1		
学生 2		
学生 3		

3．教师评价

教师评价是指教师对学生学习的各种表现给予适当的评价。它能促进学习目标的有效实现。

教师评价的要求之一是及时，学生的良好表现需要教师及时发现并加以肯定和张扬，才能稳定为良好的行为习惯。二是评价明确，对不同的学习效果、学习行为分别使用不同的评价标志，评价标志明确可懂，有助于学生意识到自己的进步和闪光点，从而使学习成为可持续发展的行为过程。三是评价尽可能以正面评价为主，多看到学生的优点和进步之处，即使是学生不足的地方，也尽量以鼓励的方式表达出来。例如，某一学生上课表现得较以往认真，能主动举手回答，教师应及时给予评价，鼓励其再接再厉。再如，某学生上课时悄悄玩手机，教师不阻止，会影响学生学习，其他学生也会效仿；教师如果此时停止讲课，严厉地大声批评，可能会适得其反，对其他学生也会形成负面的引导；教师不如自然地走过去，用目光制止他，或用动作暗暗提醒他。在新课学习前通常会检查学生的复习情况，当学生复习得好时，教师可给笑脸以示表扬，当学生复习得不理想时，可给一个哭脸娃娃以示批评。这样奖罚分明，学生才能清楚地意识到哪些是当做的行为，哪些是不当做的行为。

某学生学习表现不错，但字写得较为潦草，因此，其教师写下如下评语：

我们的××同学可聪明了，学习也认真，老师讲课时，你总是瞪大着眼睛积极思考，每次老师提问，你也都是最积极举手回答的同学，所以，你的成绩一直不错，老师为你感到自豪。但你记得吗？上次你只考了82分，就是因为有些字你写得太潦草了，因此，老师看不清，那多可惜啊。所以，老师希望下次你的字能写得再仔细些。我们××同学是个说话算数的男子汉，老师相信你能改掉这个坏毛病的，对吗？

教师写这段评语，注意从学生正反两个方面进行评价，并且以商量的口吻，与学生平等交流，无形中拉近了与学生的距离。对于学生的缺点，教师也是从肯定学生的能力入手，委婉地督促学生扬长改短。

（二）按评价的表述形式分类

教师对学生学习进行评价，通常是通过言语（口头或书面语言）形式来实现的，主要包括面批和文批两种形式。面批是指教师对学生作出的当面评价，以口头语言为主要表现形式。文批是教师对学生作出的书面评价，以书面语言为主要表现形式。

评价作业一般采用文批。文批时，教师通常主要修改错别字、病句，并给出分数，有时会在作业之后写上一段综合评价语。对教师给予的书面评价，有的学生可能不甚了解，有的学生可能连看都不看就搁置一边，这样文批的效果就大打折扣。因此，叶圣陶曾说："给学生改作文，最有效的方法是面批。"[①] 其实，不仅是作文评改，所有作业的评改都应尽可能适当配合面批。

面批要因时、因地、因人，借助言语、动作或表情与学生直接面对面交流。例如，当学生回答正确时，可以通过点头或竖起大拇指表示肯定和赞许；当学生上课精神不集中时，教师可通过一个微小的动作或眼神提醒学生专心。这些非言语评价体现的是教师对学生的尊重、信任和关爱，有助于师生之间形成情感互动和默契。但在面批时也需要注意评价并非强迫学生完全照教师的想法来写，而是通过探讨辩论的互动方式，充分发挥学生的主体地位，激励、启发学生自评自改。另外，教师的评价也不能仅止于就事论事，要具有启发性，引导学生能举一反三。

---

① 转引自李江南：《作文面批面改之尝试》，《语文教学与研究》2009 年第 32 期。

（三）按评价所依赖的材料分类

按评价所依赖的材料，评价方法可分为测试评价、量表评价和表现性评价。测试评价是指评价所依赖的材料是测试或考查试卷。传统的评价常常是将测试与评价等同起来，把学生的测试成绩简单地视为衡量学习效果的唯一标准，以致学习评价简单化和唯量化。

量表评价则是通过发放问卷，将问卷结果数量化然后进行评价，如表9-5所示。

表9-5　语文合作学习观察评价量表

授课人：	班级：		时间：
观察者：	教学内容：		
观察指标	观察结果		
协作性（是否有明确的分工，如朗读、讨论、记录、最后代表发言等）			
参与性（是否每一名组员都参与其中，积极性如何）			
互助性（全班交流时，当组员遇到问题，同组组员能否及时提供补充和帮助，合力解决问题）			
评价性（组与组之间相互讨论评价的时候，是否到位、客观、准确、有效）			
创新性（教师教学环节的设置是否新颖，是否能激发学生的兴趣与讨论的积极性）			

（设计者：周蓓姿）

表现性评价（performance assessment）是"为测量学习者运用先前所获得的知识解决新异问题或完成特定任务能力的一系列尝试"[1]，在20世纪90年代美国兴起的一种评价方式。它是在学生学习完一定的知识后，通过观察考查学生完成某一实际任务过程中的各种表现来评价学生的学习状况。它的评价方式有别于传统的纸笔测验评价，是对学生能力行为进行直接的评价。

表现性评价认为学生要完成真实任务，必不可免地要将已有的各种知识和技能外

---

① 转引自李金亏：《语文学习评价研究》，西北师范大学硕士学位论文，2003年。

倾成各种行为语言。因此，通过观察学生在完成任务过程中的行为表现，可以测评学生实际掌握和运用知识技能的能力。当然评价所涉及的任务必须是符合现实生活逻辑的，而且要能够诱发学生运用相应的知识技能。

表现性评价根据评价所涉及的任务要求又可分为限制型和扩展型两种。限制型表现性评价中，任务通常结构性较强，对完成任务所需要的行为表现一般限制在专门技能上，例如，用汉语问路或打招呼、大声朗读等。扩展型表现性评价中，任务相对复杂，对完成任务的限制较少，要完成任务常常需涉及多种技能或能力以及复杂的认知过程，例如，讲述或写一个故事、编排表演一个内容完整的小品故事、组织一场辩论等。限制型表现性评价中完成任务的时间较少，单位时间可执行的任务也就更多，从而使评价覆盖面可以更宽泛些。但同时因对学生限制较多，学生发挥自主性空间相对较小，在反映学生知识整合能力和创造能力方面就不如扩展型任务。因此，可以将两种表现性评价结合起来，先通过限制型任务的完成，让学生说明为什么这样做，继而扩展问题，让学生解释为什么只选择这种答案而不选择其他。

表现性评价的优点在于它既是一种评价方式也是一种学习活动，在测查了学习效果的同时关注到了学习过程，具有多重评估价值。它的不足在于与纸笔测验或考查不同，它的评价标准具有主观性，是凭借评价者的主观经验和智慧来进行判断。

（四）按给予评价的时间分类

按给予评价的时间，评价方法可分为及时评价法和延迟评价法。一般而言，教师对学生的学习情况应给予及时的评价。然而由于学生的家庭文化背景和自身的思维特点不同，学生之间在语言学习的发展上必然存在差异，有的可能可以迅速达到学习目标，有的则需要经过一段时间的努力和调整，才能达到目标。这就需要教师在评价的时间上因人而异，有的可以给予及时评价，有的则需要推迟评价的时间。例如，有些学生可能词语学得较慢，听写时教师可给他们更长时间准备，然后延迟评价。

这种延迟评价法淡化了评价的甄别功能，照顾到了学生个体发展，特别对于学习有困难的学生，这种评价法能让他们看到自己的进步，感受到成功的喜悦，从而激发新的学习动力。

（五）按评价内容分类

按评价内容，评价方法可分为对学生材料（包括对学生试卷和学生作业）的评价、对学生课堂表现的评价以及学期综合评价等。课堂表现评价在前面已有介绍，这里就不再赘述。对学生作业的评价非常重要，教师在批改学生作业时，可及时发现学生学习中表现出来的能力倾向、学习特点以及存在问题，并可以此对学生学习作出准确、客观的评价，并有效地促进学生学习程度的提高。学期综合评价是教师在一个学期以结束时，对任教班级每个学生个体一个学期以来的总体情况作出的综合评定。

下面重点谈学生试卷评价。分数是学生试卷最直观的表现，因此，教师首先关注到的也是分数。但如果仅仅只提到满分的是哪些同学，优秀的是哪些同学，不及格的是哪些同学，这是远远不够的。因为即使分数是同样的，但它们所反映出的学习上的问题可能不一样，有的学生可能是汉字上的问题，有的学生可能是句子表达上的问题，有的学生可能是阅读方面的问题。因此，教师要对试卷上的每道试题进行得分情况分析归纳，提出学习中存在的具体问题。试卷所暴露出来的现象和问题，有些是全班学生共有的，有些却是某个学生个别出现的，因此，评价试卷时需要将总评与个评相结合。

试卷评价可帮助学生重新认识自己的学习情况，如果有好的学习条件，不妨将自评与教师评价结合起来，先请学生分析自己试卷所反映出来的问题，然后教师给出评价和建议。一份综合性试卷一般会包括对拼音、字、词、句和篇章的考查，涉及字词的读写、章句的理解与表达能力，因而在学生自评前，要根据试卷内容引导学生明确该试卷测试了哪些知识与能力，这样，学生才知道应该从哪些方面评价自己的学习得失。为了提高评价效果，还可以将家长引入试卷评价中，请家长对学生试卷略作评价，以便家长了解并督促自己孩子的学习。

教师在评价试卷时，除了指出问题外，最好也给出改善建议。例如，如果是书写问题，可以要求学生重新抄写几遍；如果某些字词是多数学生写错的，还可以要求学生复习了重新测试相应内容；如果是句子表达问题，可要求学生重新造句。

二、进行华文学习评价要注意的问题

（1）关注被评价者之间的差异性和发展的不同需求，促进其在原有水平上的提高和发展的独特性。中国目前中小学的新课标在教育评价方面明确指出："改变课程评价过分强调甄别与选拔的功能，发挥评价促进学生发展、教师提高和改进教学实践的功能"，"评价不仅要关注学生的学业成绩，而且要发现和发展学生多方面的潜能，了解学生发展中的需求，帮助学生认识自我，建立自信。发挥评价的教育功能，促进学生在原有水平上的发展"。[①] 然而传统的测试评价往往只呈现出学生的部分学习成果，这些数据背后隐藏的学习过程和认知特点、学习策略以及学习得失的原因都被忽略了。因此，为了实现评价"促进学生发展"的教育价值，需要建立多元评价观，从不同方面、不同层面评价学生。

（2）评价方法多样化。任何一种评价方法都有其长处，也有其局限性。教师不能将某一种方式的评价结果完全等同于学生目前的学习水平，而需要讲究多种评价方法的综合应用。例如，定性与定量评价相结合，过程性评价与目标性评价相结合，自我评价与小组评价、教师评价相结合。

（3）评价主体多元化，师生共同参与。以往的学习评价，评价者往往是以"旁观

---

① 中华人民共和国教育部：《基础教育课程改革纲要（试行）》，《教育部政报》2001 年第 7～8 期。

者"的身份来评定学习者，且评定标准即预定的学习目标是由评价者单方面定的，学生始终处于被动地位，学习的主动性和创造能力都没得到充分发挥。因此，现代教育评价观主张学习评价主体多元化，让学生参与评价的设计与评价过程，学生既是被评价者，也是评价者，要求学生不断地进行自我回顾、考查和反思，使他们"认识所要达到的目标，懂得自我检测，能够从检测中找到可供进一步学习的指导性信息并反馈于自己的学习"①。这样，学习评价不是作为一种手段或环节镶嵌在学习过程中，而是作为一种矫正机制内在于学习活动之中，自发地改进和完善自己的内部知识结构与经验结构，真正实现学习评价"促进学生发展"的目的。

（4）关注发展过程，评价学习策略和学习习惯。"播种习惯，收获人生"，良好的习惯可以让人受益终生。然而良好的学习习惯的培养并非一蹴而就，需要坚持不懈的努力。因此，学习习惯的评价必须贯穿长期的教学活动中，通过学生自评、互评和教师评价来不断督促。

（5）定性评价时，级差标注应具有与等级相符的渐进性。例如，在描述"语法、词汇及汉字书写"能力标准时，分别用"有极个别错误"、"有个别错误"、"有错误"、"错误较多"、"错误很多"来渐次体现从 5 级到 1 级的水平差距。

（6）评价项目内涵的表述要明确。例如，对"语法"项"效率"标准的表述是"对最简洁的表达方式的敏感性"，其定位就难以把握，不如将之改为"学生对基本常用的表达方式做到一听便懂，正确运用"。

（7）评价的激励功能在于它的积极正面主导性。因此，评价应以扬为主，先扬后抑。

---

① 冯翠典，高凌飚：《从"形成性评价"到"为了学习的考评"》，《教育学报》2010 年第 5 期。

第十章　华文教学课外活动

华文教学除了课堂教学以外，还需要形式丰富的课外活动来补充。目前，海外华文教育主要局限在课堂教学上，国内外对于华文教育的研究也多集中在教材、教法等方面，有关华文教学课外活动的研究成果较少。

课外活动是华文教育的一个重要组成部分。要提高学生的华文水平，不仅要重视课堂教学，还要加强课外实践活动，让学生在兴致盎然的活动中陶冶情操、开阔视野、激发和培养华文学习兴趣，以巩固、扩大课堂教学成果，提高学生听、说、读、写能力。因此，结合华文课堂教学而开展的课外活动有着特别重要的意义。

第一节　华文教学课外活动的意义和设计原则

一、开展华文教学课外活动的意义

丰富多彩的课外活动既是华文课堂教学的有益补充，又是学生在课外继续加强华文学习的最佳形式。在华文课外活动中，可以避免学生形成对华文课堂教学单一化模式的单调反应，促使学生不断地通过自身的努力和学习来全面促进和发展自身的华语能力。

开展课外活动是当前各国教育界都十分重视的问题。中国自 20 世纪 80 年代后，普遍地将课外活动作为教育改革的一项内容，并就此展开了规模浩大的研究与试验。在美国宾夕法尼亚州，课外活动已成为一门必修课。该州明文规定：高中生、大学生在毕业前必须参加至少一个课外项目，否则不予毕业。宾州并非美国唯一一个要求大中学生必须参加课外活动的州，马里兰州、明尼苏达州、新泽西州也对高中以上的学生提出了类似要求。

在华文教学中，开展相应的课外活动，既可以顺应现代教育的潮流，也可以更加完善海外华文教育的体系，具有极其重要的意义。这具体表现在以下几个方面：

第一，华文课外活动是课堂教学延伸、实践、检验和锻炼的平台。开展华文课外活动有利于巩固课堂所学，同时，有利于学生换脑，改变课堂教学比较单一的授课形式，在课外多元活动中进行华文学习，在活动中获得在课堂上学不到的其他华文知识，通过更多方式获取新的知识。

第二，开展华文课外活动对于培养学生的中华传统道德和崇高理想都会产生促进作用。

第三，开展华文课外活动对于开拓学生视野、活跃思维、发展智力等大有益处，有利于激发学生的主观能动性，有利于提高学生独立工作的能力，有利于发现人才，使学生的特长得到更充分的发挥。

第四，开展华文课外活动可助力于学习过程，是维系学生学习生活不可或缺的要素，并可培养学生业余爱好和兴趣，陶冶情操。

二、华文课外活动设计与组织的原则

（一）趣味性原则

无论是编写教材还是课堂讲授，趣味性都是一个至关重要的因素。只有引起学生兴趣，寓教于乐，才能让学生轻松地获得知识和技能。所以，在华文课外活动设计与组织的过程中，趣味性也是一个必须遵循的原则。目前，海外大多数学生都是利用周末的时间来学习中文，课堂学习时间长了，或多或少都会感到疲倦，多少会产生一定的抵触情绪。这时，有趣的课外活动是一个最好的帮助学生消化知识、减轻压力的方式。特别是海外华文教师的教学对象大多是小学生和中学生，他们正处在一个探知、好奇的年龄阶段，对新事物有新鲜感，有开展活动的热情。所以，课外活动实施得好，会令学生的学习事半功倍，并激发更大的学会华语的兴趣；实施得不好，就会事倍功半，给学生增加额外的负担。所以，贯彻好、实践好趣味性原则是一个很关键的环节。

衡量一个活动是否具有趣味性，有以下几个评判标准：第一，活动的设计主题和内容有趣，能吸引学生主动、自愿地参与；第二，活动的整个实施过程有趣，学生在活动过程中感觉轻松，获得了快乐；第三，活动的结果达到了预先设定的趣味性目标，使学生有兴趣今后继续参加。

（二）实用性原则

任何华文课外活动都是为教学和学生服务的，都是带有一定功能性的。活动的设计要体现一定的训练目标和培养要求，不能盲目随意。所以，每个活动设计出来都要具有实用性。例如，语言类活动是为了检验学生的学习成果，激发学生的学习兴趣；游艺类活动是为了启发学生的思维，减轻学习的压力；实践考察类活动是为了开拓学生的眼界，加深对社会的了解；体育类活动是为了锻炼学生的体魄，增强团结协作精神……

教师在设计和组织课外活动时，一定要先确定活动的目的和意义，也就是制定通过活动需要达到的教育效果。每个活动的培训点和培训目标是什么，实施重点和难点是什么，活动结束后需要总结的经验教训是什么等都要详细地写清楚。只有精心策划和构思，才能让活动的实用性达到极致，真正做到通过课外活动实现一定的教育目的和培养目标。

（三）针对性原则

课外活动，特别是面向海外华文教育的课外活动一定要遵循针对性原则。首先，不同性质与类型的华文教育往往教育对象不同，教学环境不同，学生背景不同，教学内容不同，课程、课时、课本都不尽相同，这就要求教师在设计活动的时候，一定要因地制宜，因材施教，有针对性地进行全盘计划。每个活动，要考虑到它的使用人群、年龄特点、活动场地、时间安排、与教学的联系等方面，有些活动甚至要考虑到政府的协助、与外界的沟通等要素。所以，设计一个好的、有价值的课外活动，要充分、全面地做事前的调查与研究，把活动设计到最佳状态，才能达到预期的效果。比如，针对年龄的活动，小学生与中学生的就应该不同，像"老鹰捉小鸡"的游戏适合幼儿阶段的小朋友，不太适合十五六岁的中学生。针对语言技能的活动，"写"和"说"就肯定不同，例如，"现场作文比赛"的活动就只适合检验学生"写"的技能如何，而不适合考查学生"说"的能力怎样。只有在活动中将针对性原则运用好，才能真正有效地发挥活动的作用，最大限度地实现课外活动预期目的。

（四）灵活性原则

课外活动的可塑性强不强，是衡量一个活动是否具有可持续生命力的重要依据。好的课外活动的设计需要花费大量的脑力和心力，设计一个活动不是用一次、两次就不再用了，而是要使活动灵活多变，满足多种需要。像"运动会"这种活动，可以设计成传统的"校园运动会"，也可以改改局部的内容，变成"趣味运动会"或"民间体育运动会"；比赛的地点可以在室内，也可以在室外；比赛的时间可以在春季，也可以在冬季；比赛的方式可以是班级比，也可以是年级比；比赛项目可以是跑步、跳远，也可以是丢沙包、跳大绳等。也就是说，"运动会"这种形式是不变的、永久的，但比赛项目、比赛方式、比赛时间、比赛场地都是可变的。这样，一个活动就可以反复用、多处用，节省了人力、物力。现实中，学生对于面貌相同的活动容易产生腻烦情绪。教师只需要针对性地改变某些内容与环节，对活动重新包装，就可以改变这种局面，使学生常玩常新。像这种灵活的、本原性的活动，教师在平常工作中可以大量开发，举一反三，不断给予学生新鲜感，保持活动的长效性。

（五）整体性原则

华文教学课外活动的设计与组织是一个整体性的工作。从活动的构思设计、调研分析、撰写计划，到后面的组织实施、总结备案是一个连贯、整体、有先有后的过程。华文教师在设计活动的时候应该严格按照这个程序来进行，以保证每个活动的完整性和安全性。没有做好充分准备的活动，没有做好应急预案的活动，没有考虑全面、注重科学的活动，在遇到突发事件或者某些不可预知的情况时，有可能达不到理想效果甚至失败。像有些在室外举行的活动，如果事前没有做好应急方案，却突遇下雨的话就会致使整个活动无法进行。再如，教师如果不做事前的调查分析，对学生的心理和特点把握不准，则有可能导致设计的活动学生不感兴趣，因而达不到预期的效果。一个活动结束后，教师不及时把活动中的得失、经验教训记录下来，就无法在以后的活动中发扬优点、避免失误。其实，每个活动都是一份宝贵的资料，教师要善于总结提炼，为今后开展类似工作积累经验。所以，活动设计与组织的这些步骤是环环相扣，缺一不可的。只有保证活动的整体性，才能确保活动的顺利完成。

（六）配套性原则

所有华文教学课外活动都是为教学和学生服务的。这就要求活动的设置必须与教学阶段、教学内容、教学进程配套，形成一个科学的整体。教师在制定教学大纲和教学计划的时候，也应该把课外活动考虑进去，相互配套。特别是一些有完整年级的华文学校，在设计课外活动时，更应该做总体的规划，把它纳入正常的教学内容中去，更好地为教学服务。比如，1—6年级的小学，要制定一个6年的活动计划，与课程设置、学时课时、教学年级相配套。如果是形制较松散的学校或补习机构，可以根据教材内容和语言训练层次来合理设计与之相匹配的课外活动。此外，要根据学校和学生的实际情况来设定活动的密度、规模。不是学生学到哪儿，活动就想到哪儿，而是事先就制订了全面、科学、有效的计划，早就形成一个与教学配套的课外活动体系，这样才能让活动的价值最大程度地发挥和实现。

透过纷繁复杂的现象，我们不难看到，设计和组织华文教学课外活动的基本规律就是在活动中始终将趣味性、实用性、针对性、灵活性、整体性、配套性融为一体。这一规律在各种形式的课外活动中都得到反复的运用和体现。同时，由于各种课外活动之间又是互相联系、互为补充、交叉进行的，所以，这六条原则又衍生出诸如科学性、知识性、思想性等需要遵循的原则。只要掌握和运用好这些原则，就能设计出精彩的华文教学课外活动。

第二节　华文教学课外活动的设计思路

如何设计科学、新颖的华文教学课外活动，既满足学生需要，又达到教育目的，是海外华文教师重点关注的问题。由于很多教师多年来一直苦于不知从何下手来构思活动，所以，这里提供部分课外活动设计的思路，以供参考。

一、根据活动本体设计华文教学课外活动

按照青少年开展课外活动的内容与活动的形式特点可以将课外活动分为教育类、竞赛类、游艺类、文化类和实践类、技能类。教育类包括学校教育、家庭教育、社会

教育等几类；竞赛类包括体育竞赛和其他竞赛活动；游艺类包括游戏、文娱等活动；文化类包括节日、民俗等活动；实践类包括社会实践、语言实践、外出考察等几类；技能类包括语言技能、劳动技能等活动。

在华文教学中，文化类和语言技能类课外活动开展得相对广泛，角度也灵活多样，下面重点介绍这两类活动的设计思路。

（一）文化类课外活动的设计思路

文化是每个民族和国家都固有的传统财富，也是华文教学中学生学习和认知的重要内容。海外华文学校的一大教学任务就是教授中华文化知识，让华侨华人子弟更深入地了解中国，传承优秀华族文化和传统美德。同时，了解和学习所在国以及世界各地的风土人情、人文地貌，也是开拓学生视野、扩充知识结构的需要。因此，文化成为教师设计课外活动时最容易想到也必须想到的素材。根据文化设计课外活动通常有以下几种形式：

1. 根据中国的节日设计

中国的节日众多，大致可以分为4类：

（1）传统节日①：春节（正月初一）、元宵节（正月十五）、清明节（按农历计算，无确定日期，旧年冬至后106天）、端午节（五月初五）、七夕节（七月初七）、中秋节（八月十五）、重阳节（九月初九）等。

（2）现代节日②：妇女节（三月八日）、植树节（三月十二日）、教师节（九月十日）、国庆节（十月一日）等。

（3）二十四节气：节气是指二十四时节和气候，是中国古代制定的一种用来指导农事的补充历法。二十四节气包括立春、雨水、惊蛰、春分、清明、谷雨、立夏、小满、芒种、夏至、小暑、大暑、立秋、处暑、白露、秋分、寒露、霜降、立冬、小雪、大雪、冬至、小寒、大寒。节气并非是一种节日，但中国的许多传统节日都和节气有关，如清明、冬至等。

（4）中国地方的民俗节日：腊八节、中元节（俗称"鬼节"）、藏历新年、火把节、泼水节、古尔邦节等。

2. 根据国际和当地的节日设计

（1）国际通用节日：新年（元旦节）、五一劳动节、国际护士节、六一儿童节等。

（2）西方节日③：情人节（二月十四日）、复活节（三月十二日）、愚人节（四月一日）、母亲节（五月的第二个星期日）、父亲节（六月的第三个星期日）、万圣节

---

① 其中节日所指日期均为中国农历。
② 其中节日所指日期均为公历。
③ 其中节日所指日期均为公历。

（十月三十一日）、感恩节（十一月的第四个星期四）、圣诞节（十二月二十五日）等。

（3）重要的纪念日：世界艾滋病日、世界足球日、世界人权日、国际志愿人员日、世界睡眠日等。

（4）当地传统节日：如各国的建国日、柬埔寨等东南亚国家的泼水节、泰国的水灯节、蒙古国的那达慕大会、巴西的狂欢节等。

教师可以根据节日的意义及主题，选取其中一些，在恰当的时候设计游园会、晚会、知识竞赛、出游、班会、游戏、考察等多种形式的活动，把有关节日、民俗、文化的知识蕴涵到这些活动之中，寓教于乐，加深学生对课本所学内容的直观感受，从而让学生将知识融会贯通，扩大眼界，增加兴趣。

3．根据中华文化风俗设计

中国五千年的文化博大精深、源远流长、浩如烟海。这些知识不仅是学生学习所需，同时也是教师设计活动的灵感来源。根据海外中小学生的特点，教师可以在下列文化里作出选择：

（1）服饰文化：古今主要服装的样式、变迁过程。

（2）饮食文化：八大菜系、茶、酒、各地名小吃等。

（3）建筑文化：古今经典建筑。

（4）宗族文化：祖先、姓氏介绍。

（5）地理历史文化：中国地理、历史概况。

（6）民族文化：关于中国 56 个民族的基本介绍。

（7）各地重要风俗习惯、民间艺术等。

文化风俗通常都是青少年最感兴趣的内容，很多中国的精粹，海外的学生只能在书本中看到。所以，教师可以充分利用各种资源给他们创造条件来亲身体验。古人说，"民以食为天"，人每天都离不开"吃"，这里面涉及丰富的饮食文化，教师可以设计"中华厨艺大比拼"活动，设置现场菜式比拼、知识问答、品尝鉴赏等几个环节，还可邀请家长一起参与。这个活动可以锻炼学生的动手能力，增长学生的中华饮食文化知识，提供家庭与学校交流的平台。再如，像举办"中国寻根之旅夏令营"活动，让海外华裔子弟回到中国参观访问，学习中华武术、戏曲、书法、剪纸等，比死读书本更易于接受。利用丰厚博大的文化内容，设计出多种多样的课外活动，可以达到课堂教学所不能达到的效果。

4．根据国际和当地文化风俗设计

世界各地的国家及民族都有丰富且具有代表性的文化风俗，教师也可以适当地选取一些作为活动的素材。这些文化风俗包括：

（1）吃的文化：世界各地主要菜式、饮食的风俗。

（2）穿的文化：世界各地的服饰变迁、民族服饰等。

（3）住的文化：古今各地著名建筑。

（4）行的文化：各种运输工具的介绍，如汽车、飞机、轮船、地铁等。

因为海外华文教育的教学对象多是青少年，其接受能力有限，所以，不能将内容设置得太深、太广。越是与生活交际息息相关的文化越有用，也越能吸引学生眼球。

（二）语言技能类课外活动的设计思路

根据语言技能来设计活动与课堂教学的联系是非常紧密的。它基本上就是为了满足教学的需要而设立的一种狭义、专业范围内的分类方式，是一种主要基于教学的设计。

语言技能主要分为听、说、读、写四种。华文教学的主要目的是为了提高学生听力、阅读、写作、说话的综合能力。教师可以根据实际需要，围绕这四种技能来设计活动。由于当中的某些技能是经常结合在一起的，所以，也可以将某两个或者某几个结合在一起来设计，如听说技能（话剧表演、朗诵比赛、演讲比赛）、读写技能（手抄报比赛、钢笔字比赛、毛笔字比赛）、读说技能（讲故事比赛、古诗诵读比赛）、听写技能（现场作文大赛、翻译比赛）等。

二、根据学生情况设计华文教学课外活动

学生是参与华文课外活动的主体，也是教师设计活动的服务对象。学生各方面的情况，是教师设计活动的重要考虑因素。

（一）根据学生的兴趣设计

教师平时要注意学生的心理特点和成长变化，发掘他们的兴趣所在，多以他们感兴趣的事物来着手设计活动。比如，青少年一般会对各种动植物、自然现象感兴趣，那么，教师就可在这方面加以辅导和培养，让学生在兴趣中求得知识，获得成果。

（二）根据学生的弱点设计

如果学生在性格、能力、知识点中的某方面较为缺失，教师则可以有针对性地设计活动，改善这些情况。比如，现在的孩子都比较娇生惯养，教师可以设计一些劳作性的活动来锻炼学生的动手能力，培养独立意识和勤劳的品质。

（三）根据学生的问题设计

学生在不同阶段或多或少都会出现一些问题，如心理的、生理的、家庭的、学业的、情感的等等。教师如何引导，直接影响到学生的健康成长。适时、恰当地利用课外活动来解决这些问题不失为一个好办法。比如，出现心理问题，可以多举办户外活动，分散学生注意力，在游玩中与学生沟通，从而解开他们的心结。

（四）根据学生的需要设计华文教学课外活动

教师设计课外活动，是为了补充课内所需，完成课堂上完成不了的任务。所以，这些活动必须是有前瞻性的。哪些是学生未来需要的技能，哪些是他们今后要具备的素质，哪些是学生将来要掌握的知识，在活动中要加以涉及。一些落后、淘汰的内

容，一些陈腐、无用的观念，一些不能与时俱进的思想，都不要再在活动中出现，以免误人子弟。

三、根据教材延伸设计华文教学课外活动

根据教材延伸设计主要是指根据课文内容本身以及课堂、课后练习来延展设计。现行华文教材的课文一般都蕴涵主题思想，每课有要学习的生词、语法点、功能目标以及课后练习，有些教材还配备了家庭练习。教师可以反复研磨这些内容，根据训练点来设计有针对性的延伸活动，从而巩固所学知识。如《中文》（修订版）教材中《孔融让梨》的主题思想是赞美和弘扬尊老、谦让的传统美德，可以设计一个以此为主题的班会，设置"讲故事"、"说身边事"、"判断是非"等环节，让学生课后搜集谦让、尊老的故事，并在活动中讲述，接着进行评奖；然后说说自己平时这方面的行为表现；最后是小品演出，让学生来辨别哪些行为是对的，哪些是错的。通过这样一个延展性的课外活动，就能把课文的主题进一步深化了，学生实际掌握的效果也会更好。此外，华文教材里往往有许多情景性、实战性的练习题，教师可以充分挖掘它们的价值，设计出合理、科学又富有趣味性的活动来。根据教材延伸设计，这是活动创意的一个灵感来源，同时操作也比较简便、轻松，因为只需在现有材料上做文章即可。

四、根据国内外经验设计华文教学课外活动

海外华文教师设计课外活动时可充分借鉴国内外的现有经验和案例。

（一）借鉴中国中小学课外活动的经验

教师可以将所在国中文学校的层次与中国的中学、小学衔接起来，按照他们的活动构思，再根据自身的特点，做一些改动就可以"他为我用"了。目前，中国的中小学课外活动研究已取得丰硕成果，从政府到学校都相当重视，所以，从课外活动的理论、形制到分类、内容都十分详尽，而且体例多样。教师可以通过在网上查找和实地考察来获得这些宝贵资料。如果是侧重华文教学狭义上的活动，可以借鉴中国语文教学课外活动的经验。如果是侧重全方位的课外活动，则可选用广义上思想品德、社会科学、自然科技、文艺体育等各方面活动的经验。

（二）借鉴国际上中小学及第二语言教学课外活动的经验

除了借鉴中国中小学课外活动的经验和案例，也可以参考本地区或其他国家的先进做法。此外，就是参照国外第二语言教学课外活动的一些方式。现在通信交流手段非常发达，好的东西都可以实现资源共享。华文教师要充分利用这些资源，创造出更多、更好的活动来。

第三节　华文教学课外活动实例指导

一、华文教学课外活动实例

（一）文化类课外活动实例

文化类课外活动是进行华文教学必不可少的补充。根据海外华侨华人的生活特点和民族习性，通常会注重中国几大传统节日，像春节、元宵节、清明节、端午节、中秋节等。围绕这些节日开展课外活动有利于让华裔子弟加深对传统文化的理解，对于增强他们的民族情感，增进学习华文的兴趣是大有裨益的。同时，对学生居住国的传统节日、宗教节日必须非常重视，这是让华裔青少年立足当地、谋求发展的现实需要。

下面列举部分节日活动的简要说明，供参考。

1. 中国节令活动

表 10 - 1　中国部分节日活动

节日名称及意义	活动名称	活动方法简要说明
春节：了解中国过年的习俗、典故及知识。通过春节来增强华裔学生的民族认同感和血脉亲情	新春游园会	游园会可大可小，视各华文学校的场地及人数而定。可设置"猜灯谜"、"做游戏"、"品美食"、"抽奖品"等环节。
	新春联欢会或茶话会	联欢会或茶话会适宜在班级开展，邀请学生家长参加。设置"最难忘的春节"、"古代的春节"、"中国春节与海外春节对比"、"新年心愿"等话题，供学生和家长发言，让其在轻松愉快的气氛中畅谈。中间可穿插学生家庭节目表演。
	新春晚会	春节晚会可由歌舞、小品、相声、魔术、戏曲、武术、朗诵等节目组成。规模可大可小，可以是班会性质的晚会，也可以办成全校大型活动。
	包饺子比赛	饺子是春节必吃食品。包饺子比赛适宜在班级开展。将学生随机分组，教师准备好材料，由学生自己包，最后进行分组评比。
	春节特色食品品尝会	春节特色食品非常多，中国各地都不尽相同，如饺子、年糕、油角等。教师可让学生回家准备美食带到学校，向同学介绍美食知识，最后一起品尝。
	贺年卡制作大赛	春节前夕，可开展贺年卡制作大赛，进行评奖。要求学生在贺卡上写上新春祝福，之后送给老师、家长和亲朋好友。
	"我的春节"征文比赛	每个孩子都盼望过春节。有特别的春节、难忘的春节、意外的春节……以"我的春节"为题举行作文比赛，最后进行评奖，将好的作品展出供学生分享。

（续上表）

节日名称 及意义	活动名称	活动方法简要说明
	春节民俗知识竞赛	中国各地春节民俗很多，南北不同。可在班级分组开展一个春节民俗知识竞赛，设置必答题、抢答题、风险题等环节，扩大学生的知识面。
	春节艺术品创作大赛	春节时家家户户都要装扮自己的家。年画、春联、窗花、福字、灯笼、中国结等都是代表元素。教师可以让学生按照这些类型进行自由选择创作并评奖，最后用学生作品布置学校和班级教室。
	春节摄影大赛	让学生用相机记录下春节的点点滴滴，把其中得意的作品送到学校评奖，最后做成展览供师生欣赏。
中秋节：了解中秋节的习俗、来源及相关知识。通过活动切身感受传统节日的魅力，懂得中秋节是团圆之节、思乡之节	吃月饼大赛	此活动可设定两个环节：①快速吃月饼。教师事先准备好月饼，规定两分钟内谁吃下的月饼最多即获胜，取前三名。②月饼猜猜猜。5 个同学一组，每组吃同一种馅的月饼，第一个猜出来是什么馅的同学即获胜。教师可准备 5—10 种馅的月饼，采用自愿报名、自由组队的方式进行比赛。
	月亮诗歌背诵大赛	教师提前两周准备有关月亮的古代诗歌让学生背诵。把全班同学分成几组，以组为单位进行计分，积分最多的队伍获胜，取前三名。此活动可分三个环节：①必答题。每组选手必须背诵指定的诗歌，答对加 10 分，答错不扣分。②抢答题。主持人说诗歌的前两句，选手抢答后两句。答对加 10 分，答错扣 10 分。③风险题。主持人准备 10 分、20 分、30 分的背诵题，分值越大，难度越大，由每组选手自己选择。答对加相应分数，答错扣相应分数。
	中秋晚会	在学校或班级举行中秋晚会。晚会节目必须与中秋有关，歌曲、舞蹈、小品、相声、朗诵、书法等都要围绕中秋的主题来展开。可邀请学生家长一同参与。
	中秋大家乐	此活动以家庭为中心，每个家庭出 1 个节目，最好家庭成员都上场。先每班比赛，选出 1—2 个好节目再送到学校参加决赛，决出金、银、铜奖。除了表演以外，还穿插知识问答、游戏等环节来计算总的分数。
	手工灯笼比赛	学校举办以"中秋"为主题的灯笼制作比赛。要求灯笼不仅美观，还要实用、环保。比赛设一、二、三等奖，中秋前后将学生作品展示出来，装点校园。
	中秋放灯会	在中国部分地区，有在中秋放灯于水中或升上天空，以求平安、幸福的习俗。教师可组织学生制作花灯，将自己的心愿写在上面，集体到河边点灯、放灯，祈求一年的如意安康。

（续上表）

节日名称及意义	活动名称	活动方法简要说明
端午节：了解端午节的起源及风俗习惯。通过活动对端午节有更直观的感受	划龙舟比赛	此活动以班为单位，每班组建一个龙舟队，由学校组织在公园的湖面上进行比赛。每队4人，赛程100米，取前三名。各班自制龙头和标语，采用公园的木桨游乐船作为比赛工具。教师需事先对学生进行训练，并做好必要的安全保卫工作。
	参观粽子制作工艺	教师可组织学生到所在城市的粽子生产厂家进行参观。回校后组织一个小型座谈会，让学生谈谈参观的感想，并就"粽子的生产过程"提问学生。
	端午节风俗讲座	教师可邀请当地的知名人士或文化研究专家来学校为学生讲解端午节的各种风俗、典故。配合图片、音像资料、实物等手段，让学生了解端午节的由来、粽子的由来、端午节的活动、中国各地在端午时需遵循的习俗等知识。
元宵节：了解元宵节的风俗、典故，加深对中华传统节日的感情	元宵闹街市	有条件的学校或班级，可带学生到唐人街或华人集中区，观看舞龙舞狮、参加社区活动，组织学生和家长一起闹元宵。
	感受舞龙舞狮	教师联系好当地的舞龙、舞狮表演队，带学生去参观和学习其表演。简单学习以后，可以分组进行比赛。让学生们感受一下舞龙、舞狮的魅力。
重阳节：了解重阳节的习俗，培养学生爱老、敬老的品德	爱老敬老活动	教师要求学生在重阳节这天，给家里的老人或社区的老人送一件自制的礼物，为他们做一件实实在在的事，或者说一句贴心的祝福的话。
	老人院慰问演出	学校可组织学生到当地的老人院去慰问演出，给这些孤寡老人送去欢乐和祝福。照顾老人一天的生活起居。
	重阳登高秋游	教师在重阳节前后，可组织学生进行爬山、秋游、赏菊等户外活动。欣赏美景，舒缓精神，并可在活动后布置写主题作文。
	重阳摄影比赛	重阳节前后正是菊花盛开的时节。有条件的地区，教师可组织学生拍摄菊花，进行评奖。在活动中穿插菊花的知识，让学生了解菊花的种类，教学生品评菊花。
清明节：了解清明节的来历及习俗，让华裔学生增强"根"的意识	清明祭扫活动	学校可组织学生参观当地纪念碑和其他一些有纪念意义的景点。缅怀死去的英烈，向为正义战争、独立战争而牺牲的前辈表达崇高敬意。活动前教师要向学生介绍景点背景或让学生自己查找相关资料。活动中可组织向英烈进献花圈，参观陈列馆。活动后教师要召开主题班会，让学生谈参观后的感想和自己所知道的故事。
	寻根祭祖活动	清明前后，学校鼓励学生跟随父母回到中国去拜祭自己逝去的先人。学校也可举办祭祀中华民族共同祖先的活动，如"三皇五帝"等。

（续上表）

节日名称及意义	活动名称	活动方法简要说明
教师节：了解教师节的来历，教导学生尊师重教	小小卡片表深情	在教师节前夕，可组织学生制作卡片，写上对老师的祝福，将卡片送给老师。
	我为老师分忧愁	在教师节前后，可组织学生为老师做一件力所能及的事，如擦黑板、帮老师拿教具、给老师倒茶、替老师发作业等。
	我是小老师	教师节这天，在班级里可以搞一个模拟教师的活动，让学生体会当老师的责任和辛苦。教师与学生互换角色，让学生来管理班级一天，做平常应由老师完成的事。
国庆节：了解国庆日，加深对国家的感情	国庆知识小课堂	教师在班级里举办一个国庆知识小讲座，介绍国家的国旗、国徽、国歌、城市、国花、国树、领导人等知识。可运用多媒体等资料让海外学生对自己的国家印象更深。
	我给祖（籍）国写封信	国庆前夕，教师可举办一次"我对祖（籍）国说心里话"的征文比赛。让学生写自己在居住国的生活和对中国的认识以及未来的愿望。比赛进行评奖，并将其中好的作品推荐给当地的华文媒体。
	国庆献礼活动	国庆期间，可让学生动手制作礼物，将这些礼物送给当地的华侨华人社团及大使馆。
	国庆绘画比赛	学校或班级组织学生进行以"国庆"为主题的百米画卷比赛。学生在 100 米的白纸上作画，每个班或者同学有一个作画区域，活动结束后进行评奖。
植树节：培养学生保护环境、爱护树木、热爱大自然的意识和情怀	小树同我一起成长	在学生家庭中发起"小树同我一起成长"的活动。与公园或植物园合作，由学生认领树木，和父母一起栽种，对其进行永久养护。
	保护树木，从我做起	教师可发动学生义务劳动一天。打扫周边卫生，检查植被情况。如发现树木有问题，比如虫害、人为破坏等异常状况，及时对其进行救治或报告相关部门。
	认识我们身边的大树	为了让学生更加亲近和保护大自然，教师可让学生利用课余时间调查学校、社区、住所周围大树的情况，包括树名、树龄、树况、树的习性等。给每种树做一个保护档案，并拍照存底，让学生关注大树的成长，懂得更多关于植物的知识。

2. 国际及居住国节令活动

表 10－2　　国际及居住国部分节日活动

节日名称及意义	活动名称	活动方法简要说明
圣诞节：了解该节日的相关知识，以此来传递祝福，增进感情	TAKE CARE	圣诞节前夕，教师先把班上所有同学的名字分别写在一张纸上，然后由同学们随意抽选。选到谁的名字，先不许说出来，圣诞节那天要悄悄地送对方礼物。然后老师组织大家一起猜"TAKE CARE"的伙伴是谁？最后公布结果，同学之间互相送上祝福的话。
	圣诞浓情化装舞会	为了欢度圣诞节，学校或班级可选择举办圣诞舞会。要求学生自己进行形象设计，盛装出席舞会，可邀请家长一起参加。
	圣诞歌会	圣诞期间，学校或者班级可举办卡拉 OK 比赛。分中文歌曲组、英文歌曲组和其他歌曲组三个小组比赛。规模较大的学校也可办成合唱比赛的形式。每个班自选圣诞歌曲参加比赛，决出一、二、三等奖。
感恩节：了解该节的相关知识，学会感恩和表达感恩	忆苦思甜板报	教师可要求全班同学在小纸片上写出帮助过自己的人或者曾经受到别人帮助的事情。把小纸片贴在特别制作的板报上，并写上自己的感谢和祝福。
	感恩杯足球赛	为了记住所有需要感念的人，教师可组织一次传统的感恩节活动——美式足球赛，让孩子们在运动中放松心情，更加关怀别人。
父亲节、母亲节：让学生懂得感谢父母，增进与父母的交流	鲜花送给最爱的人	学校或班级可组织插花比赛，教师准备材料，由学生来完成作品。要求学生设计插花的题目，用一段话阐释作品的意义。评奖完后，学校择日再办展览。学生将自己的作品送给父母亲，作为节日的礼物。
	我为父母做晚餐	可先让学生自己偷偷地学习烹饪，到了节日当天，给父母做一顿晚餐。煮一碗面条、炒一碗饭，或者做一个汤等都可以。要求学生活动过后，提交一份活动总结表，内容包括晚餐的前期准备、晚餐的内容、父母的感受、照片记录等。随后召开一个班级汇报会，让学生在交流中获得此次活动的意义。
泼水节：了解该节日的风俗，以便更好地融入当地文化	认识母亲河	在学生享受泼水节带来的快乐的同时，教师可适当利用水的题材来进行一些环保教育。每个国家或者每个城市几乎都有自己的母亲河，像流经东南亚地区的湄公河就是当地的母亲河。教师可以引导学生关心母亲河的历史、现状，感受母亲河的魅力，拍摄母亲河美丽的风景。然后组织一场"认识母亲河"的专题报告会，让学生更深入地了解这条河流以及她所承载的文化。

（续上表）

节日名称及意义	活动名称	活动方法简要说明
	参加传统活动	泼水节期间，各个国家都有自己的传统节目和习俗。在学生尽情玩耍的同时，教师应当引导学生关注居住国的泼水节文化。搜集和找寻当中的重要习俗和传统，并可在节日过后召开一个专门的班会，组织学生畅谈心得体会。
独立日：了解居住国的历史，培养爱国情怀	参加官方及民间的庆祝活动	每年的独立纪念日，各地政府都会举行各种各样的庆祝活动。特别是遇到整数年份的时候，活动的规模和内容都会相对盛大和丰富，例如，游行、阅兵、升国旗、庆典晚会、焰火晚会等。教师可组织学生观看、参与各项国庆庆典活动，积极融入当地社会。
	长跑比赛	为了庆祝自己国家的独立日，大众体育项目长跑是个不错的活动选择。此活动适合以学校为单位开展。先设置好线路，选择城市中重要的路段和景点作为签到点，既锻炼了身体，又增强了学生对所在城市的了解。
	变形计	教师可组织学生与当地生活窘迫或有其他困难的孩子开展"1+1"变形的活动。也就是两个孩子进行角色互换，互相到对方家庭或学校体验角色，感受不同的生活。
六一儿童节	爱心义卖活动	儿童节当天，学校或班级可组织学生进行"爱心义卖"活动。鼓励学生把自己不需要或者折旧的东西拿来拍卖。建立一个爱心义卖市场，学生可以随意挑选和买卖，买卖所得将全部捐给当地的慈善组织。
	六一嘉年华	学校在节日期间可组织一个游乐一体的活动。游戏、运动会、自助餐、晚会等活动都集中在校园里，孩子们足不出户就可以找到快乐。

（二）语言类课外活动实例

语言类课外活动是与华文教学最直接相关的活动，也可以说是纯学习性的活动，目的就是为了增强华裔学生学习华文的兴趣，提高他们的华文水平，检查他们的学习情况，因此，是课外需要重点组织和实施的活动。

1. 听写故事比赛

教师用录音机播放一个简短的童话故事，一共放3遍。然后由学生根据录音，把故事的主要内容写出来，可以适当加上自己的想象。最后，教师评判学生的作品，评出"最相似奖"、"最具创意奖"等若干名。看看谁的故事与原文最接近，谁的故事又最具有想象力。如果是华语水平较低的学生，可以给他们听已经学过的课文，让他们来写大意，这样可以帮助他们复习和记忆，同时，教师在活动过程中可鼓励学生发挥自己的创造力，适当添加其他情节以丰富原有作品。

2. 听儿歌，学华文

这个活动适合低龄学生。儿歌是最朗朗上口和最易记忆的听力材料。教师可以多搜集一些简单、好学的儿歌。一边听儿歌，一边教学生学习，然后让他们背诵下来。如果是歌曲类的儿歌，就看谁学得最快，唱得最好；如果是文字类的儿歌，就看谁背得最快，背得最准。

3. 中文歌唱大赛

教师可以选取一些青少年喜欢、又在中国流行的歌曲教学生唱。除了教师在学校集中教授的方式以外，还可以采取布置一首歌曲，由学生课后自己找出来听，并学会唱。教师给学生一周的准备时间，然后举办一个小型歌会，检查学唱的最终情况。

4. 表演故事

教师讲一个故事，重复两三遍以后，由学生来表演这个故事，教师在一旁指导。教师应当选用场面小、动作性强的故事，可以事先准备简单的道具。根据故事内容，由一个学生或几个学生，甚至全班学生来表演。这种活动适合于短文和真实语料阶段。

5. 朗诵比赛

教师可以根据班里学生的华语水平来决定比赛的内容。高年级和高水平的学生可选择难度较大的诗歌进行比赛，而低年级和低程度的学生则可选择儿歌来比赛。比赛的评分标准包括语音语调、选题、感情、技巧、着装等几个方面，教师在比赛前要将标准告知学生，最好事前举办一个朗诵基本知识讲座，并让有普通话背景的家长进行辅导。

6. 演讲比赛

此项活动适合在华语达到中级水平的学生中开展。演讲的主题可以是有关理想、信念、价值观、时政、文化等内容，最好切合实际，使学生可以阐发自己的观点和见解。教师先给出演讲的题目，学生就这个题目在课后进行准备。教师应鼓励学生写出演讲稿，并将自己的看法有感情、有条理地表达出来。

7. 华语角

有条件的华文学校最好能开辟一个华语角，供学生练习华语口语。每周一次，邀请当地的中国留学生来进行交流和指导。每次确定一个谈话主题，比如美食、旅游、家庭、爱好等，可以一对一，也可以多对一地进行练习。指导老师负责活动的组织与监控。

8. 讲笑话比赛

教师布置学生自己找笑话，可以对其进行加工处理再表演出来。这个活动要求学生必须具备成段表达的能力和一定的听力理解水平，否则选手说出来的笑话，下面的观众不能明白其意思就达不到预期的效果。

9. 辩论赛

此活动适合在具有中高级华语水平的学生中进行。教师将全班同学分成若干组（数量为偶数），抽签决定对阵双方，胜者进入下一轮。辩题、比赛程序及规则要事先告诉学生，并给出充足的准备时间。由学生来担任主席，教师在比赛完后，要对学生表现进行总结和点评，指出优点和不足，帮助学生进步。如果是班级较多的华文学校，则可举办全校规模的同水平辩论赛，以班为单位参加。

10. 记者招待会

让学生扮演"新闻发言人"的角色，回答其他学生提出的问题。举行记者招待会是口语训练成段表达和提问的好方式，由于学生说话的机会多，涉及的问题广泛、有趣，因而深受学生的欢迎。这种活动各阶段都可以使用。比如，初级阶段可与看图说话结合起来，由"新闻发言人"介绍自己的家乡、公司、母校、家庭等，然后回答"记者们"的提问；中级阶段可以介绍一次愉快的晚会、一次旅行见闻等；高级阶段可介绍国际国内重大事件、介绍一个新闻人物等。

11. 调查报告会

教师提出一个或数个调查题目，让学生广泛接触社会，与说华语的人交谈、询问，然后向全班报告调查结果。调查，是按教师的规定去作调查；报告，是调查之后，把调查的结果向大家口头报告出来。这种活动适合中高级阶段。调查的题目可根据学生口语水平，由易到难，逐步增加难度。

12. 联句讲故事

这个活动适合初中级阶段的学生。锻炼学生的联想能力和活用语言的能力。教师把活动要求先说明，每个人一次只说一句话，次数不限，A 说完 B 接，B 的话要与 A 的话有关联。这样 A、B、C、D……依次相接，成为一个句子虽松散但内容较集中的"故事"。故事可以是漫无边际、天马行空、自由发挥的，也可以事先布置故事主题或具体题目来让学生接，学生们说的这个故事不能脱离主题。

13. 读书读报活动

读书读报在第二语言教学中是最常用到的一个活动。其主要目的是训练学生的阅读能力。在大多数的华文课本里，除了主课文之外都会有阅读课文，如果教师在课堂上没有时间完成的话就可以布置学生回家阅读。此外，练习册上的阅读练习也是读书读报的良好素材。除了课本、练习册上本来就有的阅读内容外，教师还可以找一些适合青少年各个层次学习的刊物来扩大学生的阅读量和知识面。比如，中国的《学汉语》等报纸杂志都是非常好的供低龄学生和华语初学者阅读的刊物，里面有儿歌、成语故事、古诗、笑话、汉语小知识、词语释义等，对学生的学习非常有帮助。教师应鼓励学生家长为学生订阅或者每个班级都订阅有益的报纸杂志，并组织学生阅读和学习。

14. 你读我说

除了纯粹的读以外，还要检查读的效果，读了要说出来。教师可以在班级组织"读书报告会"，让学生把在报纸杂志上读到的故事讲给大家听。此外，教师可以把近期国内外发生的时事、趣事用简短的语句写出来，编成简报供学生阅读，然后以问答的形式进行验收。这种活动适合在具有一定华语基础的学生中开展。

15. 读书心得会

读书既要说出来，也可以写出来。在华语水平较高的学生里，可以举行"读书心得会"。教师事先布置要读的书或者文章，然后让学生回家写读书心得，最后进行评奖，并由获奖同学宣读自己的读书报告。教师要适时进行点评，并结合书籍或者文章开展必要的教育。

16. 手抄报比赛

该项比赛找资料、写字、画画、排版一个工序都不能少。所以，这也是一项体现综合能力的活动。教师可事先规定报纸的主题，比如春节、华文教育、奥运、旅游等。学生要根据这些主题来寻找或撰写相关的文字内容。找资料的过程其实就是一个阅读的过程，然后就是誊写、排版和装饰。所以，这个活动不仅促进了"读"，还锻炼了"写"，而且可以开发青少年的编排、美工的潜力。比赛的形式可以是单人完成，也可以是集体合作。最后进行评奖并在教室里展示学生的作品。

17. 墙报比赛

墙报其实和手抄报大同小异。区别是墙报在黑板上进行，而手抄报在白纸上进行。由于黑板面积较大，一般采用多人分工合作的方式完成。教师可将全班学生分组，每周或每月让学生完成一次墙报并进行评奖。办好一份墙报首先也要采集资料，这就需要阅读；其次就是用粉笔将选好的内容誊写在黑板上；然后配上适当的图画和装饰。墙报是学生天天都能看到的，所以，应该增强它的学习功能，比如添加时事新闻、学校动态、汉语知识等，让墙报成为学生的学习园地。

18. 钢笔字练习及比赛

这项活动适合10岁以上的学生。每天要求他们练习写半页钢笔字。最好买一本钢笔字字帖，一笔一画地跟着练。此外，初练者还可以买描摹本，练到一定程度了再自己独立写。家长负责督促和检查学生练字，教师适时予以点评并把好的作品贴在教室进行展示。除了日常练习外，期中或期末教师都可以组织一次钢笔字比赛，总结练字成果、表彰进步明显的学生。

19. 毛笔字练习及比赛

毛笔字是学习汉字的辅助性练习。虽然毛笔不是常用的写字工具，但书法是中华文明的瑰宝，而且能激发学生兴趣，所以，适当开展一些毛笔字练习活动有利于他们学习汉字。毛笔字练习可从楷书开始，先不要涉及其他字体，因为容易引起认识上的误区。等学生到了高年级阶段，对汉字有较好的辨识能力时，再把毛笔字扩展到行书、隶书、草书等字体。教师可以把学生作品和名家作品一起贴在教室里，时时提醒他们学好汉字。

20. 粉笔字练习及比赛

如果一些国家的华文学校上课还使用黑板和粉笔的话，可以鼓励学生练粉笔字。每天让他们在黑板上写几个粉笔字也是一种练字的好方式。一般来说，钢笔字和粉笔字有共通性。钢笔字写得好，粉笔字一定不会差。反之亦然。除了日常练习外，期中或期末教师可以组织一次粉笔字比赛，总结练字成果，表彰努力、进步的学生。

21. 现场作文大赛

当学生的华语水平已达到可以独立作文的时候，教师可以组织现场作文大赛来检验他们的实际写作能力。因为该活动难度较大，思考酝酿时间短，也没有资料可以查询，所以，全靠学生平时的华文功力。作文的形式可以是命题作文，也可以是自由作文，要求学生在规定时间内完成作品，教师最后评奖和点评。

22. 日常作文练习

日常的作文练习对于提高学生的华文写作水平来说是非常重要的。教师应根据教材特点和写作训练的需要，在中高年级阶段每周布置一篇作文。应用文、说明文、记叙文、议论文等各种文体都应涉及，让学生掌握写作的各种技巧和体裁。除了正式的作文外，写日记也是训练写作的极好形式。日记随意性大，操作灵活，只要学会了一些简单的词语和语法后，就可以让学生开始练习写。由少及多，由浅入深，由简到繁，坚持不懈地写下去，写作水平一定会有所提高。

23. 翻译比赛

这个活动适合高级阶段的学生。教师布置相同的一段用第一语言写成的话（或文章），让学生在指定时间内翻译成华语，教师进行评奖和点评，看谁翻译得最好。

附：语言技能类活动计划书实例3则

实例 1

朗诵比赛计划书

活动目的：为了丰富同学们的课外活动，提高大家学习汉语的兴趣，检验同学们汉语口语表达的水平，特举办此次比赛。

活动时间：××××年×月×日（星期四）14：00—17：00

活动地点：教学楼 511 室

主持人：2 名，男女各 1 名（×××、×××）

计分员：2 名（×××、×××）

评委：7 名（×××、×××、×××、××、×××、××、××）

参与人员：全体老师、同学

拍照员：1 名（×××）

计分规则：

（1）个人总成绩为 7 位评委评分之总和，按高低分排列，初、中、高级水平各取前三名。

（2）计分项目为仪表着装 10 分，语音语调 20 分，情感 30 分，朗诵技巧 30 分，主题内容 10 分。

活动准备：

（1）安排 1 位评委作最后点评。

（2）安排颁奖者。

（3）主持人准备开场词和结束词。比赛前介绍评委，在下一位选手比赛结束后宣读上一位选手的成绩，所有选手比赛结束后宣读比赛最终成绩。

实例 2

班级墙报及教室布置大赛计划书

活动意义及目的：为了更好地营造一个干净、美观、实用的学习环境，让学生的信息渠道更加通畅，班级成果和学生作品有展示的空间，课间有额外知识可以阅读；同时也为了增强班级凝聚力、锻炼学生的综合能力，特举办此次活动。

活动方式：

（1）每月一次（3、4、5、6 四个月），班主任和班委会进行人员分配。注意考虑语言水平高低、国籍、男女等搭配因素。每月的第一周公布组员名单，第四周星期五，由评委会进行评分，评出本月"优秀墙报及教室布置奖"。授予奖状和奖金 200 元。

（2）墙报的内容及教室如何布置和规划，由班主任作出指导。墙报的内容可以是班级活动展示、汉语知识、国内外新闻、学校动态等，具有一定的可读性、可看性。教室的功能分区要合理，公告区、展示区、墙报区等，要体现班级的特点和想法的新意（学校办公室可以借阅报纸）。

（3）从 4 月开始，重点评墙报。考虑到节约原则，教室布置无需做大的改动。每月的墙报保持到下个月的墙报做出来为止，请各班负责做好成果的保存并拍照交到学校。奖金可充作班费，并拿出部分奖励本月的制作人员。

评委会成员：5 名（×××、×××、×××、×××、×××）

实例 3

第三届新生手抄报比赛

活动目的：为了发掘新生的才艺特长，促进新同学之间的交流与协作，同时也为了提高学生学习汉语的积极性，特举办此次比赛。

活动时间： 4 月第一周至 5 月第一周

活动步骤：

（1）将新生按华语水平高低搭配，分成 10 组。手抄报主题为"中华传统手工艺"，具体内容可包括手工艺介绍、图片展示、观后感想、我与手工艺等。

（2）学校给每组 4 周的时间，提供特质白纸两张和相关办报书籍。

（3）组织评委，评选一、二、三等奖和优秀奖若干名。授予奖状和证书。

（4）获奖作品进行布展展示。

评分细则：

（1）评分项目：编排 30 分，内容 40 分，美工 20 分，整体构思 10 分。

（2）根据评委的评分，按照总分高低评出各奖项。

（3）每份手抄报，组员必须都要参与其中的工作，在报纸的背面需注明是如何分工的。

（三）教育类课外活动实例

走进班级，学生就进入了一个集体。既然是集体，就要有集体活动。在活动中，学生不仅可以感受集体的力量，而且可以拓宽自己的知识面，锻炼各方面的能力。这里重点介绍教育类活动的一个重要载体——班会，它是最常用也是最主要的集体活动。班级是学校最基础的组成单位，以班级为单位开展的主题活动，称为班会。班会功能齐全，能满足多种需要，它是中国比较典型的学校教育活动形式，也非常适合在海外华文学校里开展。

班会的活动是丰富多彩的，主题可以包括热爱祖国、热爱人民、文明礼貌、助人为乐、努力学习、强健体魄、保护环境、遵纪守法等。下面列举一些班会主题供参考：

（1）老师，辛苦了

（2）争做爸爸妈妈的好帮手

（3）向体坛冠军学习

（4）从小讲礼貌

（5）为人送温暖

（6）纪律创造集体的美

（7）日常行为规范知识竞赛

（8）学规范汇报表演

（9）向灾区小朋友伸出援助之手

（10）帮助残疾人

（11）尊敬老人从我做起

（12）人人保持环境美

（13）卫生知识小竞赛

（14）做讲卫生的好孩子

（15）红灯停，绿灯行

（16）小交警指挥动作表演

（17）交通安全知识竞赛

（18）交通规则记心中

（19）看看谁是小神算

（20）查字典比赛

（21）标点符号联欢会

（22）消灭错别字战斗

（23）成语擂台赛

（24）珍惜每一分钟

（25）小制作成果评比会

（26）学习经验交流会

（27）科学知识知多少

（28）劳动最光荣

（29）"变废为宝"制作竞赛

（30）钉纽扣比赛

（31）包书皮、削铅笔比赛

（32）勤俭节约，从"一"做起

（33）"祖国之最"知多少

（34）祖国大家庭

（35）热爱我家乡

（36）我心目中的英雄

（37）家乡的骄傲

（38）寻找身边的榜样

（39）迎接新朋友

（40）"今天我当班长"最佳活动方案设计比赛

附：教育类活动实例 2 则

实例 1

班会：诚信——人的第二生命①

1. 开场白

（甲、乙为学生主持人，男女各 1 名）

---

① 引自董海龙、柳耀华、李丽：《校园活动策划手册》（小学版），长春：吉林文史出版社 2005 年版。

甲：中国是一个有着悠久历史、灿烂文明的大国。

乙：中华民族是一个勤劳、勇敢、智慧、开放的民族。

甲：在五千多年的历史长河中，中华文化哺育着中华儿女。

乙：传统的诚信文化像一颗璀璨的明珠，光照人间。

合：诚信具有强大的向心力和凝聚力。主题班会"诚信——人的第二生命"现在开始！

2．讲故事

甲：请××同学讲故事《曾参杀猪取信》。

曾参是孔子的得意门生。一天，他的妻子要去集市买东西，儿子哭闹着不让去，曾妻为摆脱儿子的纠缠，便哄骗他说："你在家好好玩，你爹回家让他杀猪给你煮肉吃。"等曾妻赶集回来一看，家里那头猪已变成了一堆白肉，便问："你怎么把猪杀了？"曾参答道："你既然答应孩子了，就应该说话算数。今天你在孩子面前言而无信，明天孩子就会像你那样去哄骗别人。一头猪杀了是小事，教育孩子从小知道做人的根本，可是关系他一辈子的大事。"

乙：请××同学讲故事《司马光诚对买马人》。

宋神宗时，司马光决心闭门著书，吩咐家人将他的坐骑卖掉。家人与一位老者谈妥价钱后决定第二天成交。司马光听了家人的汇报后说："这马有病，我忘了和你交代了。明天你要对买主说清楚，这马有肺病。"家人说："做买卖，哪有全说实话的？"司马光说："话可不能这么说，让人家用一匹好马的钱买一匹病马，这不是骗人是什么？这样的事咱不能干。"左邻右舍知道这件事后，纷纷称赞司马光为人诚实。

乙：长久流传的故事富有魅力。

甲：今天听了让人感慨不已。

乙：诚信是中华民族的传统美德。

甲：诚信是少年儿童做人的根本。

乙：先别说了，那边的小品表演已经开始了。

3．小品《拍卖会》

（主持人甲、乙两人上场）

甲：我先宣布竞价规则：假定每个同学手上都有500元，最高价买断者可得到此项品质。

乙：我们拍卖的第一项品质是"自信"，底价为50元，请竞价。

学生A：100元。

学生B：400元。

学生C：500元。

甲：请问你为什么倾全部财力买这项品质？

学生C："自信"对我来说很重要，它是成功的基础。因为我缺乏自信，失去了很多展示自我的机会。以后，我要走上社会参加工作，会有更多的机会，但也会有更多的人和我竞争，我想只有自信地去面对一切，才能掌握自己的命运。

乙：下面我们拍卖的第二项品质是"诚信"，底价为300元，请竞价。

学生 D、E、F 三人同时出最高价500元。

甲：现在我把决定权交给大家，你们说我该卖给谁呢？

（众口不一）

既然大家意见不统一，我们就请三位同学分别说说他们的理由，看谁最能说服大家。

学生 D：我在班级里，知心朋友很少，同学们说我说话不算数，现在我常感到孤独，所以，我需要诚信，我希望能买到它。

学生 E：诚信是一种美德，每当我做了不诚实的事情时，心中就会感到不安，我希望买到诚信。

学生 F：在班里，不管谁遇到困难我都尽力去帮助，不管谁有什么缺点，我都直接指出来，我对每个同学都是真诚的。因为我相信只有真诚的付出，才有真诚的回报，我想这份"诚信"应该属于我。

乙：我觉得三位同学说得都很好，给谁已经不重要了，重要的是我们都渴望拥有诚信。不管社会怎样变化，我们这种品质将永远不变，更应发扬光大。

甲：现实中珍贵的人格是不能用金钱买到的，我们只有坚定自己的信念，才能拥有高尚的人格。

乙：希望寄托在我们身上。

甲：现代社会更需要诚信。下面请欣赏演讲《诚信，为人的美德》。

4．演讲

（××同学上台演讲）

诚信，千百年来，一直就是人所必须具有的美德。从孔子的"知之为知之，不知为不知"到廉颇将军的勇于认错、知错就改，无不体现了一种做人应该具有的美好品德——诚信。诚信，是立身、修德、处事之根本，无论什么时候都不可缺少。在今天，再说诚信，无疑是对那些表里不一的人敲响警钟，是疗救虚假时弊的一剂良药。

诚信，不只是一种美德，还是源源不断的财富。你待人以诚，别人也会报你以实。事实告诉我们，谁要是靠弄虚作假、耍"小聪明"来坑蒙拐骗，结果只会"聪明反被聪明误"，搬起石头砸自己的脚。

相反，如果我们不诚信，那么，总有一天"狼来了"的故事会在我们身上重演。

朋友，你想成为一个高尚的人吗？你想有所作为吗？那么，请你首先拥有做人的美德——诚信吧！

乙：谢谢××同学给我们带来的精彩演讲。

甲：是的，只有靠诚实守信，我们才能赢得别人的尊重。

乙：我们少年儿童应当从小事做起。

甲：自觉维护信用的尊严。

5. 联系实际，指导行动

甲：怎样才能做到诚实守信呢？如果我们要从小培养诚实守信的好品质，那么，平时就要严格要求自己，做到表里如一、言而有信。

讨论①：你对这件事怎么看？联系实际，指导行为。

周宾和宋杰是好朋友，他们曾经许诺，不管谁遇到困难，一定要互相帮助。一天周宾想抄宋杰的作业，宋杰没同意。周宾生气地说："这点忙都不帮，真不讲信用。"

讨论②：她应该怎么办？

王娟的爸爸出国去了，她妈妈得了重病住进了医院。爸爸来电话问家里的情况，王娟不知道该不该把妈妈生病的事如实地告诉爸爸。

讨论③：说一说：你愿意和谁交朋友？

A. 当面说好话，背后说坏话。

B. 直言不讳，大胆说出自己的看法。

C. 没有把握不轻易答应，一旦答应就要尽力而为。

D. 对别人的要求满口答应，但过后就忘，不能兑现。

说一说：我们周围还有哪些事例是属于诚实守信的？

6. 班主任总结（略）

通过以上实例，我们可以看到，班会首先要确定主题，此例的主题是"诚信"，所有环节的活动都紧扣这个主题展开。然后围绕主题，针对学生的特点来设置班会活动的项目，实例中的班会形式多样，环环相扣，涵盖了多个活动内容，包括讲故事、演小品、做演讲、讨论指导、班主任总结等环节，可以说对学生的锻炼非常大。另外，要成功举办班会，教师应事先安排学生准备节目、搜集资料，案例中整个班会活动都是由学生自行组织完成的，这样可以充分调动学生的主动性。活动完成后，教师进行了现场总结，这样可以帮助学生提炼成功经验，找出不足之处，使整个活动有始有终，并获得教育的最大化效果。

实例 2

××学校"迎×年校庆，扬华文教育"庆典活动月方案

（10 月 15 日—11 月 18 日）

主题活动一："贺校庆"，男子五人、女子三人篮球赛

主题活动二：××班级与××班级"1＋1"互帮联谊活动

内容：（一）见面联欢会；（二）汉语正音活动；（三）宿舍联谊活动；

（四）"了解学校、了解社会"知识竞赛

主题活动三： 第二届手抄报比赛（作品以"×年校庆、华文教育"为主题）

主题活动四： 书画、手工、动漫类才艺展览（作品以"×年校庆、华文教育"为主题）

（四）文艺体育类课外活动实例

目前，海外华文学校一般分为全日制、半日制、周末制、课后制等几种。由于时间所限，文艺体育类的课外活动一般适合于全日制华文学校开展。在此提供部分活动名称供参考。

1. 文艺类活动

（1）合唱比赛。

（2）中文歌曲演唱比赛。

（3）校园歌手大赛。

（4）音乐剧比赛。

（5）戏曲学习与表演。

（6）健美操比赛。

（7）舞蹈比赛。

（8）拉拉队表演赛。

（9）小品、相声表演赛。

（10）话剧表演。

（11）民族与西洋乐器表演。

（12）乐队表演。

2. 游戏类活动

（1）学习类游戏：接成语、连古诗、猜词语、成语大比拼、传悄悄话、一句话歌曲、看相猜人、问问题猜物品、看颜色说字。

（2）联欢会游戏：头顶气球、争相看背、吹泡泡、比比谁长、抢凳子、唱歌吹蜡烛、击鼓传花、逗笑。

3. 体育类活动

（1）运动会：趣味运动会、民间体育项目运动会、正式体育项目运动会、师生运动会。

（2）单项体育运动。

①日常体育锻炼：晨跑、骑自行车、早操、课间操、游泳、跳绳等。

②单项体育比赛：排球、篮球、足球、羽毛球、乒乓球等。

③特色运动项目：极限运动、野外生存训练、棋牌类。

附：文艺体育类课外活动实例2则

××学校趣味运动会计划书

活动意义：为了丰富学生课余生活，加强师生联系；同时也为了增强班级荣誉感，减轻学生压力，倡导体育锻炼，特举办此次活动。

活动时间及地点：×月×日，篮球场

活动内容：

一、班级竞赛

（一）拔河

（二）跳大绳

（三）投篮

（四）排球垫球

二、个人比赛

（一）跳绳

（二）踢毽子

比赛规则：

（1）班级竞赛以班为单位进行，另邀请1位任课老师参加，班主任不参加。每班每个项目（除了拔河）另选5人，3女2男（男生最多不能超过2人，可以少于2人）。每个项目的选手，可以相同，也可以不同；但必须事先报名，没有特殊情况，不允许临场换人。每个项目，第一名得4分，依此类推，算4个项目的总分。按照总得分数取第一、二、三名及优胜奖。

（2）个人比赛，以报名为准。每个项目取前六名。

（3）拔河，以抽签决定对手，采取淘汰制。每班5男10女，男生达不到规定人数的，缺1名男生，增加2名女生。

（4）跳大绳，以6个队员全部进到绳子里，再看一起跳的个数，以每次的最高个数算分，按个数高低取名次。每个队有5次机会。如果5次都没有跳进去，就算1分。

（5）投篮，每个选手有5次投篮的机会，投中个数相加，按多少算分。

（6）排球垫球，6个人连续垫球，以时间长短来算分。

（7）本次班级比赛和个人比赛均颁发奖状及奖品。

活动准备：

一、比赛顺序

（一）投篮

（二）排球垫球

（三）跳大绳

（四）拔河

注：踢毽子和跳绳的个人项目穿插其间进行。

二、裁判安排

（一）投篮、排球垫球、跳大绳都分4组进行

第一组：1班（裁判：×××）

第二组：2班（裁判：×××）

第三组：3班（裁判：×××）

第四组：4班（裁判：×××）

（二）拔河4个班抽签，两两对决，胜者再决出冠亚军（裁判：×××）

（三）个人比赛

跳绳（×××计时，×××计数）

踢毽子（×××计时，×××计数）

三、后勤安排

（一）海报（1班负责）

（二）供水（学生会生活部负责）

（三）借器材（学生会体育部负责）

（1）计时器4个。

（2）篮球4个。

（3）排球4个。

（4）大绳1根。

（5）小绳3根。

实例2

××学校总结表彰会暨迎新晚会计划书

活动目的：为了欢迎新同学的到来并表彰上个学期获奖同学，加强师生之间、学生之间的沟通与交流，为学生提供一个展示才艺的舞台，特举办此次活动。

活动时间：××××年9月12日

活动地点：教学楼×楼多功能会议厅

参加人员：全体教师和学生

嘉宾：×××、×××、×××等

活动议程：

1. 校长讲话

2. 为上学期各奖项颁奖（×××老师主持）

3. 节目表演

活动准备：

1. 布置舞厅
2. 调好音响
3. 准备好证书、奖励名单及奖品
4. 准备好晚会食品
5. 确定司仪4人，准备好串词

晚会节目单：

1. 开场歌舞：
2. 泰国扇子舞
3. 独唱：
4. 游戏：唱歌学汉语
5. 印度尼西亚民族舞蹈
6. 长笛独奏
7. 各国民族服装秀
8. 游戏：比手画脚
9. 诗朗诵：《面朝大海，春暖花开》
10. 小合唱
11. 现代舞
12. 幸运大抽奖

（五）实践类课外活动实例

青少年求学期间，除了完成课本所学知识，还应当更多地接触社会，参加实践性的活动和锻炼。海外华文学校的学生大多数是华裔子弟，了解华侨华人社会的历史和现状对华裔青少年来说是一项必不可少的教育。只有知道了自己从哪里来，才能更清楚地知道自己要到哪里去。

下面列举几个实践类活动，供参考：

1. 参观华侨华人企业、工厂

"有海水的地方就有华人。"中华民族是一个勤劳善良的民族，很早就开始到海外谋生。下南洋，到欧美，世界上每一寸土地都有华侨华人的足迹。由于华侨华人的勤劳智慧，创造了辉煌的业绩，也诞生了众多的企业。华文学校的教师可组织学生参观当地华侨华人的著名企业，让华裔子弟从小就受到创业的熏陶，学习父辈们吃苦耐劳的精神。

到这些企业或工厂参观，教师要做好前期的策划：①事前要让学生对参观的企业作大概的了解；②参观过程中举行一个小型的座谈会，要求学生向企业代表提问题；③参观完后要让学生提交一篇参观感想。

2．访问侨界知名人士

每个国家的侨界都涌现出了许多知名华侨华人。他们有些是侨团的领袖，有些是大企业家，有些是著名的演员、歌星，有些是大学教授、高层管理者。在可能的条件下，学校出面联系好这些侨界精英，以做报告的形式或者采访的方式，让学生近距离地接触他们，了解他们的人生，感受他们的魅力，学习他们的精神。学校可每年或每学期定期邀请侨界名人来学校开讲座、做报告，把他们人生的经验与学生分享。这种活动长期办下去，定能在学生价值观、人生观形成的关键期起到一个良好的引导作用。此外，华文学校也可成立"学生记者团"，与当地华文媒体联手采访侨界名人并开辟学生专栏，发表他们的作品，这样，学生便更有兴趣且更乐意去参与这样的实践活动。

3．参观、调查华文学校

随着世界各地华文教育的蓬勃发展，海外许多城市都开办了为数不少的华文学校。这些学校是开展华文教育的最直接载体。教师可组织学生互相参观和了解当地的华文学校，了解各自不同的办学方式，采访学校的校长。此外，教师还可组织学生调查当地华文学校的现状。比如，华文学校的规模、师资、学生人数、课程安排、所用教材、学制等。鼓励学生在寒暑假进行实践性调查，并在家长的指导下完成调查报告。教师认真评改学生的作品，并把其中好的报告推荐给当地华文媒体和中国的期刊发表，这样更能激发学生的调查和写作热情。

4．其他实践类活动名称目录

（1）居住国社会民情类实践活动。

①参观当地企业和工厂。

②访问当地知名人士和教育机构。

③了解当地的社会文化。

④公益类活动。

⑤社会实习。

（2）语言实践类活动。

①华人社区方言调查。

②华裔子弟普通话情况调查。

③学生汉语学习调查。

④课堂教学模拟。

（3）假期实践类活动。

①夏、冬令营。

②春游、秋游。

③走进自然。

④观看电影。

⑤走进社区。

⑥观看艺术表演：话剧、歌剧、戏曲等。

⑦走进图书馆、博物馆和科学馆。

附：实践类活动实例 3 则

实例 1

××班级参观玩具厂的方案

活动目的：为了让学生开阔眼界，了解企业的发展与现状，了解玩具文化，增进学生对社会的认知和接触，特举办此次活动。

活动时间：××××年 5 月 20 日

活动安排：

（1）在玩具厂的接待室观看企业介绍片。

（2）跟随讲解员参观玩具厂的生产车间，实地了解玩具的生产过程。

（3）参观玩具博物馆。

（4）与玩具厂负责人、工人座谈，学生就自己感兴趣的问题进行提问。

（5）回校后，学生上交一篇观后感想。

（6）召开一次主题班会，畅谈所见所闻，班主任总结。

活动准备：

（1）教师事先联系好企业，确定好活动行程。

（2）向学生通告活动安排，布置学生查找企业的相关资料，准备好座谈会问题。

（3）做好后勤保障，保证安全出行。

实例 2

××学校暑期社会调查方案

活动目的：为了充实学生的暑期生活，锻炼学生的调查、采编和撰写能力，推动学生更多地融入社会，了解当地华文教育发展的情况，特举办此次活动。

活动时间：××××年 7 月 12 日—8 月 25 日

活动方式：

（1）学生确定好一个主题，调查当地华文教育的情况。

（2）调查后，学生撰写一篇调查报告，开学后上交。

（3）评选优秀暑期社会调查报告，颁发奖状和奖品。

（4）召开一个主题座谈会，学生分享调查心得，教师就调查方法与报告撰写进行总结与指导。

调查项目（供学生参考）：

（1）你的城市有多少间华文学校、多少老师、多少学生。

（2）在华文学校里都开设有哪些课程。

（3）学生每天上几节华文课；华文学校是全部用华文讲课还是部分用华文讲课。

（4）学生学习华文的原因和他们现在的学习情况。

（5）华文教师的情况，是专职还是兼职，他们的感受和想法；他们的华语水平如何；是否去过中国学习等。

（6）当地华侨华人社团对华文教育是否实行了捐助；当地政府对华文教育是什么样的态度。

实例3

××学校2008—2009年度第2学期课外活动安排表

活动名称	活动内容	活动时间	备注
华语技能培训辅助活动	早读、粉笔字、钢笔字练习等	第2周—第16周	全体学生参加
学生干部户外能力拓展	1. 能力测试 2. 户外活动	第3周	学生干部参加
"社会行"活动	参观玩具厂或制衣厂	第4周	自愿报名参加
志愿者活动	访问××聋人学校，与其进行交流联谊	第5周	自愿报名参加
第二届"七彩华文"晚会	1. 综合性节目 2. 颁发每学期各类学生奖项 3. 游戏	第6周	全体学生参加
"大学行"活动	与××学校学生联谊，组织篮球赛、交流会等	第7周	自愿报名参加
第四届朗诵比赛	1. 朗诵自选篇章 2. 朗诵规定内容 3. 相关知识问答	第8周	全体学生自愿参加
第二届师生趣味运动会	1. 趣味投篮 2. 趣味踢毽子 3. 趣味跳绳 4. 趣味拔河等	第11周	以班为单位参加
文化系列讲座	讲座内容待定	待定	每月一场
课外兴趣小组	1. 语言艺术兴趣小组 2. 歌舞兴趣小组 3. 体育兴趣小组	待定	每个小组每月一次辅导
毕业生成果汇报展	全面展示毕业生成果	第14周	

注：以上活动内容和时间以具体通知为准。

二、开展华文课外活动的步骤与注意事项

（一）开展华文课外活动的步骤

华文教学课外活动要成功举办并收到预期效果，需要注意如下几个步骤：

（1）写好活动计划书。这包括活动目的、活动参与对象及人员分工、活动所需的软硬件、活动流程、活动的时间地点、活动所需款项等。

（2）执行好计划书。这包括指挥和监控整个活动过程、及时处理突发情况、高质完成活动成果展览等。

（3）总结好活动情况。这包括活动的整体效果评估、活动的优点与不足、活动的报道等，为更优质地实施下次活动做好铺垫。

（二）开展华文课外活动的注意事项

（1）课外活动与华文学习应相辅相成。一般的学生多专心学业，对课外活动不太重视。其实，在参与课外活动时，除了减轻学习的压力与紧张外，更可培养广阔的胸襟与开朗的性格，对个人的特质培养及未来发展，是有极大助益的。况且运动有益身心，良好的娱乐兴趣对调剂身心也有帮助，两者之间是相辅相成，缺一不可的。

（2）重视课外活动，课外的知识与课堂所学都是成功的要素。我们千万不可小看日常生活及参与课外活动时，日积月累所得的知识。这些学业以外的知识，平常观之并无大奇，甚或稀松平常。但日后在工作上，却常有出意料之外的助力，成为成功不可或缺的资本。

（3）做好课外活动的宣传准备工作，吸引更多的学生积极参与到活动中来，充分发挥学生的积极主观能动作用。

（4）组织华文课外活动一定要树立"安全第一"的思想，采取措施，确保师生安全。

本章所列课外活动实例只为抛砖引玉，海外华文学校的教师身处一线教学阵地，对学校、学生、教材、学制等各方面情况都极为熟悉，相信只要用心钻研，就能设计和实施真正受学生欢迎的活动。

参考文献

1. ［美］B.S. 布卢姆著，邱渊译：《教育评价》，上海：华东师范大学出版社1998 年版。

2. ［美］阿来萨著，徐士强等译：《课堂评估：理论与实践》，上海：华东师范大学出版社 2008 年版。

3. 别必亮、田正平：《近代华侨教育的历史考察》，《杭州大学学报》（哲学社会科学版）1997 年第 4 期。

4. 蔡丽：《印尼西加里曼丹省发展华文教育的经验》，《华文教学与研究》（原《暨南大学华文学院学报》）2009 年第 2 期。

5. 蔡丽：《印尼正规小学华文教材使用及本土教材编写现状研究》，《华文教学与研究》2011 年第 3 期。

6. 程栋：《实用网络新闻学》，北京：新华出版社 2002 年版。

7. 程裕祯：《中国文化要略》，北京：外语教学与研究出版社 1998 年版。

8. 丁朝蓬：《教材评价的本质、标准及过程》，《课程·教材·教法》2000 年第9 期。

9. 董奇、赵德成：《发展性教育评价的理论与实践》，《中国教育学刊》2003 年第 8 期。

10. 董海龙、柳耀华、李丽：《校园活动策划手册》（小学版），长春：吉林文史出版社 2005 年版。

11. 冯翠典、高凌飚：《从"形成性评价"到"为了学习的考评"》，《教育学报》2010 年第 5 期。

12. 郭熙主编：《华文教学概论》，北京：商务印书馆 2007 年版。

13. 霍懋征：《小学语文教学经验谈》，上海：上海教育出版社 1985 年版。

14. ［美］加涅著，皮连生等译：《学习的条件和教学论》，上海：华东师范大学出版社 1999 年版。

15. 贾益民：《海外华文教学的若干问题》，《语言文字应用》2007 年第 3 期。

16. 贾益民：《华文教育学科建设刍议——再论华文教育学是一门科学》，《暨南学报》1998 年第 4 期

17. 贾益民：《论海外华文教材的编写原则》，《学术研究》1997 年第 6 期。

18. 贾益民：《印尼华文教育的几个问题》，《暨南大学华文学院学报》2002 年第

2 期。

19．江道荣：《新课程听课应注意哪些方面》，《德阳教育学院学报》2006 年第 2 期。

20．蒋家傅、董武邵主编：《现代教育技术》，北京：电子工业出版社 2004 年版。

21．金祥明：《编网织篓贵在收口——浅谈课堂结束语》，《小学教学参考》2011 年第 10 期。

22．李芒：《教育技术的设计与开发》，北京：北京师范大学出版社 2004 年版。

23．李杨：《对外汉语教学课程研究》，北京：北京语言文化大学出版社 1997 年版。

24．李秉德主编：《教学论》，北京：人民教育出版社 2001 年版。

25．李登昌：《浅谈课堂教学中语言艺术的作用》，《读与写》2009 年第 4 期。

26．李江南：《作文面批面改之尝试》，《语文教学与研究》2009 年第 32 期。

27．李金亏：《语文学习评价研究》，西北师范大学硕士学位论文，2003 年。

28．李书平：《课堂教学语言艺术刍议》，《科技信息》2008 年第 22 期。

29．李雁冰：《课程评价论》，上海：上海教育出版社 2002 年版。

30．林蒲田：《海外华文教育溯源》，《海外华文教育》2000 年第 1 期。

31．刘珣：《对外汉语教育学引论》，北京：北京语言大学出版社 2000 年版。

32．吕必松：《对外汉语教学概论》（讲义，内部资料），1999 年。

33．吕必松：《华语教学讲习》（讲义，内部资料），北京：北京语言学院出版社 1992 年版。

34．孟令卓：《教师听课有学问》，《青年教师》2006 年第 8 期。

35．南京师范大学教育学编写组：《教育学》，北京：人民教育出版社 1984 年版。

36．任长松：《教材编制过程中的评价：理论与实践》，《课程·教材·教法》1996 年第 7 期。

37．沈坚、徐杰：《听课的心态、立场和视点》，《语文教学通讯》2011 年第 2 期。

38．沈毅、崔允漷主编：《课堂观察：走向专业的听评课》，上海：华东师范大学出版社 2008 年版。

39．盛炎：《语言教学原理》，重庆：重庆出版社 1990 年版。

40．盛群力：《贯通学习理论和教学实践之间的联系——赖格卢特论教学设计的学科性质与特征》，《远程教育杂志》2009 年第 1 期。

41．施良方：《学习论》，北京：人民教育出版社 2003 年版。

42．束定芳、庄智象：《现代外语教学——理论、实践与方法》，上海：上海外语教育出版社 1996 年版。

43．孙利：《论语言教学和教学语言艺术》，《江西师范大学学报》（哲学社会科学版）2008 年第 10 期。

44．孙浩良：《海外华文教育》，上海：上海人民出版社 2007 年版。

45．孙瑞珍主编：《中高级对外汉语教学等级大纲（词汇·词法）》，北京：北京大学出版社 1995 年版。

46．［日］田中耕治，高峡、田辉、项纯译：《教育评价》，北京：北京师范大学出版社 2011 年版。

47．万伟、吴永军、秦德林编：《新课程教学评价方法与设计》，北京：教育科学出版社 2004 年版。

48．王爱华：《民初初小语文教科书不同版本的比较研究——以〈共和国教科书新国文〉和〈新制中华国文教科书〉文本为研究对象》，河北师范大学硕士学位论文，2010 年。

49．王世枚、刘先觉：《教师教学语言艺术探析》，《继续教育研究》2009 年第 4 期。

50．王钟华：《对外汉语教学初级阶段课程规范》，北京：北京语言文化大学出版社 1999 年版。

51．魏丽杰、魏丽华：《教师言语艺术》，济南：济南出版社 2003 年版。

52．温立三：《语文课程的当代视野》，北京：中国社会科学出版社 2007 年版。

53．吴疆主编：《现代教育技术与文科课程整合方法与实践》，北京：人民邮电出版社 2007 年版。

54．谢幼如：《多媒体教学软件设计》，北京：电子工业出版社 1999 年版。

55．杨寄洲主编：《对外汉语教学初级阶段教学大纲》，北京：北京语言文化大学出版社 1999 年版。

56．杨九俊：《新课程教学现场与教学细节》，北京：教育科学出版社 2004 年版。

57．张俊峰、王庭宽：《教学语言的特性与运用艺术》，《成都大学学报》（教育科学版）2007 年第 7 期。

58．张志公：《传统语文教育初探》，上海：上海教育出版社 1962 年版。

59．赵建华主编：《对外汉语教学中高级阶段教学功能大纲》，北京：北京语言文化大学出版社 1999 年版。

60．智月辉：《语文课堂中教学语言的运用艺术》，《小学时代》（教师版）2009 年第 1 期。

61．中华人民共和国教育部：《基础教育课程改革纲要（试行)》，载《教育部政报》2001 年第 7—8 期。

62．钟雨：《谈中学语文教材的思想道德教育》，《课程·教材·教法》2005 年第 2 期。

63．周健：《〈新编菲律宾华语课本〉的探索》，《华文教学与研究》2010 年第 1 期。

64．周健、彭小川、张军：《汉语教学法研修教程》，北京：人民教育出版社 2004 年版。

后　记

　　本书为广东省高等学校本科特色及重点专业建设点成果，适用对象主要为华文教育、对外汉语、汉语言、汉语言文学等专业的本科生，以及华文师资及汉语国际教育师资培训班学生。本书为贾益民教授主编的"海外华文教育系列教材"之一，在内容安排上，为避免与同系列姊妹篇《华文教育概论》重复，在《华文教育概论》中已专门阐述的"华文教学基本方法"、"华文课堂教学"、"华文教学设计"、"华文教学评估"在本书中不再独立设置相应章节，以形成两书在内容上的互补。本书在进行理论知识系统梳理的基础上，注重对学习者实践能力的综合培养，各章节结合相关理论要点配备了丰富、实用的案例。

　　本书由贾益民教授主编，编著者包括贾益民、蔡丽、胡建刚、张凤芝、郭楚江、刘潇潇。全书共十章，作者分工如下：第一章（绪论）由贾益民、蔡丽编写，第二章（华文教学概述）由贾益民、胡建刚编写，第三章（华文教材概述）、第四章（华文教材的选用与编写）由贾益民、蔡丽编写，第五章（华文教学的大纲设计与备课）由胡建刚编写，第六章（华文教学的说课）、第九章（华文学习评价）由郭楚江编写，第七章（华文教学的评课）由张凤芝编写，第八章（教学手段在华文教学中的运用）由张凤芝、蔡丽编写，第十章（华文教学课外活动）由刘潇潇编写。全书的内容、体例设计及统稿工作由贾益民、蔡丽完成。本书的编写者都参与过华文教材的编写工作，主编贾益民教授是柬埔寨王国华文学校统编教材《华文》（1996）的主编及《中文》（试用版）（1997）、《中文》（修订版）（2005）系列教材的主编，其他编写者都参与了《中文》（修订版）系列教材的编写工作；胡建刚、张凤芝、郭楚江参与了《中文》（初中版）系列教材的编写工作。同时，在华文教材研究方面编写组成员均取得了一定成果，且各有侧重。贾益民教授自1998年即为对外汉语及华文教育专业方向的硕士研究生讲授《华文教育学》、《华文教材研究》课程，至今未中断过，并著有两课教材供内部使用。编写组其他成员都有多年的海外教学及本科教学经历，长期担任"华文教材教法"、"华文教育概论"、"华文教学法"等课程的教学任务，因而对本专业学员的学习需求和课程定位有深入认识。

　　本书涉及内容广泛，在编写过程中，参考了国内外大量的华文教学与对外汉语教学、汉语国际教育等方面的著作及论文，获益甚多，在此表示衷心感谢。本书在论及相关华文教材时尽量保持客观、真实，如存在谬误与不当之处，敬请各位读者批评指正。

希望本书的出版能为丰富与发展华文教育学科体系贡献绵力。我们将在今后的研究与教学中，不断磨砺，以求进一步完善。

编 者

2012 年 2 月